中国创新创业大赛
China Innovation & Entrepreneurship Competition

创业英雄

2019年第八届中国创新创业大赛纪实

《创业英雄》编委会 编

科学技术文献出版社
SCIENTIFIC AND TECHNICAL DOCUMENTATION PRESS
·北京·

图书在版编目（CIP）数据

创业英雄：2019年第八届中国创新创业大赛纪实 / 《创业英雄》编委会编. —北京：科学技术文献出版社，2020.7
ISBN 978-7-5189-6860-2

Ⅰ. ①创… Ⅱ. ①创… Ⅲ. ①创业—研究—中国 Ⅳ. ① F249.214

中国版本图书馆 CIP 数据核字（2020）第 109023 号

创业英雄：2019年第八届中国创新创业大赛纪实

策划编辑：李 蕊 责任编辑：赵 斌 责任校对：张永霞 责任出版：张志平

出 版 者	科学技术文献出版社
地 址	北京市复兴路15号 邮编 100038
编 务 部	(010) 58882938，58882087（传真）
发 行 部	(010) 58882868，58882870（传真）
邮 购 部	(010) 58882873
官方网址	www.stdp.com.cn
发 行 者	科学技术文献出版社发行 全国各地新华书店经销
印 刷 者	北京时尚印佳彩色印刷有限公司
版 次	2020 年 7 月第 1 版 2020 年 7 月第 1 次印刷
开 本	710×1000 1/16
字 数	313千
印 张	23.5
书 号	ISBN 978-7-5189-6860-2
定 价	98.00元

前　言

科技创新，成就大业。

2019年，当我们喜迎新中国成立70周年之际，也迎来了第八届中国创新创业大赛的成功举办。

作为我国促进“双创”平台升级的重点展示品牌，由科技部、财政部、教育部、中央网信办和全国工商联共同指导，共青团中央、致公党中央、招商银行共同支持的第八届中国创新创业大赛，坚持“政府引导、公益支持、市场机制”模式，积极引导集聚政府、市场和社会力量，上下联动，全国37个省、自治区、直辖市、计划单列市及新疆生产建设兵团科技部门都积极牵头组织了大赛地方赛，共吸引了30 287家企业参赛，在全国掀起了新一轮创新创业热潮，汇聚起高质量发展新动能。大赛的总结报告也得到了国务院总理李克强、副总理刘鹤的重要批示。

为深入贯彻落实国务院《关于推动创新创业高质量发展　打造“双创”升级版的意见》(国发〔2018〕32号)和科技部党组2019年1号文件精神，第八届中国创新创业大赛坚持发挥科技部门牵头办赛优势，通过“赛马场上选骏马、市场对接配资源”的方式，积极引导科技型企业参赛，使大赛体现了比较明显的科技型创新创业特征。据统计，2019年参赛企业中有效期内高新技术企业和当年入库科技型中小企业（去除了两者重叠部分）占参赛企业总数的40%，其中，成长组超过了50%，同比2018年明显提高。

本届大赛行业总决赛分为生物医药、电子信息、先进制造、新材料、互联网、新能源及节能环保六大行业。数据显示，互联网创业方向的参赛企业数量继续领跑六大行业，占参赛企业总数的25.6%；之后依次为电子信息、先进制造、生物医药、新能源及节能环保、新材料。其中，电子信息企业数量相较2018年增加了400多家，是六大行业中增幅最大的。电子信息行业除了在数量上获得突破外，在质量上根据多项统计指标均位列“前排”。

拥有自主知识产权是一家企业的“命门”所在，因此，参赛企业的科技含量成为大赛的重要考核指标。据统计，本届大赛参赛企业拥有各类知识产权合计约18万件，平均每家企业约6件。其中，拥有专利超过10万件（发明专利2.99万件、实用新型专利6.25万件、外观设计专利0.85万件），94%为企业自主研发。在六大行业中，先进制造行业的自主研发知识产权最多，体现了我国在该领域的自主创新能力。能参与国家重大科研专项工作，可以表明参赛企业强大的科技创新能力。本届大赛参赛企业拥有国家或省部级以上研发机构总计达141家，其中，先进制造行业拥有的研发机构最多。参赛企业参与相关国际、国家、行业标准制定的有709个。从参赛企业的获奖和支持情况来看，近5年内获得过国家科技奖励的总计854家。在“新三板”挂牌的企业有263家。

为营造大中小企业融通发展产业生态，鼓励大中小企业创新组织模式、重构创新模式、变革生产模式、优化商业模式，科技部火炬中心结合大赛工作加强了促进大中小企业融通创新创业实践探索，在大赛行业总决赛期间，继续举办大小企业对接会，组织行业龙头企业与参赛科技型中小企业进行现场对接，得到了行业龙头企业的积极响应。28家大企业现场发布需求，并与776家参赛科技型中小企业进行“一对一”对接。

为了更好地促进大中小企业融通创新创业，继2018年推出大中小企业融通专业赛品牌后，2019年，由科技部火炬中心牵头，组织华为、京东、百度、华润、美年大健康、新东方、新松7家龙头企业，开展7场中国创新创业大赛大中小企业融通专业赛，鼓励大企业打破边界，开放创新资源，促进创新创业企业发展。7场大中小企业融通专业赛报名参赛企业达到1200多家，专业赛品牌影响力进一步扩大。

作为国内规模最大、辐射最广、层次最高、影响力最强的创新创业盛会，中国创新创业大赛不仅为广大创新创业者提供了碰撞思想、交流成果、展示风采的重要舞台，通过这一高层次平台还集聚了大批人才、技术、资本等创新创业要素，促进了大量科技成果与资本的成功对接。2019年，中央财政投入1.86亿元，对第七届大赛584家获奖及优秀企业进行了奖励；各级科技部门运用项目、奖励等多种方式，支持参赛优秀企业资金超过10亿元；向科技部人才推进计划推荐了46家参赛优秀企业的科技创业人才。2019年大赛举行期间，还邀请专家1万多人次参与各级比赛评审（绝大多数为创投机构、金融机构的专家），深交所“燧石星火”科技金融服务平台吸引专业人士数万人次观看全国行业总决赛直播，积极促进了参赛企业与投融资机构的对接。据各地上报材料统计，2019年创投机构投资或意向投资参赛企业总额84亿元。

“年年岁岁花相似，岁岁年年人不同。”与古人感慨时光匆匆、韶华易逝不同的是，迄今已经举办了8年的中国创新创业大赛，每年举办一次，每年都是春花竞放、新人辈出，呈现“长江后浪推前浪、江山代有才人出”的繁荣景象。无论是风华正茂、朝气蓬勃的青年学子，还是意气风发、卓有建树的中年英才，抑或老骥伏枥、志在千里的老者，都在这个大舞台上放飞科技创新的梦想，成就精彩的人生。8年来，全国累计参赛企业和团队已达18万余个，形成了具有影响力的“双创”工作品牌，成为企业创新价值发现的重要渠道，也成为各级政府扶持中小企业创新发展的政策集成平台和各类社会机构资源汇聚、提供多元服务的常态化众扶平台。

我们欣喜地看到，走过8年的中国创新创业大赛自身也在不断地创新，从最早5个赛区扩展至全国37个省、自治区、直辖市、计划单列市及新疆生产建设兵团科技部门积极牵头组织的大赛地方赛，从全国六大行业总决赛到港澳台赛、大中小企业融通专业赛、国际第三代半导体创新创业大赛、沙产业大赛等专业赛事，中国创新创业大赛已经真正成为全国各地推动大众创新创业的公共政策和公共产品。

作为推动大众创业、万众创新的重要举措，多年来，中国创新创业大赛积极发挥价值发现、资源集聚、培训辅导、宣传展示等服务功能，逐渐得到全社会的广泛认可和积极参与，也选拔和培养出一大批经得起市场检验的优秀企业，形成覆盖全国、上下联动的统一赛事，成为中央和地方推动大众创新创业、促进经济转型升级和高质量发展的重要抓手，也逐渐发展成为国内最大的众创空间和最强的众扶平台。

让我们一起努力，让中国创新创业大赛的舞台更加精彩！让更多怀揣梦想的人在这个舞台上绽放更加绚丽的光彩！让创新创业成为这个时代最耀眼的旗帜！

期待2020年第九届中国创新创业大赛更精彩！

贾敬敦

第八届中国创新创业大赛生物医药行业总决赛颁奖仪式

第八届中国创新创业大赛电子信息行业总决赛颁奖仪式

第八届中国创新创业大赛先进制造行业总决赛颁奖仪式

第八届中国创新创业大赛新材料行业总决赛颁奖仪式

第八届中国创新创业大赛互联网行业总决赛颁奖仪式

第八届中国创新创业大赛新能源及节能环保行业总决赛颁奖仪式

2019 广东省新材料与节能环保行业决赛现场

第八届中国创新创业大赛大中小企业融通专业赛（华为专场）现场

第八届中国创新创业大赛大中小企业融通专业赛（京东专场）开幕式

第八届中国创新创业大赛大中小企业融通专业赛（新东方专场）颁奖仪式

第八届中国创新创业大赛大中小企业融通专业赛（新松专场）颁奖仪式

第八届中国创新创业大赛港澳台赛广东省赛颁奖典礼

第七届“创业江苏”科技创业大赛无锡地方赛颁奖仪式

第八届中国创新创业大赛沙产业大赛

专家寄语

新东方走过26年的发展历史，之所以能到今天，是新东方在各个方面不断创新的结果。科技创新，毫无疑问在众多创新领域占据着最重要的位置。创新不只是一家企业，更是一个国家发展的灵魂。创业创新也许会失败，但创业创新的精神永不改变！

中国创新创业大赛，我在这里，等你来！

新东方教育科技集团创始人　俞敏洪

科技强国。期待创新企业能够立足中国，胸怀世界，服务社会，共创美丽的“中国梦”。

美国中经合集团董事总经理　彭适辰

凭真技艺，干创新事；存敬畏心，做创业人。赞八年来，顶级国赛引无数“双创”英雄竞展风采！

青域基金高级合伙人　李阳

创新创业是企业成长的核心动力，祝中国创新创业大赛持续为中国成长提供动力！

启明创投主管合伙人　胡旭波

一是要站得稳，加强团队合作；二是要守得住，发展人无我有的核心技术，做好专利保护；三是要看得远，不要盲目追风口，要注重所在领域本身的巨大需求。

软银中国资本管理合伙人　宋安澜

促进创新创业创造，夯实国家创新体系。

达泰资本创始合伙人　李泉生

有幸参与和见证了大赛的成长、辐射和引领！创新敢为天下先，创业勤勉谱新篇！愿大赛砥砺奋进，续创辉煌！

湖海基金常务副总裁　胡智

多次参加中国创新创业大赛评审，感觉大赛质量越来越高，通过参加大赛评审，也收获了成功的投资案例，祝大赛越来越好！

毅达资本合伙人　厉永兴

我们要秉承价值投资，专注行业研究，投资领先科技；以工匠精神和产品思维，打磨好每个投资项目；让资本之光照亮新兴产业高地！

金茂资本合伙人、副总裁，金管院节能环保研究所所长　黄勇

祝中国创新创业大赛在“大众创业、万众创新”的风潮中越办越红火，越来越有影响力！

毅达资本合伙人　羌先锋

目录

CONTENTS

第一章　创业英雄篇

第三章　创业服务篇

第四章　创业融通篇

附　录

第一章

创业英雄篇

医者无疆　创新永续

访德琪（浙江）医药科技有限公司创始人、首席执行官梅建明

即使在社会医疗系统如此健全的今天，普通老百姓还是每天在祈祷着身体健康，因为在得重病时昂贵的药费常常让人倾尽所有，也许还挽救不了生命，可谓“人财两空”。

据 IQVIA 数据显示，2017 年“创新药”占我国药品销售额的比例约为 5%，而美国和日本专利药销售额占比分别为 77% 和 56%。中国作为世界第二大经济体，如何解决十几亿老百姓看病难、看病贵的问题已经成为当下最亟待关注的问题。

“希望能为中国患者，为临床打造更多、更好的新药，把中国从一个用药大国变成创药大国。”德琪（浙江）医药科技有限公司（简称“德琪医药”）创始人、首席执行官梅建明在赛后感慨道，“我们有这个市场，有这个智慧，也逐渐有了这个能力，我相信中国有朝一日，一定能成为世界的‘药房’!”　最终，德琪医药以 96.68 的高分摘得第八届中国创新创业大赛生物医药行业总决赛成长组一等奖桂冠。

回国创业　研发创新药

德琪医药是一家在中美两地均有运营的临床阶段创新药企，专注于通过新药开发、临床研究、生产和销售，解决未被满足的临床需求，为全球患者提供最领先的抗肿瘤创新药物。创立德琪医药之前，梅建明一直在美国工作，先后在美国国家肿瘤研究所（NCI）、诺华、强生及新基（现已被百时美施贵宝公司收购）等全球知名新药研发机构和企业任职。

在新基任职期间，梅建明作为全球临床研发执行总监，参与了瑞复美

在中国的临床研究，并成功推动这款产品于2013年在中国获批上市。“这款新药的临床试验就是通过外部与CRO合作促成的，新基成立的早期（2008—2010年）在中国并没有研发和市场团队。”梅建明回忆说。据了解，在新基工作的8年半时间里，梅建明除了将新基的重磅新药瑞复美引入中国外，还是促成新基在亚太地区最早布局的关键人物。

2017年，梅建明回国创业成立德琪医药。他也是科技部“十三五”重大新药创制科技重大专项肝癌课题负责人，美国宾夕法尼亚大学医学院客座教授，中南大学湘雅医学院客座教授，美国ASCO、ASH、AACR、SAPA、USCACA等专业协会及行业组织成员。

“在跨国药企工作近20年，希望回国创办一个以临床研发为切入口的创新企业。”谈及回国创业的初衷，梅建明表示，对许多大型跨国药企来说，他们首要考量的是欧美市场，其次才是发展中国家。

“2010年，我母亲在湘雅医院确诊了晚期的多发性骨髓瘤，不幸中的万幸是，2008年我加入了新基，众所周知，这是一家以多发性骨髓瘤研发见长的跨国药企。当时新基治疗多发性骨髓瘤的最新药Revlimid（来那度胺）2005年在美国获批，2006年在欧盟上市，但一直到2013年才在中国获批。这款药在中国叫瑞复美，现在也是治疗多发性骨髓瘤主要的创新药之一。我母亲在过去的8年多，一直在服用这个药，并且在早期是联合的方案，联合方案结束以后用瑞复美维持治疗。”梅建明说，很幸运由于工作原因，自己能够在第一时间把当时还在研的最好药物和治疗方案用到母亲身上。

“对我来说，这是一个亲身的体验，同时在过去30年，我一直从事肿瘤研究方面的工作，从最早的新药研发到临床阶段的开发，再到最后主导全球上市，我觉得现在是一个能够用更直接的方式来回馈像我母亲这样患者的时候了，这也可以说是我创建德琪医药的初衷之一。”梅建明说，“我感到我有责任把更多更好的创新药物，用更快的速度带给更多的中国患者。”

目前，德琪医药主要聚焦肿瘤创新药物的开发和联合治疗，现有产品管线涵盖实体肿瘤、血液肿瘤和病毒感染三大治疗领域。

优势互补　让创业路更畅

“目前国内的药企大概有3类：第一类是跨国药企；第二类是以仿制药起家，进行创新药转型的企业；第三类是有国际背景的创新型药企，如德琪医药。”梅建明说，企业理念接近跨国药企，又兼具本土企业优势，这让德琪医药的创业之路走得更稳。

“我们对于研究的科学性和严谨性要求很高，对临床的设计及对国外研发的动态非常了解，同时对国内的情况也有一手的资料，相对跨国药企来

说，我们做决策的过程比较有效率，决策的质量相对高一些，这也是德琪医药的优势。”梅建明说道。

“医药行业盘子大，中国市场总量大，患者未满足的临床需求非常迫切。”梅建明表示，这对德琪医药来说，机会很多，但必须结合外部环境及自身因素，找准适合的、可执行的切入点和支撑点。

在创立之初，德琪医药就与新基奠定了战略合作伙伴关系。德琪医药目前主要在研产品 ATG-008 正是与新基合作开发的，这是一款针对乙肝引起的肝癌的特效药物，已得到美国 FDA 的 IND 核准。肝癌多发在中国且目前没有特效药，该产品有着巨大的市场需求。

“与西方国家显著不同的是，中国 85% 以上的肝癌患者为乙肝病毒阳性，乙肝病毒阳性的肝癌患者预后较差，但迄今全球尚无针对乙肝病毒阳性肝癌的新药。”梅建明说，ATG-008 是一款为中国人乃至亚洲人“量身定做”的创新药。目前该项目正在中国大陆、中国台湾和韩国开展亚太多中心的针对晚期肝癌的临床研究，可显著延长亚太地区晚期肝癌患者的生存期。

目前，德琪医药拥有 6 个处于临床研发和上市阶段的产品：ATG-010（selinexor）与低剂量地塞米松联用，用于复发难治的多发性骨髓瘤患者的治疗，已于 2019 年 7 月经美国 FDA 获批上市。ATG-010 用于治疗其他多种实体肿瘤和血液肿瘤的治疗方案已推进到临床后期；ATG-008 是一个第二代的 mTORC1/2 抑制剂，目前正在中国大陆、中国台湾和韩国开展亚太多中心的针对晚期肝癌和其他多个肿瘤的临床研究；ATG-016 和 ATG-019 是两款处于临床 1/2 期阶段的抗肿瘤产品，正在进行包括骨髓增生异常综合征、结肠直肠癌、前列腺癌和血液肿瘤在内的多个癌症的临床研究；ATG-527 是一款在研的抗病毒产品，目前正在进行 EBV（人类疱疹病毒第四型）、RSV（呼吸道合胞病毒）感染、人类疱疹病毒感染等相关疾病的临床研究；ATG-017 是一款作用于 ERK1/2 的高选择性小分子抑制剂，目前正开展多项实体肿瘤研究。此外，德琪医药团队正致力于多个创新靶点药物的研发。自成立以来，德琪医药在融资方面非常顺利，受到了投资机构和跨国药企的认可。2017 年 4 月，新基入股德琪医药。2017 年 8 月，公司完成 2100 万美元 A 轮融资。2019 年 1 月，公司完成由博裕资本、方源资本领投，新基、药明康德、启明创投、泰康资本、泰福资本参与投资的 1.2 亿美元 B 轮融资。德琪医药荣膺“2019 胡润中国医药板块潜力独角兽”。

创业者需要具备哪些素质？

梅建明给出的答案是：全局观和专业素养。

“创业者要拥有‘全局博弈’的思维，同时专业素养在某一行业中属于顶尖。”梅建明说，“新药研发风险大、失败率高、耗时长，创业者必须要清楚做一个药不同的环节，每一个环节的风险在哪。”

同时，创业者还需要一定的科学素养。“相对于其他行业，创新药研发的科学性要求更高，监管也很严。”梅建明说，只有具备科学素养才能做好创新药的研发。

此外，在梅建明看来，创业者还需具备商业头脑。“对纯粹的科学家来说，他可能是团队非常扎实的一员，但是创业需要与投资、融资、上市、监管机构等打交道，如果没有一定的商业头脑，可能只适合做某一部分专业的事。”

“创业者一定要对自己诚实，扪心自问，自己能做什么。”梅建明说，只有这样才能把好定位。“创业企业需要有自身的造血功能，产品要有一定的获利，然后重新投入研发。这是一个闭环，如果没有做好的话，企业很难做大，甚至生存下去。”

梅建明认为，创业

者的情怀很重要，但实操的经验、执行力同样很重要。“创新药的研发很复杂，从试验阶段迈入临床，再从临床迈入商业化，迈出这两大步很不容易。能不能带领团队从第一步走向商业化这很重要。”

“创业遇到的各方面挑战有很多，其中最大的困难是人才。”梅建明坦言，目前国内的医学、生物、化学等专业毕业的学生基数很大，“但是创新药在国内属于新兴行业，人才储备较少，真正有经验的人才缺口很大。”

谈及公司未来发展规划，梅建明表示，目前德琪医药正在积极推进公司研发管线内各个产品的临床进度，并已开始组建商业化团队和药物早期研发团队，预计2020年将有一款创新药上市。

（罗晓燕／文）

德琪（浙江）医药科技有限公司获第八届中国创新创业大赛生物医药行业总决赛成长组一等奖

用“器官医学”开启“重生之门”

访奇点医药科技（广州）有限公司董事兼总经理宓庆宁

如果人类拥有了可以起死回生的“复活卡”，世界将会怎样？在第八届中国创新创业大赛生物医药行业总决赛现场，奇点医药科技（广州）有限公司（简称“奇点医药”）的器官维护技术让人大为震撼！

利用器官维护技术，奇点医药实现了世界首例离体脑复活，“重生之门”已经启动。

这是一项颠覆性的创新技术。当前，基于该技术奇点医药全球首创了多器官维护系统，可替代人体为离体器官供血供氧，可长时间保持离体器官活力与生理功能。依托该医疗设备，我国科学家成功创立无缺血器官移植技术，完成了“不中断血流”器官移植理念的成功实践，达到世界领先水平。这一技术让器官移植的死亡率大大降低。

公司董事兼总经理宓庆宁表示，让人们更健康地生活是团队的使命。

推动器官移植跨入新阶段　造福更多患者

器官移植是 20 世纪以来医学领域标志性的成就之一，已成功救治数以百万计的生命。但传统的器官移植有先天性的弊端。

器官移植包括三步，即器官获取、保存和植入。器官获取后是离体的，即在这段时间内器官是没有血流供应的。传统模式中，为保持其活性，只能使用冷冻技术，将其“保鲜”。因此，保存质量如何决定着器官移植的效果。而在以往很多器官移植案例中，保存质量欠佳成为导致手术失败的一个最主要原因。

如何打破这一现状，挽救更多生命？

2017 年，何晓顺教授团队在全球率先将“不中断血流”技术应用于器官移植，让患者移植上了不冰冻的“新鲜”器官，而这一技术的实现，便得益于奇点医药帮其打造的多器官维护系统。

通过多器官维护系统，能够对器官供血，使器官在离体状态下保持正常活力，成功破解了器官保存难题，同时对器官移植技术进行了革新，不仅最大限度地保证了移植器官的质量，而且极大地改善了移植术后的疗效。

以肝移植为例，以前术后第一天，患者的谷丙转氨酶通常都是几百、几千 U/L，甚至上万 U/L，这是屡见不鲜的，因为器官经历了较多环节的处理，功能损害较大。而“不中断血流”的器官移植技术，能使肝移植术后的肝功能损伤指标下降 86.1%。针对严重并发症，如移植肝功能不全、胆道并发症等有关出血损伤的并发症，几乎完全规避了。

2018 年，何晓顺团队还将“不中断血流”器官移植技术应用于肾脏移植中，该技术同样体现出巨大的优势。“不中断血流”的心脏移植技术也在研发之中，不久的将来将会造福更多患者。

敢为人先的锐气　来源于艰苦卓绝的坚持

基于多器官维护核心技术，奇点医药还推出了业内首台全实景活器官腹腔镜手术培训系统“Smagister 手术大师”，为国内医科院所培养微创手术人才提供最接近真实手术环境的教学工具。

“以前在微创手术方面，医生没有很好的培训手段，只能通过患者或虚拟教学系统来进行实践。有了这台系统之后，患者手术的安全能得到更好的保障。”宓庆宁说。

此外，奇点医药还推出人类疾病器官药物研发平台、器官科研平台、器官隔离治疗仪等一系列国际领先的原创产品，形成“器官医学”系列产品，有望在临床教学、新药研发与筛选、离体器官功能研究及器官隔离治疗等多个方向实现突破，将引领人类进入精准研究器官功能及治疗器官疾病的新阶段。

原创、高技术壁垒是奇点医药的特点。在专利方面，奇点医药拥有 3 项国际专利和 14 项国内专利。无缺血器官移植技术达到世界领先水平，相关技术成果获科技部等八部委评选的“2017 中国十大科技创新”。

器官从供体离开之后，通过奇点医药多器官维护系统，能够保持有效存活状态的时间是多长？这是业内普遍关注的一个话题。

宓庆宁介绍说，不同领域，器官保存时间要求不一样，在移植领域是 6 ~ 12 小时。通过奇点医药多器官维护系统，离体器官保持有效存活状态最长的时间纪录是48小时。

每一份成就背后都是数不尽的汗水。宓庆宁介绍说，全球首台多器官维护系统的研制用了8年的时间。这是人类首次在器官医学上系统地研究和治疗疾病。奇点医药是全球首家从事器官医学相关产业发展的企业，是集高端医疗器械研发、新药研发服务、科研服务、医疗教学、产业开发、产业投资、产业基地管理、产业孵化于一体的产业发展公司。

敢为人先的锐气，来源于艰苦卓绝的坚持。走在世界医学课题前沿，奇点医药不可避免地遇到了一些难题，但团队攻坚克难，坚持下来。造福人类的事业，再难都是值得的。

作为一家初创企业，问及最希望得到什么样的帮助时，宓庆宁说，希望在知识产权的保护和申请方面，进程能够加快一点。“当前，我国对于重大专项领域的技术已经给予了优先申请专利的待遇，对于少数领先国外的技术希望也能给予优先保护。”

不忘初心　方得始终

宓庆宁毕业于中国药科大学，精业济群是该校校训。精业者，专注也，将制药作为终生的事业，精勤笃行、一以贯之，方可达到济世救群的最终目标。走出校园的宓庆宁一直从事医疗相关工作，为了人们更健康地生活而不懈努力着。

在职场磨砺几年后，宓庆宁内心渐渐萌生了一个念头：创业！

彼时，全球生物医药市场风起云涌，而中国生物制品企业由于起步晚，基础较为薄弱，研发投入普遍较低，研发能力、自主创新能力等都需要进一步提高，尤其是生物制药产业下游技术薄弱（科研成果向生产力的转化）。

这些现象，宓庆宁看在眼里，痛在心底。因为，在他的心中始终有一个强国梦。

于是，2010年，宓庆宁开始了他的创业之旅。

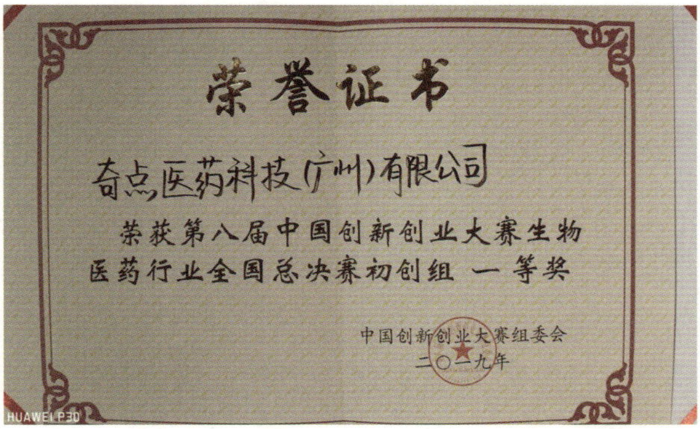

首先，宓庆宁分析了国内原创技术缺乏的根本原因。在他看来，我国人才评价机制有待改善。

科技人员的积极性是科技成果转移转化的基础要素。在很长一段时间内，我国对于科技人员的评价激励机制，主要是看前期研究成果，并由此给予职称认定；对于成果是否能够转化，却缺乏足够的重视。这种“重前轻后”的考核机制，造成大量科技人员的“重心前移”。不少人申报项目，为的是评职称和获奖，而非解决某个生产技术问题。在课题结项后，自然没有精力进行转化。在这些因素影响下，不少科技成果束之高阁，一些项目的完成之日就是消亡之时。

找到这个原因之后，宓庆宁将他的创业重心放在了科技成果转化上，先后经历3次艰苦创业。

3次创业中，他一直在找寻富有创新性的科研成果，并试图将其转化为生产力。他坚信，中国的科研能力并不比国外差，中国一定有着足以颠覆世界却并未受到高度关注的创新成果。

创业5年后，命运的指针开始向宓庆宁倾斜了。此时，我国政府开始大力推动科技成果转化，从修订《促进科技成果转化法》，到印发《实施〈促进科技成果转化法〉若干规定》，再到发布《促进科技成果转移转化行动方案》，我国推出了促进科技成果转移转化的“三部曲”。

而恰巧这时候，宓庆宁又与何晓顺相遇了。他帮助何晓顺教授将理想转变为现实，一项足以颠覆世界的成果就此诞生，闯入世人眼中，为人类造福。

如今，奇点医药参加了多项行业比赛，多次夺冠，业界一路目光追随。许多医院都主动找到他们寻求合作。

宓庆宁离他当初的目标越来越近了。但创业往往并非是一帆风顺的。历经3次创业，在宓庆宁看来，创业者要具备3项基本的能力。首先要有耐力，看准的事就要坚持下去。其次要有自我塑造的能力，要不断提升自己。最后要有人才组织架构能力，能够将志同道合的人才组织在一起，共同谋事业。

不忘初心，方得始终。宓庆宁说，奇点医药尚处于早期发展阶段，这个阶段，他只想静下心来好好搞研发，踏踏实实将技术与产品做精做强。让人们更加健康地生活将是他终生的奋斗目标。

（崔彩凤／文）

奇点医药科技（广州）有限公司获第八届中国创新创业大赛生物医药行业总决赛初创组一等奖

让创新科技守护人类心脏健康

访宁波健世生物科技有限公司总经理曹鹏

宁波健世生物科技有限公司（简称“健世生物”）是医疗器械领域闯出的一匹黑马，公司经导管人工三尖瓣瓣膜，突破了依靠支架支撑固定瓣膜的现有技术，用于治疗病变的三尖瓣瓣膜，手术风险可大幅降低，疗效显著提高，目前国际国内尚无上市产品。

“要做就做别人没有做过的。”这是公司总经理曹鹏当初率领健世生物开启二次创业的豪言壮语。

如今，他不仅做到了，还挽救了一个又一个三尖瓣患者，并即将挽救更多的患者。他说：“让创新科技守护人类心脏健康，这是我们的宗旨。”

要走就走别人没有走过的路

曹鹏是内蒙古人，典型的北方汉子。他本科就读于西安交通大学生物医学工程系，毕业以后，他去法国留学，拿到了博士学位。

留学归国之后，曹鹏去 GE 医疗当了一名高级科学家。

而彼时，健世生物团队正在研发主动脉瓣膜置换系统，这被曹鹏后来称之为“在做别人已经做过的产品，是跟在别人后面走。”

几年过去了，曹鹏在他的岗位上小有成就，但健世生物却始终进展不大，公司发展遇到瓶颈。

一次机缘巧合，健世生物的投资人结识了曹鹏。曹鹏在医疗领域的专业见解和卓越才识，很快便被投资人所赏识。

在投资人的极力邀请下，2016 年，曹鹏正式入主健世生物，当起了这家公司的掌舵人。

如何带领团队更上一层楼，实现更大的突破？这是当时摆在曹鹏面前最棘手的问题。在曹鹏看来，跟着别人后面做永远做不强，要做就做创新的、别人没有做过的。于是，他带领团队开始研发三尖瓣瓣膜，开启了“二次创业”。

这在当时是全球都没有出现过的产品。曹鹏说：“我们为此做了大量的工作，招新人、找融资、找医生，不停地提出方案、验证方案，然后再改方案，如此不停地循环往复。”

因为没有人在前面淌路，健世生物面临的风险很大，压力也很大。很多时候，团队前期做了很多工作，但是后来发现效果却并不理想。

“但是走着走着，我们发现，中国人并不比外国人笨。我们也可以去创新，我们也可以去做别人做不了的事情。”面对困难，曹鹏和他的团队并没有放弃，而且还有了一点不小的成就。

2018年9月22日，这是被曹鹏清晰记在心底的日子。这一天，世界首例经右心房三尖瓣介入瓣膜 LuX-Valve 手术在上海长海医院顺利实施，救治了一名无法实施外科手术的三尖瓣重度反流患者，术中使用的正是健世生物研发的国际首创的经导管人工三尖瓣瓣膜置换系统，这标志着我国三尖瓣介入置换治疗技术迈向新的里程碑。

要知道，三尖瓣疾病是一种常见的心脏瓣膜病，逾90%的患者为继发性三尖瓣关闭不全。美国中重度以上三尖瓣反流人数超过160万人；中国按2018年60

岁以上人口 2.5 亿人、三尖瓣病变患病率 1.37% 计算，患病人数大概在 290 万人（保守估计）。很多患者罹患三尖瓣重度反流以后，无法开胸手术，生活质量很差，甚至只能等待死亡。

“我们产品解决的是目前临床上最棘手的问题，给了这些患者希望。”曹鹏说，因此，大量的患者找到医生寻求更好的治疗，很多国际上的医疗专家找到我们寻求合作。

截至目前，健世生物已经救治了 30 多名这样的患者，临床效果很好。下一步，健世生物经导管人工三尖瓣瓣膜置换系统将实现量产。

治病救人就是最大的获得感

从一家国际知名企业进入一家名不见经传的创业小微企业，曹鹏看重的是什么呢?

“我看重的是能够进入瓣膜领域，尤其是心脏瓣膜领域，这是一个中国在医疗器械方面能够缩小与国外差距的巨大机会。”曹鹏表示，“在主动脉瓣膜置换系统研发上，我国比国外晚七八年，但是在二尖瓣、三尖瓣瓣膜置换系统研发和生产方面，我们可以跟他们站在同一条起跑线上，甚至是领跑。”

更为重要的是，这是一条没有人走过的路，每天都可以做很多创新的工作，这在曹鹏看来，是最能够让他开心的事情了。

创业是“九死一生”的考验，但是在曹鹏看来，治病救人是一项伟大的事业，任何困难在此面前都是微不足道的。

作为医疗器械企业负责人，曹鹏经常会在医务工作一线接触到很多医生，他目睹了这些医生为患者所做的付出，他深深地被这种情怀所感染。“其实我们也是从事医疗工作，我们就希望利用自己的知识，用科技去改变医疗，为这些医生提供更多的工具、方法和手段，能让他们更好地治病救人，救更多的人。”曹鹏说。

之所以能够清晰地记着 2018 年 9 月 22 日这个日子，不仅仅是因为这是健世生物研发的国际首创的经导管人工三尖瓣瓣膜置换系统被用于世界首例经右心房三尖瓣介入置换手术的日子；还因为它成功救治了一位患者，一位用过去手段无法救治的患者。

“知道消息的那一刻，我感觉太振奋了！而且一年之后那位被救治的患者回到医院随访，状态非常好。”至今回忆起来，曹鹏仍显激动。

另外一件事情也让曹鹏感受到了从来没有过的获得感。

有一天，一位身患三尖瓣反流的父亲找到上海长海医院的陆方林教授，希望可以采用健世生物的经导管人工三尖瓣瓣膜置换系统。这位父亲找到他们的时候，身体已经很虚弱，几个月后，他的女儿便要举行婚礼。爱女一生中最重要的时刻，作为父亲如果不能参加，父亲与女儿都将遗憾终生。

经过陆教授团队精心的介入三尖瓣手术后，老先生很快就出院了。一个月后，这位父亲站在了女儿婚礼的舞台上，亲手把自己女儿的手交到新郎的手上。那一刻，是曹鹏从事医疗器械事业最难忘的一刻。他感觉，事业上的任何成就都没有这一刻来得刻骨铭心。他觉得这一刻才是他人生中真正的“高光”时刻。

“这一刻，我感受到了自己做的是一项多么有意义的事业，这种人生价值的体现，是无法用金钱来衡量的。”回忆起当时的情景，曹鹏动情地说。

誓做世界级的医疗器械巨头

曹鹏是一位富有团队精神的企业掌舵人。他始终记得，健世生物任何的一点成就都不是他一个人所取得的，而是整个团队凝心聚力，一起完成的。

他说，一位好的管理者依赖团队的支持。阿里巴巴马云当年创业的时候，其公司创立之初，就有18位创始人加入，外界常将这18位创始人唤作“十八罗汉”。曹鹏表示，作为企业带头人，须有无数身怀绝技的“十八罗汉”追随，同时还要给他们坚定的信念，让他们相信跟着这个带头人是对的，是可以成大事的。同时还要让他们看到，团队所做的事情是极有意义的。另外在人才管理上，还要让他们感受到平等和温暖。“这其实是很难的”。

健世生物坚持“让创新科技守护人类心脏健康”的使命，“很多人不惜降薪也要来到健世生物，就是为做一番事业而来。所以，我们一定要将这件事做成。”曹鹏说。

对于创业企业，资金困难是常有的事，为了节省经费，曹鹏和同事出差在外，刚开始都只住百元以下的宾馆，能省则省。但是到了公司要做实验、搞研发的时候，曹鹏却着实大方，投入一点也不马虎，可以说是不遗余力。

在曹鹏与团队艰苦卓绝的努力下，公司发展蒸蒸日上。公司目前已开发出经导管主动脉瓣膜置换系统、经导管三尖瓣瓣膜置换系统、经导管二尖瓣瓣膜置换系统及经导管二尖瓣瓣膜修复系统，其中，三尖瓣与二尖瓣产品均处于国际领先地位，拥有 40 多项中国专利及 10 多项国际专利。

曹鹏介绍说，中重度三尖瓣反流缺少足够的干预手段，患者长期死亡率较高。在美国，三尖瓣手术死亡率远高于常规心脏手术。健世生物经导管人工三尖瓣瓣膜，突破了依靠支架支撑固定瓣膜的现有技术，用于治疗病变的三尖瓣瓣膜，手术风险可大幅降低，疗效显著提高，填补了国内三尖瓣瓣膜置换产品的空白。

2016 年，公司参与的“动物源组织或器官免疫原性消除及防钙化技术”项目获得科技部国家重点研发计划支持，同年，“微创介入主动脉支架瓣膜系统”项目成功获得宁波市工业重大专项——生命健康项目资助；2019 年，公司获第八届中国创新创业大赛生物医药行业总决赛成长组二等奖，再添一个“国字号”殊荣。目前，公司已经与国内多家知名三甲医院建立了长期的合作关系。

“虽然目前，我们还不能跟世界巨头相提并论，但是我相信，随着公司的发展，我们终究有一天会与他们比肩，甚至超过他们。我们希望在中国建立一家世界级的医疗器械公司。”面对未来，曹鹏底气十足。

怀着这样的理想，曹鹏将每天的工作都塞得很满，基本 10 天以内的行程都被安排得满满当当。当然，这么高负荷的工作强度，身体也向他敲响了警钟。因此，曹鹏抽空也会去跑步健身，提高身体抵抗力。

在曹鹏看来，创业的过程中，心态很重要，不能急功近利，但是在行动上一定要努力奋进。

（崔彩凤 / 文）

宁波健世生物科技有限公司获第八届中国创新创业大赛生物医药行业总决赛成长组二等奖

从外企高管到创新创业“弄潮儿”

访上海赞荣医药科技有限公司董事长、总经理程子强

“通过大赛这个平台，让更多行业内外人士知晓了我们的企业和成果，不光提高了我们的自信心，也提高了企业的国际知名度和国际认可度。”2019 年 10 月 18 日，上海赞荣医药科技有限公司（简称“赞荣医药”）董事长、总经理程子强在赛后接受记者采访时说道。最终，赞荣医药凭借“治疗乳腺癌脑转移的小分子靶向药”项目，从 3700 多家生物医药企业中脱颖而出，获得第八届中国创新创业大赛生物医药行业总决赛初创组二等奖。

2018 年 3 月 8 日，赞荣医药在上海张江自由贸易试验区成立，公司专注于抗肿瘤小分子药物的自主研发，核心竞争力是开发有差异化的新一代创新药。目前，公司有多个在研项目具备国际竞争力，并得到社会资本认可。

从高管到创新创业“弄潮儿”

人生的下半场是什么？程子强给出的答案是：创业。

在创业之前，程子强有 18 年的全球药企工作经验，历任阿斯利康亚洲及新兴市场药物代谢及药代动力学（DMPK）总监、全球研发项目负责人，葛兰素史克药物代谢及药代动力学副总监。作为项目核心科学家开发的肿瘤药物现已进入全球临床Ⅱ／Ⅲ期，成功带领“first-in-class”（同类第一）全球研发项目从靶点验证进入临床阶段。

2017 年，45 岁的程子强觉得自己可能进入了事业的中年危机。

“有时候站在上海人民广场地铁站，看人来人往，几万人与我擦肩而过的时候，我就在想后半辈子还能干点什么，当时觉得很迷茫。”程子强说。

同年 7 月，程子强从一家跨国企业离职。

"离职之后我选择退休了一段时间，去周游世界。'玩'了几个月之后发现，45 岁就退休有点早。"程子强说，"世界这么大，我想去看看。但诗和远方看多了，觉得也就那么回事。我内心总觉得还是要做点什么。"

"继续去'打工'？外企高管已经做过了，好像再去做也没什么意思。"程子强笑着说，当时觉得自己这辈子还没做过的就是创业。

就在这时候，程子强遇到了创业路上的第一位伯乐——泰福资本合伙人李明。

"泰福资本主要关注新药开发和新型医疗技术研究领域，与我的个人专长相符。同时，李明也给我进行了一些规划和指导，后来我就下定决心创业了。"回忆创业之初的情景，程子强坦言自己很幸运。

"我和我的创业伙伴也认识了很长时间，各方面都很合拍，算是志同道合。"程子强所说的创业伙伴，就是赞荣医药联合创始人、首席科学官周鼎。

"周鼎博士为原葛兰素史克中国创新中心神经 nVPoC 部门药物化学负责人，有 18 年药物设计和开发经验。他主持了多个项目的先导化合物选择和优化，以及临床候选药物筛选和临床前评价工作，成功设计筛选出5个‘first-in-class’候选药物进入临床研究，项目涉及抗病毒、抗感染、肿瘤和免疫等诸多方面，积累了大量解决实际问题的能力。到目前为止，已有一个药物被美国FDA于2017年批准上市。”程子强说，两人背景和理念相似，各种机缘巧合下，最终决定共同创业。

“由于在血脑屏障方面我们积累了诸多经验，所以将创业方向选定为针对治疗脑转移的抗肿瘤小分子药物研发。”周鼎补充道。2018年3月8日，赞荣医药注册成立。

“为人类医药事业做贡献”

“我希望能为人类医药事业、中国人民健康事业做贡献!”总决赛答辩现场，程子强在台上动情地说道。

“可能听起来有点‘大’，但是为人类医药事业做贡献是我一直想做的事情。”程子强说，这个“理想”与自己父亲的教育分不开。

“1949年新中国成立前夕，我的父亲放弃美国优渥的生活毅然回国，并选择去哈尔滨支援边疆建设。从小到大，父亲给我们的教育就是一定要热爱祖国、热爱人民。”提到父亲，程子强颇为自豪地说。

1994年程子强从哈尔滨医科大学临床医学专业毕业；1996年获得美国印第安纳州普度大学分子细胞生物学硕士；2000年获得美国艾奥瓦大学药理学博士。2000—2008年，程子强在美国北卡莱罗纳州跨国药企工作，2008年公司外派加入葛兰素史克上海研发中心；2012年转战阿斯利康亚洲及新兴市场创新医药。2018年，程子强开始创业，成立赞荣医药。

2018年5月，赞荣医药成立之初便拿到1800万元的天使轮融资，由泰福资本和幂方资本投资；同年12月，公司获得8200万元的A轮融资，投资方为启明资本、聚明资本、泰福资本和幂方资本。预计2020年，赞荣医药将进行下一轮融资。

赞荣医药成立伊始，两位创始人就非常注重自主研发。“公司的几个项目虽然都从零开始，但凭借我们多年的经验积累和攻坚能力，在不到一年时间内，就完成了两个项目临床前候选药的设计和筛选工作并申请了两项国际专利。”周鼎说。同时，团队齐心协力，在不到两年时间就实现了项目从零开始自主研发，到进入临床这一国内外最快速度。

“赞荣医药的目标是‘first-in-class’和‘best-in-class’（同类最优），为肿瘤患者解除病痛，提高他们的生活质量，使他们活得更有尊严。”程子强说，“每次看到很多患者有需求却无法解决的时候，我发现挣钱并不是创业的唯一目的。”

创业需要前瞻性

在创业之初，程子强遇到了诸多难题。让他印象深刻的一件便是办理工商注册。

“由于我们属于外企，去工商部门盖章很难，当时跑了好多趟才办下来。还有资金方面，公司的投资方有的在国外，有的在国内，在国内用美元很难，而人民币办理境外投资（ODI）的过程也不容易。”程子强感叹，创业第一步着实不容易，这与在企业做高管时很不一样。

作为一名科学家，创业也让程子强收获颇丰。“这一年半以来，我学到了很多。从研发全流程、融资，甚至生产和销售，不能说各方面都很懂，但至少与其他人能说上话了。”程子强说。

谈到创业者需要具备的素质，程子强认为，创业者一定要有前瞻性，这样才能少走弯路。

“公司 3 月 8 日成立，3 月 9 日我们就去拜访了做动物模型的 CRO。”程子强说道。

“当时对方的副总裁问，‘你们化合物有了吗？离体实验做了吗？’我和周鼎博士全回答‘没有’。对方忍不住问‘什么都没有，那你们来我这儿做什么呢？’我们说，‘动物的模型建立至少需要 4 个月，等动物模型建好了，我们的化合物也就设计筛选好了。’”程子强说。

正是凭借着这种前瞻性，赞荣医药成立一年半以来，几乎没走过弯路。

"我和我合伙人的日常工作就是看半年以后会发生什么，这样工作起来很高效，如果等到了时间才想起来要做什么，就会很被动。"程子强说。

这与程子强的个人习惯也分不开。"我一直活在制订计划和完成计划的过程中，不管生活还是工作都是如此，就像下围棋一样，下一步多想几步。可以说，没有计划我就会生活得很不自在。"程子强说。

在程子强看来，除了前瞻性，创业还需要好的团队，这样能事半功倍。

"我的合伙人非常优秀，团队成员也非常有朝气，有超强的学习能力，善于举一反三，很多具体的事情他们往往想在我的前面。这样既有经验又肯干的创业团队让我觉得轻松了很多，也让赞荣医药的创业之路走得更稳。"程子强说。

"同时，公司团队在精不在多。"程子强说，目前赞荣医药采用的是IP+VC+CRO模式，"也就是说VC有钱，IP是公司的核心团队，对化合物设计、项目管理有知识产权，再用外面的CRO做我们的手，帮我们做实验。"

据了解，目前赞荣医药内部员工7人，外部CRO上百人。"公司人员

精简，运营成本相对低，可根据项目发展和融资情况进行相应的调整，运营压力相应小了很多。”程子强说。

此外，程子强认为，创业还需要有好的投资人。

“我和周博士是第一次创业，许多不懂的地方，投资人给了我们很多意见和指导。”程子强说，好的投资人不仅仅能给企业提供资金支持，而且能带来相应的社会资源，这对创业企业来说十分宝贵。

谈到未来发展，程子强透露，公司将于 2022—2024 年在苏州筹备建设生产基地，并计划于 2024 年在国内组建自己的核心销售团队，在国外与跨国药企合作进行后期临床和销售。

（罗晓燕 / 文）

上海赞荣医药科技有限公司获第八届中国创新创业大赛生物医药行业总决赛初创组二等奖

做广大患者负担得起的好药、新药

访深圳艾欣达伟医药科技有限公司董事长段建新

“用药难，用药贵”给不少患者带来困难。2018年热映的电影《我不是药神》，一度引发广泛关注。

“我们希望以公司拥有自主知识产权的核心技术为全球患者创造出更加安全、有效且用得起的真正创新药。”在2019年10月18日举行的第八届中国创新创业大赛生物医药行业总决赛答辩现场，深圳艾欣达伟医药科技有限公司（简称“艾欣达伟医药”）董事长段建新激动地说道。最终，艾欣达伟医药凭借“精准小分子抗癌药物研发”项目获得第八届中国创新创业大赛生物医药行业总决赛成长组三等奖。

成立于2014年的艾欣达伟医药，是一家专注于利用肿瘤微环境与正常组织的差异进行自主药物设计和筛选的药物研发公司，开发出了一系列具有自主知识产权，拥有全球专利保护的广谱靶向小分子抗癌药物。

“是时候回国了”

“我们临床前团队成员均在国外待了10多年，感觉是时候回国了。”谈及回国创业，段建新颇为感慨地说。

创业之前，段建新是国外一家纳斯达克上市公司的研发负责人，有10多年小分子抗癌药研发经验，领导团队利用自主创新设计的前药平台，开发了系列小分子抗癌前药，3个项目已进入临床试验，其中1个项目已进入Ⅲ期临床研究。

2017年年初，段建新受邀回国与仙瞳资本面谈，有着共同目标的双方很快达成协议。随后，有着20多年小分子药物研发经验的段建新带着团队回国创业，重新组建艾欣达伟医药。他的回国创业也得到了家人的大力支持。

2017年年中，段建新及其团队与有超过20年临床研究经验的前ICON全球副总裁、中国区总经理，北京凯维斯医药咨询有限公司创始人谢燕彬开始合作。

段建新说，谢燕彬在国内临床研究领域拥有丰富的药物临床开发及中国企业和跨国企业的运营管理经验，“谢总作为公司的联合创始人，她现在是公司的联席CEO，负责临床开发，我负责临床前开发，我们共同负责公司运营，属于互补合作。”

“做老百姓能用得起的救命药”

“我们希望做老百姓能用得起的救命药，让患者不再望药感叹。”段建新动容地说道。

艾欣达伟医药是一家创新药物研发商，专注于从事抗癌新药的研发与临床应用，首发产品为AST-3424，具有针对多种肿瘤，特别是耐药肿瘤微环境中醛酮还原酶（AKR1C3）高度表达作为靶向，精准高选择释放强效DNA烷基化剂杀死肿瘤细胞的特点。

新靶标及其首创型小分子的发现一直是我国新药研制的重点和难点命题。AST-3424突破历史桎梏，作为一款首创小分子新药，具有独特作用机制和高度靶向性，可杀伤AKR1C3过度表达的肿瘤细胞，而对正常细胞影响较小或无影响。这种高选择的肿瘤细胞内靶向激活和富集的特性，使AST-3424与传统非选择型烷基化药物（如cyclophosphamide与ifosfamide）相比大大提高了药效和安全性。

2019年7月，艾欣达伟医药自主研发的广谱肿瘤靶向小分子抗癌新药AST-3424，获得国家药品监督管理局在14个瘤种上的临床试验许可。段建新表示，AST-3424是艾欣达伟医药团队自主研发出的第一个全球首创、具有自主知识产权的广谱靶向小分子药物，也非常有希望成为一个“泛组织”药物。

“我们和美国 NCI 的合作研究结果表明：AST-3424 单药效果明显。由于 AKR1C3 在多种肿瘤中高表达，如在肝癌组织中，AKR1C3 表达量明显高于正常组织。这些表达的差异使得 AST-3424 可以精准杀死肿瘤细胞，而对正常组织的伤害极少。”段建新说，目前 I 期临床已经开始，预计 2022 年可以完成 II 期临床。如果临床结果优异，符合有条件批准上市，将于 2023 年申请有条件上市。

“艾欣达伟医药有核心技术，有开发的能力，也有原研的能力，目前，艾欣达伟医药研发的产品均由公司团队独立研究开发。”段建新说。

同时，艾欣达伟医药也有丰富的临床团队。“我们希望到 2021 年有 1 个产品进入多个适应证的 II 期临床研究，2 ~ 3 个产品进入 I 期临床研究，以及多个临床前在研产品，到时公司将会有非常丰富的梯队产品线。”段建新说。

做好准备再创业

“创业需要准备。”段建新说，在创业之前一定要做好技术、心理、财务等方面的准备。“创业有可能成功，也有可能失败，需要考虑一旦失败你能不能够承受。”

在回国之前，段建新有五六年的时间都在做是否创业的思考和一些准备。“我一直在找机会回国，在回国之前已经与国内的 CRO 密切接触，公司目前发展得这么顺利与前期的准备分不开。”段建新说。

作为科研人员创业，段建新说自己的经验就是多学多看，“在实践中学习，提高自己，只有这样才能把公司和产品做好。”

“科研人员有技术，但是在其他方面经验不足。”段建新说，企业管理和科研机构管理不一样。“做科研是越深入越好，但是做企业往往需要考虑市场。在创业阶段既要考虑如何研发出更安全和有效的药物，又要考虑投资人的本金安全和投资回报。”

“创业累并快乐着，毕竟人生就那么一次，等到老的那天回过头来发现，能留下一点东西。”谈及创业的感受，段建新这样说道。

“创业很多东西需要处理，如融资、管理、新项目开展等，都需要自己去做。有的事情虽然不需要自己具体去做，但是创业者必须要知道。”段建新说，特别是做研发，每天都可能有新的问题出现，“如果完全依赖下面的

人去做，而不去看具体的数据，有些重要的细节就错过了，而细节往往决定了项目的成败。”

创业者需要具备哪些素质？在段建新看来，创业需要持之以恒。“创业往往不是一帆风顺的，在这个过程中总会遇到这样或那样的问题，创业者需要坚持才能成功。同时，任何一项技术都具有其特性，只有持之以恒才能为我所用。”

同时，创业团队也很重要。“创业团队成员要互补，每个人的性格特点都不一样，要允许别人有不同、有差异。”段建新说，创业公司还要有核心技术，这对创业公司的持续发展十分重要。

“创业需要情怀，不能光盯着‘财富’。”段建新说，目前很多癌症患者，治疗到后期，家徒四壁，人也走了，可以说人财两空。“我们希望能够找出一条自己的路，艾欣达伟医药的路就是做广谱药，它适用人群很多，研发费用摊下来之后很薄，能有效降低药价。”段建新说。

谈及公司未来发展，段建新信心满满。“未来，艾欣达伟医药将把临床往前推进，同时丰富产品管线，2020年开始科创板培育，希望2022年年底，公司能上科创板。”

（罗晓燕／文）

深圳艾欣达伟医药科技有限公司获第八届中国创新创业大赛生物医药行业总决赛成长组三等奖

引领时频智造　共创精准世界

访浙江赛思电子科技有限公司董事长徐文

当我们乘坐高铁、地铁时，会感到停车、发车都非常准时，停车时间很短？当我们想到哪里去时，就会打开手机，为什么手机导航定位如此准确、方便？其实，这背后离不开时钟系统，需要对时间精准度进行控制。浙江赛思电子科技有限公司（简称“赛思电子”）正是一家提供时钟系统的高科技企业，专注于时频系统解决方案的研制、生产和销售，努力引领国内时频行业，已成为国际最领先的 5 家时钟系统公司之一。

除此之外，在 2019 年 10 月 31 日举行的第八届中国创新创业大赛电子信息行业总决赛上，赛思电子凭借高精度、高性能时钟 SoC 芯片的参赛项目，以96.07的高分摘得成长组桂冠。

“从选择回国创业那一刻开始，就希望能够用科技创新为祖国献礼，今天荣幸地拿到了国家级大赛——第八届中国创新创业大赛电子信息行业总决赛成长组一等奖。这使我能够带着赛思电子全体同仁的共同智慧付出，来接受各位专家评委的检阅。手里沉甸甸的奖杯是荣誉和认可，更是期待和责任。大赛为创业者提供互相学习的机会，让更多的投资机构了解我们的技术、创业团队，期待更多的交流与合作。”赛思电子董事长徐文说，“大鹏展翅也需借助东风。赛思电子刚刚完成B1轮融资，成功募集2亿元，希望凭借此股势能，大施拳脚，继续为我们国家时频行业的发展贡献力量。引领时频智造，共创精准世界，中国时间、中国芯，我们来了。”

浓浓家国情怀

1989年毕业于浙江大学科仪系本科，1993年留学美国取得美国中佛罗里达大学电机工程硕士、美国加州州立大学MBA工商管理硕士双硕士学位；先后在Palm（HP）、RF Micro Device（QRVO）、Symmtricom 等美国著名高科技企业担任高级工程师、主管、主任工程师、中国区总经理……在所有人艳羡的目光中，许文是一位卓越的精英，可他却毅然决定放弃安逸优越的工作环境和丰厚的薪水，回到祖国，辛勤耕耘属于他自己的一方天地。

他为什么放弃国外一切，选择回国创业？许文说：“一次偶然机会受邀参加中国卫星导航年会，感觉到国家在时钟系统这一领域与国外先进国家差距大，也感受到国家发展自主可控技术的决心非常大。我们这些留学海外、学有所成的人有责任把先进技术、知识带回国内，加速国内时钟系统技术发展，所以决定回国创业。”

多年的异国求学与工作经历，给了许文深厚的学识与经验，让他清晰地明白国内目前通信设备的薄弱之处，也让他清醒地认识到这一领域有着很好的商业机会。

根据美国市场调研公司VerifiedMarket Research的市场分析报告，全球时钟IC（集成电路）产品2017年销售额达到60.1亿美元，预计2025年的销售额将达到97.4亿美元，2018—2025年的年复合增长率为6.2%。

许文表示，国外时钟芯片供应商把控通信系统的命脉，国产自主商用时钟芯片市场占有率为零，国内市场空间大。同时，面向超过万亿元的5G市场，有着巨大的商业机会。“最新5G通信技术方案中最关键的核心技术之一就是高精度时钟芯片。5G时代由于载波聚合、多点协同、5G超短帧

结构、高精度定位等新技术的应用，要求基站间满足百纳秒级的超高精度，系统端到端定时误差预算要求在 ±130 ns 以内、高精度局部定位要求在 ±10 ns。”

于是，许文在 2013 年创办了赛思电子。公司总部坐落于浙江省嘉兴市，研发和销售中心位于北京 CBD 商业区，同时在美国也建立了研发中心。公司首期注册资金 5500 万元，是一家专业从事研发、设计、制造和销售高端时钟系统的高新技术企业，利用 GPS 授时技术来推动北斗卫星应用发展。

许文选择在老家嘉兴创业，正是他心中浓浓的家乡情，希望通过自己的实际行动回报家乡。“嘉兴的高科技企业不多，希望我们能够带领一个风尚，希望有更多的有识之士来嘉兴创业。嘉兴的高科技人才也不用再去北上广，在嘉兴就可以在世界一流的高科技企业就业。”许文说，“将强化赛思电子在家乡的发展，继续研发最先进的通信设计和制造技术，造福我所热爱的家乡。”

科技创新需要十年磨一剑

当您步入地铁站台，在电子显示屏上看到的时钟系统，或许就是许文团队的杰作。可不要以为这是个简单的技术，地铁里的各站台、车辆、控制中心的时钟必须分秒不差，要不然可能会引发重大安全事故。

何为高端时钟系统？据许文介绍，轨道交通、电力、数字广播电视、金融、航天航空、工业控制、公共设施服务等系统都需要精确和统一的时钟系统来保证运营安全。“这种每个领域都必须使用到的通信设备非常重要，因为在当今信息世界中，几乎每个领域都必须使用通信设备。数字信息传递中用到的都是编码，一旦两个数字设备之间的时钟频率不一致，交换信息时就会出现丢帧或重码现象，并引起出错。”

从事着这样一个准入门槛高的高新技术行业，在创业起初，许文也有过很多烦恼，“技术门槛高，高回报需要高投入，在这些特性之后，创业之初，我们就面临着资金运作上的问题。”许文和他的研发团队均来自美国最顶尖的时间服务器公司，更高的标准与追求也给公司的运作带来了不小的压力，“好在不久以后我们就找到了投资机构，加上政府对我们项目的大力支持，资金问题就迎刃而解了。”

无论是一家企业，还是一个国家，一定要掌握核心技术，才能在市场竞争中立于不败之地。然而，科技创新路上从来没有捷径，技术研发是一个长期的过程，许文带领团队始终坚持研发投入。“做科技、做芯片，需要十年磨一剑，靠的是努力拼搏。”赛思电子创始人许文，以一个创业老兵的身份，道出了创业的艰辛。

“做硬科技，需要很长时间的技术积累，不是说有热情就能在一两年的时间内做出来，这是一个长期积累的过程，而这个过程是非常痛苦的，在不停的失败和不停的成功中反反复复，不断地向前累积。”许文说，“需要我们静下心来几年如一日地去技术攻关，不断地投入。好在我们克服了，取得了技术突破。”

据了解，赛思电子通过多年的技术沉淀和产品验证，解决了高性能锁相环集成设计、高精度时间同步测量技术、同步算法等各方面的技术问题，突破了国外对高精度时钟芯片的技术壁垒。目前，赛思电子拥有授权专利8项，其中，发明专利1项，实用新型专利2项，外观设计专利5项，另外还有软件著作权认证3项。值得一提的是，以96.07的高分夺冠的参赛项目是一款高精度、高性能时钟SoC芯片——Kylin 430芯片。与传统的时钟模块解决方案相比，该芯片面积减少85%，功耗降低70%，成本降低约48%，全功能功耗小于1 W，是国内第一款高精度、高性能时钟类型的芯片，打破了国外对该方面技术的垄断。

“科技创新从来不相信弯道超车。我们不仅仅是单纯的商业化落地，而是以领先的自主知识产权带给市场一次次革命，这也是我们企业秉承的理念，是我本人回国创业的初心，为中国时间贡献一分力量。”许文表示，未来，赛思电子将努力攻克高精度时钟芯片的技术壁垒，为实现北斗高精度时钟芯片国产化、为硬科技兴国贡献力量。

做国内专业时钟设备商中的NO.1

许文说：“创业只做一件事情，就是把时钟技术做好，聚焦在时钟系统领域，在细分领域做成中国最强的企业，为时钟系统装上‘中国芯’。这也是我心中的理想和目标。”

为此，赛思电子每年把销售额的50%以上都投入研发中。在持续的投入下，赛思电子已拥有世界一流的时钟技术，时频研发能力强大，技术先进。自有FPGA守时和授时算法，提升了时钟守时和授时能力；具有硬件设计与软件深度定制开发能力，可提供定制化解决方案；与高校和研究机构合作研发原子钟技术，推动了原子钟技术国产化；紧跟行业发展，可提供IEEE 1588v2解决方案，并有多行业商用案例，已成为国际最领先的5家时钟系统公司之一。

凭借国内领先的时钟技术、完善及定制化的网络管理软件，目前，赛思电子涉及的领域有通信、电力、轨道交通、金融商业、医疗和特殊应用等行业，产品实现了系列化、多样化，如NTP/PTP时间服务器、BITS、各类子母钟、授时板卡/模块、时统系统、频率基准等。同时，建立了覆盖全国的营销网络，成为国内众多知名企业或大型项目的供应商。近年来，赛思电子建设了国内第一个时频一体化（IEEE 1588）商用同步网络——内蒙古联通骨干网时间同步系统；提供了全球首次轨道交通LTE网络IEEE 1588时钟同步方案商用案例——武汉地铁6号线LTE-M承载CBTC应用的IEEE 1588时钟同步解决方案；建设了国家电网公司、南方电网公司、白俄

罗斯国家电网等国家级骨干频率同步网；成为甘肃电网、浙江电网、国家电网特高压等省级骨干网及电网重大项目供应商；入围中国移动时钟同步设备集采，为三大运营商提供了省级同步网解决方案；为石家庄地铁、北京地铁、天津地铁、青岛地铁、贵阳地铁、武汉地铁、郑州地铁等 20 多条地铁线提供基准时钟系统；成为非洲第一条现代电气化铁路——埃塞俄比亚首都亚的斯亚贝巴至吉布提首都吉布提铁路的时钟系统供应商；中标中国联通集采，成为 14 个省的时钟同步系统供应商；成为中石油管道时钟系统统一供应商。

许文自豪地说，赛思电子的产品设计采用了国际领先的自有专利 FPGA 守时算法，技术水平至少领先国内多数竞争对手 3 ~ 5 年。目前多数的时钟系统都是基于 GPS 卫星系统的，依赖 GPS 会给我国的国防和信息安全带来重大隐患，而赛思电子开发的是双接口技术，可以对接 GPS 和我国自主研发的北斗卫星导航系统，保障信息安全。

“到了本应该‘enjoy life’的年龄，我还在一线像年轻人一样，创业、创新、拼！我们也许感动不了上帝，但我们的团队一定能够用自己的努力来赢得客户的尊重，带给中国最好的产品、最好的技术和最好的服务！”徐文说，未来，赛思电子将加大对“时频＋芯片”的投入力度，坚持“引领时频智造，共创精准世界”理念，以国产硬科技做时频领域的领跑者。

（叶伟／文）

浙江赛思电子科技有限公司获第八届中国创新创业大赛电子信息行业总决赛成长组一等奖

我们为未来创造“慧眼”

访深圳市灵明光子科技有限公司联合创始人兼首席执行官贾捷阳

2019 年 10 月 31 日，在第八届中国创新创业大赛电子信息行业总决赛现场，深圳市灵明光子科技有限公司（简称“灵明光子”）创始人兼首席执行官贾捷阳三度上台领取评委发出的创业导师邀约卡。作为第八届中国创新创业大赛电子信息行业总决赛初创组一等奖的获得者，这位在深圳长大，又回到深圳创业的“90 后”小伙回座位后马上被各种机构和企业包围，名片发完了，手机也没带。“我先去找同事拿手机……”贾捷阳不断地重复着这句话，可能还不太适应“火了”的节奏。

“对于创业者而言，一个奖项，除了能让同事们高兴一下之外，更大的价值便是时刻提醒自己对公众、对市场展示过的责任和使命，每一张 PPT 都是承载商誉的承诺。这也是为什么这个奖杯那么的‘沉’。”贾捷阳喜悦的心情难以言表，激动地说，“非常高兴能代表深圳的初创企业在中国创新创业大赛上取得成绩。感谢各位同事的努力、评委老师们的认可、工作人员的大力协助。希望大家继续支持我们、关注我们，见证我们未来如在赛场上承诺的那样，持续地向中国和世界的 3D 传感产业贡献更新的技术和更好的产品。”

放弃高薪　回国创业

翻开贾捷阳的履历表，简单而又精彩，于 2009 年赴美留学深造，先后取得美国斯坦福大学电子工程学士、硕士、博士学位，随后进入美国硅谷一家企业工作。

“亮瞎眼”的高学历、令人羡慕的高薪工作，这位着装整洁干练、举止

彬彬有礼的“90后”小伙子在海外的事业发展可谓风生水起，成为别人眼中的成功人士。然而，他却选择放弃美国的高薪工作，回国创业。

谈及回国创业的初心和使命时，贾捷阳认为，这是很多点共同结合在一起。“我的导师具有企业家精神，一直支持、鼓励我学以致用，要把学到的知识应用到推动半导体产业化上。同时，芯片市场空间非常广阔，发展潜力非常大，之前就有不少企业找到我们来解决他们的技术需求。更为重要的是国家产业发展需要，国家在芯片研发上的短板明显，近年来对于芯片的需求已经清晰地表达出来。”

当然，回国创业并不是盲目跟从，也不是头脑的一时发热。贾捷阳说：“从2016年我就开始酝酿回国创业这件事，用两年时间去思考要做什么，不要做什么；成功怎么办，失败了怎么办。”

“我在深圳长大，深圳给我留下的最深印象就是一个字‘快’，对初创团队来说，迅速迭代、迅速落地是最关键的。深圳在招引人才时是用手拉，而不是用嘴喊，所以力度最大。这是深圳的诚意所在，也是深圳成功的原因。”贾捷阳说，这是他选择回到生他养他的深圳创业的原因。

有了这些想法，于是，2018 年 5 月，贾捷阳与同门师兄弟共同创立灵明光子，致力于应用国际领先的单光子探测器技术，研发及制造高性能光电传感器芯片。

贾捷阳表示：“芯片行业的发展不是一朝一夕的事，需要长期的积累。表面上我们是缺芯，实际上是缺人。只有更多的高端科研人才愿意回国，愿意加入这一行列，才有希望解决国内芯片被制约问题。”

创业需要直击行业痛点

创业并不是那么容易的事情，尤其是芯片行业，通常具有“高投资、高风险、规模大、周期长、见效慢”的特点，创业成功的概率渺茫。贾捷阳认为要直击行业痛点，“就是用自己学到的技术去解决一些实际问题，改变一些东西，改变行业‘缺芯’的局面。”

如今，激光雷达应用领域不仅仅有自动驾驶一个领域，在智能家居、工

业传感等诸多方面都有非常广泛的应用，载具从车拓展到扫地机器人、工业机器人等。这些领域市场空间非常大，并且近几年都是属于非常高速增长的领域。由于技术发展的滞后，每个领域都出现了一些共性的问题，如探测距离不足、功耗过大、难以与现有的电路集成、成本过高等。

于是，灵明光子团队通过走访近 20 家国内外客户，得出结论，目前激光雷达及类似的 3D 传感部分其核心痛点在光子接收器上，光子接收器的效率不足是目前激光雷达测不远、功耗过大的主要核心问题。

"激光雷达对于硅光子倍增管（SiPM）的需求正在迅速增长，市场供不应求的态势非常明显，同时，当前的货架产品性能不能满足需求。在手机 ToF 方面，各个手机厂商都期望在 2020 年年底应用基于单光子探测器的 ToF，但目前市场上并无已出货的单光子成像传感器（SPADIS）芯片供应商。"贾捷阳表示，灵明光子利用先进三维传感设备的高效率光电接收芯片，致力于用世界领先的单光子探测器技术开发光电传感器芯片，产品包括 SiPM、SPADIS 等，主要应用在激光雷达、手机 3D 模组和其他高性能深度传感系统上，帮助智能硬件实现三维感知能力的飞跃。

那么，作为一家成立不到两年的初创企业，灵明光子具有哪些优势？

"我们拥有两大核心技术，即学术研究基础扎实、知识产权完全自主，并且产品落地快、性能好，研发进展和性能参数均处于国际领先水平。"贾捷阳表示，灵明光子的产品应用了光子捕捉技术，在 CMOS 工艺兼容的前提下大幅提高了光子探测效率，与国外竞品相比效率提升了 3 倍以上，同时也是目前国内唯一的激光雷达 SiPM 供货商。目前已与国内外多个激光雷达公司展开合作，已经在 2019 年第二季度实现了第一种可量产产品的小批量交付。SPADIS 产品将于今年年底进行第一次产品流片，明年将有小批量产品可向客户供样。

贾捷阳表示，灵明光子不仅力求为 3D 传感产业提供最先进的芯片解决方案，也乐于分享我们在新技术领域的所见所得，希望与合作伙伴及整个行业共同成长。

合格创业者是需要"熬"的

从学霸、上班族到创业者，角色的不断转变也让贾捷阳的创业之路并不是那么的一帆风顺。贾捷阳表示："一个合格的创业者一定是'熬'出来的，经受着来自各方面的不同质疑声和应对创新过程中的各种挑战。"

"在创业过程中遇到这样那样的很多问题，基本来自经验不足。"贾捷阳说。

那么，面对创业过程中的诸多挑战，他如何去做的呢?

"如果你成长得好的话，就会觉得你上个月是个'傻子'。换句话说，就是要及时发现自己的不足，并不断地去改正。"贾捷阳进一步说："作为一名创业者最大的感触就是永远要做不擅长的事情，而且要变得擅于做不擅长的事情。不能说这件事擅长就自己做，不擅长就交给别人做。因为我是创业者，别无选择，只有你擅长了，整个公司才会发展好。"

资本短缺是挡着初创企业面前的"拦路虎"。"公司成立之初是有风险的，产品不明确，技术说不清楚，市场不明朗。但是，就在这种情况下，我们获得了昆仲资本、真格基金、中信产业基金全方位支持。特别感谢投资机构和投资人 。"贾捷阳说。

为什么公司一开始就能赢得资本的认可呢? 贾捷阳认为，创业既要有先进技术的积淀，又要有务实高效的商业作风。"更重要的是，我们很真实。我们没有给过投资人虚假承诺，不会去刻意做一些美化与包装。"

创业还需要志同道合的团队。"创始团队全员都有海外名校背景，由硅谷老兵、美国院士带队，如公司 CTO 兼董事长臧凯，是单光子业界高效率单光子探测器发明人。"贾捷阳说，"我们几位创业伙伴都接受了国内外最好的教育，因为共同的'踏实做产品'的信念而从欧洲走到了一起，具有良好的团队精神。我们相信也期待着有更多的'同路人'加入我们，为中国企业在芯片领域集中发力!"

据了解，目前灵明光子总部位于深圳南山，在硅谷设有研发中心，全职人员 17 人，其中 7 人拥有国外一流大学博士学位，包括 5 名美国斯坦福大学博士校友。

谈及未来的发展规划，贾捷阳表示，希望用自己手上纳米级的核心技术解决激光雷达探测突破千米级的问题，并实现更加丰富多彩的应用，为未来创造“慧眼”。

（叶伟／文）

深圳市灵明光子科技有限公司获第八届中国创新创业大赛电子信息行业总决赛初创组一等奖

换道超车　用超微光学芯片加 AI 技术突破气体检测国外垄断

访欧勒姆电气（惠州）有限公司合伙人侯瀚森

在获得 2019 年第八届中国创新创业大赛电子信息行业总决赛初创组二等奖后，欧勒姆电气（惠州）有限公司（简称“欧勒姆电气”）合伙人侯瀚森发出了这样的感慨：“在中国最高级别的‘双创’赛事上，我们与 3 万多个项目、企业同台竞技，经过数月数轮的技术与产品比拼，最终能脱颖而出实属不易。感谢每一位欧勒姆电气团队成员和支持欧勒姆电气的人，我们将不辱使命，再接再厉，勇攀新高峰。”

作为最年轻的获奖企业之一，欧勒姆电气从光学法检测的方向发展新一代检测技术，用超微光学芯片加 AI 技术，以特定物质对特定光的吸收度不同所呈现出的光谱偏移为检测原理，打破了国外在高精度工业级气体检测领域的技术垄断，实现了快速、准确、低成本的定性与定量检测，其背后的创业故事引人探究。

创业是一场持续的攻坚战

太原理工大学毕业，通过校招来到珠海格力电器有限公司工作，6 年后的 2016 年开始辞职创业。翻开侯瀚森的简历，简单又明了，但就是这么一个拥有简单经历的人却用一股韧劲，在历经长期的技术积累后，集中用了 4 个多月的最后阶段攻关，在工业级检测领域，打破了 4 项国外垄断的专利技术，成功开发出首个由中国自主研发、自主生产的工业级微光学阵列传感器芯片和产品。

谈及创业的初衷，理工男侯瀚森在理性中也不乏冲动。“2015 年，李克

强总理提出了‘大众创业、万众创新’。2016年，大众创业、万众创新在全社会蓬勃开展。我们身处广东这片创新创业浓厚的热土上，自己又年轻，不希望安于现状，想去闯一闯；另一个最重要的原因是自己在工作一段时间后积累了一些资源，发现周围都在做一些协同创新的事情，特别是包括物联网、人工智能、5G等技术，大有向工业领域渗透的趋势，而这与自己的专业不谋而合，所以也是想出来摸索一下。”侯瀚森说。

不过，随着时间的推移和公司的不断发展，侯瀚森有了更远的目标：就是要让国外限制的技术真正掌握在中国人自己手里。

“取名‘欧勒姆’的原因是其谐音与电影《指环王》中精灵族的语言类似。意思是丛林之神、狩猎之神，是这个族的救世主。我们做的就是搜寻、检测，保障人类生命安全的事情。”侯瀚森说。

理想很丰满，现实却很骨感。当自己满腔热血投入创业时，却发现一切并不是那么简单。

“创业维艰。创业的实质是每天都在解决问题，每天都在想办法从各种坎里爬出来，运营、人员、技术、成本、融资、企业发展战略、市场和项目实施等都需要兼顾。”侯瀚森把自己遇到的挑战娓娓道来。

“当然，困难也分不同的阶段，创业的最早期，每天面对的事情就是让公司活下来，有足够的生存能力和竞争力，再实现公司发展方向和能力的提升。尤其是经济调整期，受整个大环境的影响，公司把融资作为运营层面的第一战略，这些灵活的调整和预判是公司成长期的重要能力和手段。”侯瀚森表示，困难会伴随整个商业周期，这是客观存在的正常情况。随着公司的成长和产业的发展，困难会越来越多。这是一场持续的攻坚战，需要在困难面前做好充足的准备，在问题面前顶住压力，用专业素养来解决问题。

“不能说如何解决问题，而是解决问题的一贯态度，就是做好预计到困难的准备，持续善于发现问题，拥有极强的抗压能力和毅力，有专业的解决问题的办法。在这个过程中，团队的协作、能力的补充、鼓励和互相协调极其重要。此外，对资源的掌握、协调和把控也很重要，而涉及公司的发展方向、战略的决断可能会危及公司的生死存亡。”侯瀚森感叹道。

聚焦检测领域 打破国外垄断 实现进口替代

侯瀚森对自己公司当前研发的产品很自豪。他介绍道，目前在高精度工业级气体实时检测领域，主要使用电化学传感和检测技术来检测有毒有害、易燃易爆、窒息性等目标气体，一旦周围有气体超标或预警等危险情况，就要马上做出预案反应。这对技术和产品的一致性和稳定性要求极高，而且被美国企业在全球行业中垄断了数十年。此外，此前发生的天津滨海新区爆炸事故也让侯瀚森很痛心。

“必须拥有自己的核心技术，才不会被国外制约。”就是凭着这种信念，侯瀚森和他的团队从光学法检测的方向发展，用超微光学芯片加AI技术，以特定物质对特定光的吸收度不同所呈现出的光谱偏移为检测原理，实现快速、准确、低成本的定性与定量检测。

在此基础上，欧勒姆电气还研发了工业物联网便携式气体检测仪。侯瀚森甚至把这个以微光谱阵列传感器为核心的检测设备定义为行业内第一款工业物联网便携式气体检测仪，他的理由有3个：首先，其利用新技术把检测设备做成融合多项智能解决方案的超便携模组集成，检测时不需要再带着一大堆笨重的设备；其次，改变了单机运行的境况，创新性地融入中国最好的物联网技术，实现解决方案升级；最后，为了实现完全的国产化，该产品还加入了华为 5G 模组及中国北斗 GPS 模组。

此外，这款设备由于技术的创新应用还极大地拓展了行业应用场景。据侯瀚森介绍，这款产品除了应用于工业生产之外，还可以拓展到环保环境监控、应急救援等领域，在兼具预警功能的同时，还能实现实时传输，做成一个跟气体与数据相关的协同性平台。

创新要以市场为导向。“我们在技术驱动的导向下也同步注重应用领域的延伸，目前这项技术在水质检测领域也取得了技术和产品突破，构建出另一个庞大的蓝海市场。”侯瀚森及团队对公司研发的产品充满自信，也对它的未来报以乐观的期待。

侯瀚森强调中国制造的超高性价比，在“新一代光学传感器及应用”项目中，要打破国外垄断技术壁垒，实现进口替代，不仅要在核心技术上实现弯道超车，而且应该充分发挥中国创造的产业与行业优势，做差异化发展，从而实现技术与产品迭代，主动升级，做降维打击。

创业需要协同创新

“欧勒姆电气于 2017 年注册，创始团队主要有 3 个人，都是当年在北京大学创业进修班上认识的。一路走来，我觉得在创业的路上抱团合作，进行协同创新很重要。”侯瀚森说，3 个合伙人都是技术出身，而且技术方向不一样，分别聚焦在底层硬件技术、产品化解决方案技术和平台级软件技术，合起来是一个非常具有战斗力且完整的集体。另外，3 个人的特长和在公司的分工非常互补。分别负责公司战略与企业运营、技术研发、市场化 3 个板块。分工明确，重点明晰，战斗力强悍。不仅直接贯通了整个产业链的核心技术，更补齐了短板，将之前分散的 3 个团队直接做大，无论是公司自身还是资本层面都实现了快速跨越，这就是抱团的重要性。

作为创业合伙人之一，侯瀚森不仅是欧勒姆电气合伙人，高级企业咨询

师、工程师、项目管理师，还是教育部创新创业导师专家库成员、北京大学创业训练营粤港澳基地创业导师、粤澳中医药产业园创新创业导师。

在自身创业的过程中，侯瀚森也有自己的体会。在他看来，“双创”已经进入2.0时代，单打独斗的时代已经过去了，现在是抱团取暖和优势互补的时代，只有这样才能度过“寒冬”，不断做大做强。

“我深谙一个道理，就是一个人可以走得很快，但一群人可以走得更远。团队的协作和互相鼓励非常重要，我们都对彼此的能力进行补充，携手共进。”侯瀚森说。

侯瀚森有着理工男专业的幽默感，他用一个形象的比喻表达了他对“创客精神”的理解。“它就是一个力学模型，要把核心技术与创新深度融合。”另外，他觉得创客要能及时调动项目所需的资源，在各种挑战面前都能迎难而上、宠辱不惊，对产品未来的发展具有高度的前瞻性和富有战略性的判断力。此外，整个创始团队也要具备足够的领导能力，遇事敢于决断，生活中充满人格魅力。

对于参与中国创新创业大赛的目的，侯瀚森说，主要有3个方面：其一，当公司发展到一定阶段，产品处于领先位置时就需要进行曝光，中国创新创业大赛无疑是一个最好的舞台；其二，目前阶段，他们更需要市场和资本，进一步推动公司发展；其三，大赛是一个很好的舞台，能广交朋友，甚至还能产生合作。侯瀚森透露，在此次大赛上已经遇到了不少好的项目，正在商谈下一步合作事宜。

侯瀚森认为，参加比赛是一个审视和检阅自我的过程，在其中能不断完善自我。通过中国创新创业大赛的展示、曝光和交流，欧勒姆电气收到多家基金抛出的橄榄枝，公司正在进行Pre-A轮的融资，还获得了一些产业资源的对接，目前正在稳步推进中。

“大赛是一个平台和窗口，不仅有政府和产业的关注，而且有资本的青睐，在比赛中结识到很多优秀的创业者和可以协同发展的项目，在这个过程中我们也达成了合作意向。”侯瀚森强调，比赛是一个共生的生态。

（戈清平／文）

欧勒姆电气（惠州）有限公司获第八届中国创新创业大赛电子信息行业总决赛初创组二等奖

打造国产高端激光器
完成进口替代和超越使命

访上海频准激光科技有限公司创始人张磊

2019 年 10 月 31 日，中国创新创业大赛电子信息行业总决赛迎来巅峰对决。站在总决赛舞台上，上海频准激光科技有限公司（简称“频准激光”）创始人张磊沉着稳定、机智睿达的回答赢得了观众热烈的掌声，获得专家的一致好评，并获得 1 位专家给予的邀约卡。最终，获得中国创新创业大赛电子信息行业总决赛优秀奖。

“中国创新创业大赛共有 30 287 家企业参赛。其中，电子信息行业参赛企业近 7500 家，频准激光一路通过地方赛、半决赛、总决赛，在高手云集中突围，最终获得中国创新创业大赛电子信息行业总决赛优秀奖，成绩好得让人惊喜，频准激光将继续努力，打造国产高端激光器，完成进口替代和超越的使命！”张磊发表了自己的感言。

回首两年的创业历程，张磊有过徘徊、不舍，更有艰辛和泪水，但他说，这一切都值得。

左手是科研　右手是创业

在别人眼里，张磊是典型的科研学者。大学毕业后，一路读研攻博，于 2014 年在中科院上海光机所获得工学博士学位，并担任中科院上海光机所副研究员。主要围绕特殊应用展开新型光纤激光器及光纤钠导星激光器的研究，他在高功率拉曼光纤激光器、单频光纤激光器、随机拉曼激光器及应用于天文的光纤钠导星激光技术方面取得了国际领先的成果。

过去数年，张磊在国内外期刊上发表了众多论文。其中，在 *Laser and*

Photonics Review、*Optics Letters* 等期刊上以第一作者和通讯作者发表 SCI 收录期刊论文 20 篇，影响因子累计超过 60，被引用次数 400 余次。主持和参与青年科学基金、青年创新促进会、国家“863”计划等项目。2014 年获得中科院院长特别奖；2016 年获得首届全国光学工程优秀博士论文奖，上海市优秀博士论文奖等奖励。主持国家自然科学基金、总装预研及国家“863”计划等纵向课题。2014 年以来，主持 30 余项横向课题，为国内外 20 余家单位提供了打破国际激光空白的产品，累计横向课题带来的收益高达 1500 多万元。

不过，在长期专注于学术研究上，张磊也时常受到“骚扰”：“你们还能提供可见光光纤激光器么？国外的产品不仅贵，坏了后返修时间长达半年，要是能有这样的产品或者能帮我们解决一下问题就好了”……

张磊也发现，在先进激光应用市场的激光器几乎被国外公司垄断，其产品不仅价格高昂，而且售后服务周期长。“要是能有国产替代产品就好了。”张磊的心中萌发了这一想法。

不过，张磊的这一想法很难在科研机构这样的体制内实现。摆在他面前的有三条路：一是继续在科研机构的象牙塔里研发，不久的将来评个教授职称；二是把技术转让给相关企业，但他发现，因为激光器本身的复杂特性，国内很少有企业能承担这种项目；三是自己创业，解决行业痛点，有可能去突破国外在激光产品领域的垄断，也有可能失败。张磊说，站在人生的十字路口，他曾经徘徊过，甚至很难做出抉择。

“一方面，我曾经跟领导申请过停薪留职或者停岗创业，但都一一被否决；另一方面，自己正在研发的产品已不断获得市场认可，并帮助很多科研院所、实验室解决了行业痛点。最终，我还是决定去创业，去做一件对行业、对国家更有价值和意义的事情。”张磊说。

在说服自己后，张磊把有同样想法的 3 位同事拉到了一起，于 2018 年 5 月正式创办频准激光。

回首当初的决定，张磊觉得有些不可思议。“但我觉得，人生需要挑战，只有去尝试了，才知道结果。”张磊说。

精准发力激光器

“从 2018 年创办频准激光以来，我们已累计为国内外 50 余家单位提供了打破国际激光空白的产品，截至 2019 年 11 月，已累计提供科研激光器 140 余套，实现销售额 3000 多万元。”张磊自豪地说。

“这份成绩与我们的产品具有很强的竞争力密不可分。”据张磊介绍，目前他们的产品主要聚焦在量子激光器和先进激光器两大方面。其中，在量子激光器方面，他们已掌握宽调谐光纤激光器、高功率单频光纤放大器、高功率高效率倍频等关键技术。该项技术在冷原子物理、量子光学、精密测量等量子科技领域对特种激光光源的需求非常匹配，已经为客户做了大量定制工作。

例如，80 W 线宽 10 kHz 的 1064 nm 单频单模光纤激光器，可以应用于超冷原子光晶格实验，实现由超流态到莫特绝缘态的相变过程。其峰值功率 50 W 的 1336.6 nm 单频光纤激光器，用于 8 倍频产生 167 nm 深紫外激光源；1014.8 nm 和 1062.5 nm 单频光纤放大器，应用于汞原子光晶格钟研究，实现了冷却和钟频跃迁光谱探测；1176 nm 单频拉曼光纤放大器，应用于He原子精密光谱测量，实现了对23P-33D和23P-31D跃迁的最精密测量；高功率单频1018 nm光纤放大器，倍频至509 nm，用于铯原子里德堡态光谱研究和异核铷铯里德堡分子制备；高功率窄线宽780 nm光纤激光器，最高功率达20 W，用于高精度原子干涉仪研究；589 nm拉曼光纤激光器，用于钠原子冷却，作为钠激光雷达系统中的种子激光。同时，该公司还研制了1015 nm、1092 nm、1762 nm等多种高功率单频光纤放大器，集成于科研激光器产品。

“我们的核心技术能力体现在4个方面：宽调谐光纤激光器中，稀土掺杂光纤激光器的宽带波长调谐及宽调谐拉曼光纤激光器，光纤激光器直接输出可覆盖980 nm至2.4 μm；高功率窄线宽光纤放大器中，特有的高效率受激布里渊散射抑制技术，单频单横模光纤激光器输出功率达百瓦级；高效率高功率非线性频率变换中，高效率高功率的光纤激光倍频技术，把光纤激光输出波长拓展至可见光、甚至紫外波段；高可靠超短脉冲光纤激光器基于对光纤非线性光学效应的深入认识，开发了高可靠的ps光纤激光器、fs光纤激光器。”张磊说，基于上述核心技术，频准激光开发了单频光纤激光放大器、宽调谐光纤激光器、可见光光纤激光器、短脉冲光纤激光器4个产品线。

创业维艰　还需再接再厉

“中国创新创业大赛为我们提供了一个非常好的平台，为我们展示了初创公司的风采、技术能力，对未来公司的发展有很大推动作用。我们将继续努力，把我国激光显示产业做大做强。”张磊坦言，对获奖感到喜出望外，毕竟还是一个初创公司，获奖充分代表整个大赛的评委对他们的支持和肯定。

创业艰难百战多。一路走来，张磊有很多感悟。他说，创业者一定要有扛住巨大压力的能力，同时还要不断学习。“像我们这样做技术出身的，在公司起步后，就会面临扩大生产、管理、财务、运营等一系列从未接触过的领域，这都需要自己不断学习。”张磊说。

同时，张磊还强调了技术和团队的重要性。他认为，选择创业这条路一定要在某一领域拥有超前的技术。“中科院上海光机所就一直致力于激光前言技术的研发，不仅在国内领先，在国际上也拥有一席之地，正是能够身处上海光机所这样一个技术高地，我们的产品才能拥有较好的市场空间。”张磊说。

作为一个合伙人公司，张磊对拥有如此高技术的合作伙伴感到庆幸。他举例说，他们团队自 2010 年起，就致力于在拉曼光纤、单频光纤激光器及非线性频率领域的变换研究，并发表 SCI 论文 60 余篇，其中影响因子大于 3 的有 18 篇；2019 年，在国际著名期刊发表关于频准激光 SCI 论文 5 篇，同时有 3 项频准激光专利已授权，获得转让专利 3 项；在单频拉曼领域，其团队成员有 3 次被行业国际媒体 Laser Focus World 报道，并受 Springer 邀请，编写 *Raman Fiber Laser*。

“从 2018 年 5 月到 2019 年 10 月，短短几个月时间里，我们的产品销售额就突破了 2100 万元，并实现了科研激光器的量产和盈利，累计交付量子激光器 120 余台，产品远销欧美顶级高校和研究所，今后将努力打造细分市场的全球领军品牌。”张磊信心满满地说。

张磊的微信朋友圈里有条阿里巴巴董事局主席马云的金玉良言，他认为这对创业者，对合伙创业团队都是一种激励，更是一种鞭策。“任何团队的核心骨干，都必须学会在没有鼓励，没有认可，没有帮助，没有理解，没有宽容，没有退路，只有压力的情况下，一起和团队获得胜利。成功，只有一个定义，就是对结果负责。如果你靠别人的鼓励才能发光，你最多算个灯泡。我们必须成为发动机，去影响其他人发光，你自然就是核心！”

（戈清平 / 文）

上海频准激光科技有限公司获中国创新创业大赛电子信息行业总决赛优秀奖

改变用户对世界的“看”法

访广东康云多维视觉智能科技有限公司创始人、首席执行官李家康

2019年11月7日，第八届中国创新创业大赛先进制造行业总决赛在河南洛阳落下帷幕，广东康云多维视觉智能科技有限公司（简称“康云多维视觉”）凭借“人工智能三维数字化自动建模技术”项目夺得成长组一等奖。“这是我第二次来到洛阳，2018年公司作为初创企业参加第七届中国创新创业大赛先进制造行业总决赛积累了丰富的经验，今年参加成长组比赛，并拿到第一名，非常开心。”康云多维视觉创始人、CEO李家康难掩心中的激动。

据了解，康云多维视觉主要致力于人工智能三维数字化自动建模技术的应用与实践。企业运用AI+3D深度学习神经网络构建的3D超高精度模型，大幅降低了三维模型的建模时间，解决了传统3D模型的制作成本高昂、3D内容体积大、不方便传播等痛点。其产品和技术广泛应用于电力、文博、警务、政务、水利、云上城市、智能制造等领域，使内容展示更加形象化、智能化、三维化和可视化。

世界级研发团队支撑　已累计获得国际专利126个

康云多维视觉领先的技术背后是一支世界级科学家队伍的支撑。团队的核心研发成员大都来自于英国剑桥、牛津，美国麻省理工、伯克利，中国清华、北大等大学的研究院，具有深厚的学术研究背景，同时亦有较强的工程实践能力。目前，团队已经拥有数百项领先的图像技术和千亿规模图像大数据计算处理能力。团队自2014年组建以来，先后在旧金山、多伦多、伦敦、格拉斯哥、赫尔辛基、广州等地设立研发分部，拥有业内顶尖

的国际水准技术研发能力。

康云多维视觉掌握 3D 视觉和扫描的核心算法，以及空气成像技术，同时通过自主研发软硬件，拥有 126 项美国专利商标局和中国国家知识产权局的授权发明专利，累计获得 30 多项全球大奖。目前，该团队正根据视觉智能推进的需求，积极研发更多以此衍生的科技发明。

据李家康介绍，康云多维视觉以视觉智能、三维引擎为核心技术，研发高门槛微米级别的三维智能建模扫描设备及多屏互动展示。其技术着眼于新近兴起的三维数字化建模环节，通过图像处理、计算机视觉算法，提供基于软件、智能硬件、云计算的互联网三维数字化建模展示平台，大幅降低三维模型建模时间，制作超高精度的裸眼三维模型，赋予人类视觉从 2D 走向人工智能 3D 的全面升级，进入视觉智能 3.0 时代。

康云多维视觉以 20 款自主研发的智能扫描设备（物体、空间、航拍）作为三维数据的采集工具，用户“傻瓜式”扫描并同步上传至公司云端服务器，即可快速自动生成三维模型，模型可用于生成增强现实、虚拟现实、三维打印、三维交互等，并可全面兼容广告展示屏、计算机、平板、手机、VR 及 AR 等设备终端，实现固定和移动、线上和线下不同场景的三维展示和网页浏览。

据康云多维视觉团队相关人士透露，除了对现有技术、设备进行不断的迭代优化之外，正在研发各类先进技术，满足未来的企业发展，重点方向包括人体扫描仪、空气成像屏、手机扫描技术等。这些产品一旦投入生产应用，医学、教学、服装定制、游戏、影视制作、展示等领域将产生爆炸性的变革。

多维视觉AI导购系统　改变用户对世界的“看”法

“多维视觉AI导购系统是康云多维视觉系列黑科技的集成体现，其实现建立在3D内容扫描、3D数据建模、多平台展示、大数据分析、内容与用户交互全系列的技术与设备支持上。”李家康介绍，通过对智能3D扫描技术、实时建模渲染、图片高压缩率与无损还原、大数据后台管理、多平台分辨率智能自适应、秒开体验等技术集成，康云多维视觉成功研发出了“多维视觉AI导购系统”，让场景真实还原，实现用户与世界零距离，改变了用户对世界的“看”法。

据了解，多维视觉AI导购系统通过链接打开浏览，用户可以体验3D场景展示、AI智能语音导购、3D商品展示、交互模式、模型特效、促销活动等。在3D场景展示中，用户可以自由切换场景、展厅，自动导览，感受3D实景沉浸式的空间漫游体验。该实景空间采用1：1大小，100%真实还原，可720度全景浏览，在场景中自由行走。

“AI智能语音导购系统配备3D产品展示、3D导购员，可实现自动解说、多国语言解说、3D机械人解说、AI智能语音解答等，并且支持定制化虚拟导购员，根据不同场景不同产品特性不同客户需求，可以区别化进行智能语音导购。”李家康介绍说。

3D商品展示板块支持产品颜色定制，同一产品在虚拟展厅中可让用户随时替换产品颜色甚至材质，只要在实景展示前将同款产品不同类型样式建模存于数据库即可。用户可以通过实景3D或者AR产品360度无死角观看产品。产品展示页面还配备社交媒体分享、留言、电子相册、二维码、点赞、3D客服机械人、一键呼叫、视频真人客服等功能，实现虚拟场景与现实场景的紧密结合，用户之间的互动交流、信息传播。

为了让3D产品展示更加贴近用户，整个场景在设备支持的情况下，能实现通过体感、手势、触摸、眼球移动隔空操作的交互体验模式。3D模型还能加载透视、爆炸、变形金刚、流体等特效。

对于客户而言，用户习惯的跟踪管理必不可少。康云多维视觉智能导购系统可提供新增人数、热点热图、活跃度、留存度、注册讯息、IP 分布、区域分布、性别分布、手势／鼠标浏览轨迹等数据信息，帮助客户及时了解用户的关注点，为客户制定或调整市场战略提供数据基础。

此外，不少的线上促销活动可以融入智能导购系统中，如小游戏、红包、抽奖等。这一板块根据不同行业客户的需求灵活开发应用。

多维视觉与智能导购无缝契合　行业应用更广泛

康云多维视觉超高精度的三维数字化重建技术、软件＋硬件＋云服务无缝结合，实现真正全自动化、智能化的三维数字化、跨平台虚拟展示。“康云多维视觉曾在一次汽车专题展示会上推出了‘康云汽车多维视觉智能服务平台’，全力推进中国汽车产业多维视觉内容的转型升级，并利用公司核心技术，为消费者及汽车厂商打造一个全新多维智能互动消费场景，让汽车消费体验不再局限于平面 2D，真正做到在线身临其境看车选车，线下完成销售的汽车消费闭环。”李家康说，随着康云汽车多维视觉智能服务平台的发布，汽车行业展示交互技术将逐步进入语音主动交互、细节精致返真、体验流畅、智能互动创新的多维视觉智能展示交互时代。

目前，康云多维视觉与新红旗的合作渐入佳境，康云多维视觉相关技术已在新红旗广州4S店落地应用，实现人工智能3D科技与汽车销售完美融合。据了解，该应用仍然是基于智能3D扫描技术，将线下实体的展厅、汽车等进行扫描，导入服务器建模渲染。智能系统针对汽车的特性，加入360度全景汽车内饰查看，汽车轮毂、内饰、车身颜色等自由切换，人脸识别，智能导购等模式，VR展示与VR试驾体验。用空气屏承载的多维视觉展示途径，促进用户与产品更好互动。

通过多维视觉技术在汽车行业的成功运用透视，康云多维视觉以国际领先的“视觉智能、三维引擎技术”为核心优势，基于“软件＋硬件＋云服务”的全系列服务，相当于为所有行业领域创建一个2D内容至3D内容更迭的超强工具，搭载一个人工智能3D数字化平台。快速获取3D内容数据、处理3D数据、快速便捷进行结果分发与展示、国际国内专利保驾护航等无可取代的优势明确预示着康云多维视觉广袤的行业应用空间。

据悉，目前康云多维视觉已在湖南成立分公司，主要负责地产行业的多维视觉应用业务；另与浙江、河南、福建等多省市地产公司达成合作协议，快速深入多维视觉在地产行业的应用。此前曾受相关部门邀请，为广东省博物馆扫描博物馆外景及馆内部分展厅、部分馆藏文物，制作成多维视觉智能展示系统在深圳文博会上展示，康云多维视觉狠刷一波关注度，也受到了相关部门的高度重视。由此可见，康云多维视觉的智能多维视觉技术在地产、文化传播产业及其他行业的发展空间不容小觑。

（晁毓山／文）

广东康云多维视觉智能科技有限公司获第八届中国创新创业大赛先进制造行业总决赛成长组一等奖

为中国面板产业发展贡献绵薄之力

访合肥泰沃达智能装备有限公司董事长、总经理张亚荣

2019 年 11 月 7 日，第八届中国创新创业大赛先进制造行业总决赛在河南洛阳落下帷幕，合肥泰沃达智能装备有限公司（简称“泰沃达”）荣获成长组二等奖。这家扎根合肥发展的企业 3 年来投入 2500 多万元用于科技创新和技术研发，自主研制了全球首台套导光板激光制程装备。

“泰沃达是一家集设备研制、材料开发、生产及销售于一体的国家高新技术企业，拥有自主知识产权的发明专利 42 项。企业独创的微纳旋转型精密激光加工设备技术，填补了全球行业空白，企业生产的旋转激光大尺寸导光板，通过三星电子、京东方等多家知名厂商的验证，跻身长期供应商行列。”泰沃达董事长、总经理张亚荣说。

面板产业是我始终唯一的关注点

“20 多年来，面板产业是我始终唯一的关注点。大学毕业后，我一直在半导体行业工作。最初是在一家外资企业，当时的主要目的是学习技术。可以这么说，我的经历就是我国面板产业发展的缩影。”谈到我国面板产业的发展，张亚荣更多的是惋惜。

1998 年 9 月，北方彩晶从日本 DTI（东芝和 IBM 的合资企业）引进了一条第 1 代液晶面板生产线，由于没有核心技术，企业无法持续发展。2003 年，中国另一家企业再次引进液晶面板生产线，但是由于专利费用导致产品价格没有竞争力，这次尝试也以失败而告终。到了 2008 年，海关数据显示，2008 年，中国面板业贸易逆差达到历史最高峰的 1487.96 亿元（按照 2008 年年底汇率计算）。中国液晶面板的需求很长时间完全依赖进口，甚

至在中国每年的进口物资消费排行中，液晶面板仅次于石油、铁矿石、芯片，位居第四。

“10年前，中国面板企业基本处于‘一穷二白’的状态，面板需求基本依靠进口来满足。到了2018年，仅仅10年时间，中国面板行业已经有了惊人的变化。有统计数据显示，2018年我国已经成为全球最大的平板显示生产地区，占比达到全球市场的35%。”张亚荣介绍说，不仅规模上拥有优势，中国面板企业的技术脚步也开始逐渐跟上国际节奏。京东方在绵阳拥有第6代柔性AMOLED生产线，华星光电“第6代柔性LTPS－AMOLED项目”和“第11代TFT－LCD及AMOLED项目”也在建设中。此外，维信诺及和辉光电都向AMOLED及柔性OLED大举进军。

为什么在强敌环伺的环境中，中国面板产业能够杀出自己的道路呢？“这要从面板产业的基本特点分析。液晶面板产业是技术密集型、资金密集型、劳动密集型的产业。仅仅有资金或者仅仅有技术都是难以支持面板产业快速发展的。过去中国面板产业难以发展，资金短缺的问题其实并不是

根本，最重要的还是技术上底子太薄。”张亚荣表示。

张亚荣说，新千年伊始，中国企业在面板行业的尝试之所以失败，就是技术上缺乏根基。而在2008年之后，中国开始走上“重引进同时重吸收”的道路，企业不再依靠购买落后产业线作为核心发展手段。在购买落后生产线的同时，中国企业高薪引进人才，在技术上持续发力，可以说2008—2018年，这十年时间正是中国面板产业技术原始积累的阶段。

“也是在这样的环境下，我决定创办泰沃达，目的只有一个，为我国的面板产业发展‘添砖加瓦’，贡献自己的绵薄之力。”张亚荣说，在21世纪的第2个10年初，我成立了自己的研发团队和公司。

研制出110寸导光板产业化设备

“110寸导光板产业化设备，在全球可以说是首台，这台完全由公司自主研发生产的旋转激光设备，与传统用胶水印刷工艺不同，这套设备是通过激光直接成形微结构于导光板上，这样可以对光的色彩度进行有效控制，同时也可确保光源的均匀呈现。”张亚荣难掩心中的激动。

2016年，张亚荣召集了同在平板显示行业已有近20年研发经验的赵昌源和林树新，一起来到合肥新站区创立了泰沃达，并将公司发展的方向定在了超大尺寸面板这个平板显示行业的空白领域上。

“合肥新站区作为国家级唯一一个平板显示产业基地，入驻这里对我们来说是一个最好的发展平台和机遇，也是极大的鼓舞。”张亚荣表示。

一切从零开始的他们，选择先从研发着手努力。增大导光板尺寸就意味着板面上的微结构数量要增加，为确保加工效率保持不变，张亚荣他们自主研发了激光高频控制器，将每秒加工微结构的数量提高到20万～30万颗。这一领先全球的研发成果，却差点因为资金问题而被搁浅。

为了支持公司尽快完成研发阶段的工作，并实现从研发到量产的转变，政府牵线搭桥，帮助企业成功引进两轮融资，累计获得4500万元扶持资金，支撑了他们在实体技术上的研发和量产所需装备。

“如果没有政府牵线搭桥，对我们来讲是非常难的一件事情。一年半时间，我们不但把一期建成，而且也实现了几千万的销售收入。”张亚荣说。

“我前面说过，液晶面板产业是技术密集型、资金密集型、劳动密集型的产业，没有大规模的资金投入，在面板行业是玩不转的。”张亚荣强调，而资金密集型并不是意味着有钱就行，这其中需要政府的大力支持。面板产业需要大量的土地，而在获得土地上如果政府不予支持，或者说提高获取土地的成本，面对这样的局面面板企业都是举步维艰的。例如，BOE（京东方）绵阳第6代柔性AMOLED生产线总投资465亿元，占地1200亩，建筑面积达到了70万m^2；同时BOE（京东方）福州第8.5代新型半导体显示器件生产线，总投资也达到了300亿元。泰沃达今天的成功，更是政府大力支持的典型代表，无论是资金还是土地，都离不开政府的支持。

唯有技术能使我们立于不败之地

“目前的国内面板行业，日系在6年前已经退出了中国市场，韩系也在2019年退出了中国市场。那么中国真的可以高枕无忧了吗?”张亚荣不这么认为。他说，中国面板产业有自己的优势，但也有自身的不足。一是技术上，还无法和第一梯队进行竞争，所以中国面板企业一定要保持创新；二是中国面板企业上游实力比较弱，如液晶材料、偏光片等组件的生产还没有一个完整的产业链，因此，从深层次来讲，中国的面板企业价格仍旧不能完全自主。而且，随着中国经济社会的发展，中国面板产业的原有优势也在变化。例如，人力成本上中国市场已经不再具有优势，同时由于和先进企业技术的代差缩小，中国面板企业无法再通过学习来进步，未来需要依靠自己进行自主研发。这一点中国面板企业并没有完全做好准备。

另外，中国面板产业还有一个更大的风险，就是中国面板企业很多都是单一企业，并不像韩国的三星是规模巨大的综合体。这样中国面板企业的抗风险能力就比较弱，试错的成本太高。三星属于产业链高度整合的代表，而目前中国企业布局分散、联合不足，没办法形成国家或者地区性的

力量体系，因此，也就无法确立话语权和定价权。

“在这样的环境下，泰沃达能做的就是持续加大研发力度，因为唯有技术能使我们立于不败之地。”张亚荣表示，值得欣慰的是，泰沃达将发展方向定在了超大尺寸面板平板显示领域，而更大尺寸面板平板已经成为市场主流。我们都知道，10.5 代线比较经济切割的是 65 英寸和 75 英寸。那么，因为这些尺寸能大规模的开出，65 英寸已经快速的成了比较普遍平价的产品。比如说在我国市场，65 英寸的促销价格仅仅 3000 元左右；在北美市场，在促销期 65 英寸的均价也只有 450 ~ 550 美元。那么在这样一个 65 英寸大规模渗透和降价的趋势下，布局超大尺寸市场，对于很多的品牌就变得至关重要。

（晁毓山 / 文）

合肥泰沃达智能装备有限公司获第八届中国创新创业大赛先进制造行业总决赛成长组二等奖

在星辰大海的赛道唱响中国最强音

访赛德雷特（珠海）航天科技有限公司联合创始人、首席运营官安好

2019 年 11 月 7 日，第八届中国创新创业大赛先进制造行业总决赛在河南洛阳落下帷幕，赛德雷特（珠海）航天科技有限公司（简称“赛德雷特”）凭借“量产型商业微小卫星标准平台研发及产业化项目”荣获初创组第四名的佳绩，并在赛后的互动环节得到了全场最多的投资意向邀约卡。

“人生的目标不能太多，把一件事情做到极致就是成功!”赛德雷特联合创始人、首席运营官安好表示。的确，赛德雷特，一家初创型公司，从 30 287 家参赛企业突出重围，走到全国总决赛，这的确是一件不容易的事情。

“赛德雷特，意思就是让卫星更好，卫星让世界更好。”谈到公司名字的由来，安好解释说。安好本科毕业于哈尔滨工业大学，硕士就读于清华大学，是一名十足的学霸。

站在中国航天“巨人”之肩

2019 年 11 月 23 日 8:55:00，随着浓烟缓缓升起，“长征三号”乙运载火箭将第 50、第 51 颗北斗导航卫星发射成功，代表我国 2019 年第 29 次火箭发射成功。

而美国在 2019 年 11 月 11 日 22:56:00，猎鹰 9 号运载火箭运载 60 颗 Starlink 互联网卫星缓缓发射，这批卫星每颗重约 260 kg，总重 15.6 t，是 SpaceX 迄今为止搭载重量最大的一次发射，刷新了 5 月发射最重有效载荷的纪录。

再来看俄罗斯，2019 年 11 月 26 日 1:52:00，在普列谢茨克航天发射场，联盟 -2.1V 运载火箭运载军事卫星，俄罗斯国防部说，这颗军用卫星将用于监测俄罗斯其他卫星的运行情况；

…………

这是第八届中国创新创业大赛先进制造行业总决赛结束 3 周后安好发过来了一组链接。为什么要发这组链接？“2019 年 5 月 24 日及 11 月 11 日，搭载了 60 颗 Starlink 测试卫星的猎鹰 9 运载火箭在美国卡纳维拉尔角空军基地成功发射。由此看出，SpaceX 在美国火箭市场还是占据举足轻重的位置。但我想说的是，在这方面，我们一点也不比美国差。”安好说。

中国是一个不折不扣的航天大国，回眸航天发展的 60 年，从 1956 年中国制定“十二年科学发展规划”，建立了第一个火箭导弹研究机构——国防部第五研究院开始，历经 62 年的探索，我国已经取得了运载火箭（1970 年“长征一号”）、基础人造卫星（1970 年“东方红一号”）、探月工程（2007 年“嫦娥一号”）和空间站（2011 年“天宫一号”）等多项里程碑式的进展。

“商业航天，是航天的一个分支，是一条从2000年后开始逐渐繁荣起来的新赛道。商业航天有两个关键词，‘商业’和‘航天’，所以能够孕育一流商业航天企业的地方一定需要满足两个基本要素：一是大体量且繁荣的商业市场；二是完整且成熟的航天工业体系。”安好进一步解释说，一方面，商业市场的繁荣意味着市场竞争充分，对良好体验的优质服务有着旺盛的需求，商业市场的体量大则意味着航天产品的高投入有可能被分摊至每一个用户能够接受的程度；另一方面，商业航天需要的是成熟而不保守的技术，这就决定了至少在中前期，商业航天企业的技术和人才来源，是且只能是举国之力的传统航天。另外，航天是一个非常复杂的大系统工程，如果需要由一个企业承担这个庞大系统中的每一个部件、零件、基础设施的配套，那么商业航天就变回了传统航天，也就失去了向市场要效益的可能性。

“而纵观全球，能满足一流商业航天企业两个基本要素的地方，全球一共有两处半。”安好表示，第一处是美国，全球一流的市场、第一的航天技术，因此，美国也是商业航天起步最早、发展最快、目前最成熟的地方。第二处是中国，则拥有全球第一的市场、前三的航天技术，因此，中国的商业航天也是全球繁荣度仅次于美国的，另外半处是欧洲，欧洲的整体市场规模和航天技术完全具备支撑商业航天头部企业的能力，但是这些市场分散在近20个国家，技术分散在4～5个主要国家，这就决定了欧洲的商业航天企业在上规模后，很难与中美企业竞争。而在这地球上存在的另一个航天强国俄罗斯，尽管有着极为辉煌的过去，其航天技术实力也完全能够支撑商业航天的需求，但无论是下行的经济总量，还是萎缩的国内市场都无法满足商业航天的基本需求。

正是因为站在中国航天这个“巨人”之肩，中国商业航天起点较高，发展势头不容小觑，国内迅速涌现了一批商业火箭公司和卫星公司，它们的出现开始打破传统封闭的航天体系，吸引着国际上很多的优秀企业合作，将中国民营航天企业引入了国际市场。“赛德雷特就是站在中国航天这个‘巨人’之肩发展起来的公司。”安好说。

向着头部企业奔跑

赛德雷特于 2018 年 11 月 30 日成立。公司经营范围包括集成电路和计算机软件及硬件产品；微小卫星和宇航飞行器控制系统及产品的研发、生产、测试、销售和技术服务；航天器及其配套设备和零部件的设计、研发、装配；电子产品（不含电子出版物）、电器机械及器件、自动控制设备和软件的研发、技术服务、销售；航空航天领域的技术开发、技术咨询、技术转让、技术推广、技术服务等。

“赛德雷特是世界级的微小卫星供应商与大型商业卫星星座问题解决专家，拥有一流的技术研发团队和超过 10 颗的 3 年以上寿命的微小卫星成功案例。”安好介绍说，团队整体作为核心技术成员参研的快舟系列卫星，先后为巴基斯坦地震、马航失联客机搜寻、云南鲁甸地震等国内外重大灾害及事故救援工作提供了应急响应支持。

安好表示：“成功的案例是最好的实力证明，赛德雷特在业务星领域无

论是技术还是人才储备，无论是成功案例的数量还是质量，都是国内首屈一指的顶尖商业卫星制造公司。”

据了解，赛德雷特的团队基本是哈尔滨工业大学卫星团队的骨干班底。而在国内，民营商业卫星企业的技术源流基本上都来自哈尔滨工业大学和国防科技大学。究其原因是因为国内中高端卫星的体制内产出单位基本上是中国航天科技集团五院、八院和中科院微小卫星创新研究院，以及哈尔滨工业大学和国防科技大学。但是中国航天科技集团五院、八院和中科院微小卫星创新研究院流动控制比较严格，基本没有副总师以上的型号技术人员流出，而卫星又不是靠拼凑中低级技术人员就能搞定的，而哈尔滨工业大学和国防科技大学输出的中高端技术人才就成了民营商业卫星企业团队的骨干力量。

“目前国内商业卫星板块尚不存在垄断性的头部企业，大多数商业卫星企业能且只能研制立方星服务于低端试验、实验市场。科技型高端制造企业毕竟和互联网的行业特点不同，技术才是其根本。”安好说，赛德雷特的目标是向着头部企业奔跑。

“商业航天是大国的舞台，赛德雷特在星辰大海的赛道上会继续用优质的性价比和一个接一个的成功向世界唱响中国的强音。”安好表示。

（晁毓山 / 文）

赛德雷特（珠海）航天科技有限公司获第八届中国创新创业大赛先进制造行业总决赛初创组第四名

环保型气凝胶让世界更节能

访安徽科昂纳米科技有限公司创始人、总经理张尚权

气凝胶是目前世界上隔热性能最好、最轻的固体材料，是最接近真空的隔热材料。但是传统二氧化硅气凝胶工艺制备过程中存在三废排放大、原材料浪费严重的现象。

为了杜绝这一现象，安徽科昂纳米科技有限公司（简称“科昂纳米”）独创了环保型气凝胶新材料生产技术，在保证气凝胶环保、清洁生产的同时，可大幅降低气凝胶的制备成本。

“环保型气凝胶新材料，让世界更加节能。”这是科昂纳米创始人张尚权的创业初衷。凭借该技术工艺，科昂纳米荣获第八届中国创新创业大赛新材料行业总决赛初创组一等奖。目前，公司产品主攻消费电子和新能源汽车领域。

在第八届中国创新创业大赛新材料行业总决赛现场，浙创投集团总裁胡永祥将手中的创业导师邀约卡递给了张尚权。他说：“真正能将气凝胶产品打入消费领域，是一种差异化价值的体现。另外，科昂纳米气凝胶生产、使用环节环保无污染，这正是中国制造所需要的，我愿意陪伴它一段时间。”

新材料领域闯出一匹“黑马”

作为世界上最轻的固体材料，气凝胶与石墨烯、富勒烯等被共誉为改变世界的十大新材料之一。

这是一种结构特殊的纳米材料，具有许多特殊的物理、化学性质，在众多方面有着广泛的应用或潜在的应用前景，是极具开发潜力和研究价值的材

料。就目前而言，气凝胶材料的研究方向主要集中在制备工艺的更新换代上，人们正尝试研究出新的制备工艺来取代原有的成本较高、周期较长的制备工艺。

而科昂纳米不仅将气凝胶的制备工艺进行了升级换代，进一步降低生产成本，并做到环保无污染，还将其逐渐深入产业化应用中。

截至2019年11月，科昂纳米已申请与项目相关的专利近20项，获得授权专利3件，申请注册商标3个。

“这是一个入门容易、入行难的产业。”张尚权表示，气凝胶的门槛较低，但是工艺升级和产业化应用的开拓却并非易事。

张尚权毕业于中国科技大学，有着近十年的气凝胶研发经验，曾任韩国汉阳大学研究教授、中科院苏州纳米所副研究员，曾帮助中科院苏州纳米所孵化数家企业。

因为有着成功的产业化应用开拓经验，张尚权带领的科昂纳米于2019年9月生产出首批产品，10月便有了10万余元的销售额，发展速度惊人。

这个数字在张尚权看来是比较乐观的。因为，在科昂纳米的规划中，2019—2020年，科昂公司将实现3000万元的销售额。从目前的销售情况来看，实现这一目标不在话下。

在张尚权的规划中，2019—2020年是公司的发展初期，科昂纳米的气凝胶产品主攻消费类电子、新能源汽车、动力电池领域；2021—2022年是公司拓展市场的时期，科昂纳米将拓展工业保温市场；2023—2024年公司是夯实主业时期，科昂纳米将布局建筑领域；2025—2026年是公司全面布局时期，科昂纳米将逐渐深入环境、日化、生物医药等领域。

张尚权说，他要把科昂纳米打造成为中国的“杜邦”，做世界领先的基础材料供应商。

“说到材料，我国有很多，但是高精尖的材料却很少。”张尚权说，新材料是国民经济的先导性产业和高端制造及国防工业发展的关键保障。而当前，新材料已成为制约我国制造业转型升级的突出短板之一，科昂纳米就是要做高精尖的基础材料。“也许你的生活中看不到任何科昂纳米生产的商品，但其实你生活的方方面面都会用到科昂纳米生产的气凝胶材料。这就是我们的愿景。”

看似顺利的创业过程暗藏艰辛

谈及为何会选择创业时，张尚权说：“我之所以创业既有偶然因素也有必然因素。”

大多数情况下，在新材料行业创业就意味着要把一项先进材料推向市场。张尚权创业的必然因素是：从2005年开始，他就在研究材料产业化方面的课题。偶然因素是：2011年，他去了韩国汉阳大学攻读博士后，其间遇到了他的创业伯乐——他当时的博士后导师，这位导师对他在材料产业化方面的研究高度认可。于是，二人一拍即合便开始了创业之旅。

气凝胶到底能做什么、怎么做、市场在哪里？创业初期，这些都是必须思考的问题，凭借多年产业化研究，张尚权很快便有了论断。但是毕竟是高校人员出来创业，管理方面的技能稍微欠缺，为此，张尚权专门去学习了很多管理技能。

2014年，张尚权从韩国汉阳大学归来，去了中科院苏州纳米所，帮助孵化了数家企业。

但是，张尚权始终认为还是要进一步强化自己在气凝胶研发方面的能力。2016年，他又重返韩国，从事气凝胶生物方面的研究。

经过了8～10年的气凝胶研发和市场开发，张尚权对气凝胶工艺和应用的研究都有了新的认识，也渐渐发现了传统工艺的问题，所以在后面的时间里，张尚权一直都在攻克这些技术难点。直到2018年，他认为时机成熟了，于是便回国创业。

2018年11月，科昂纳米成立，张尚权把公司地址选在了他的老家安徽。2019年2月，公司筹建首批资金到位，张尚权开始筹备厂房和设备；9月生产出来首批产品，10月便有了销售额。

在外人看来，创业过程很顺利，其实困难很多。因为选择在新材料领域创业，本身就决定了过程不会一帆风顺。

对于初创期企业来讲，最大的问题就是融资问题，很多处于初创期的创新型企业常常因为资金不足而发展缓慢，甚至资金链断裂。而新材料行业投入大、周期长，对于创业初期的新材料企业来讲，很难得到资本青睐。

同时，在市场开拓方面，不少材料研发出来，用户出于时间和风险考虑，往往不愿使用、不敢使用；得不到应用验证，优化完善就无从着手。这就形成了一个“有材不好用，好材不敢用”的怪圈。

所以，在张尚权看来，在新材料领域创业最重要的素质就是懂得坚持。同时，一种材料从实验室走出来，应用到实际生产中，难免会出现这样那样的问题，这就需要具备现场解决问题的能力。

有一次，张尚权就遇到了这样的问题。一位曾经购买了他们产品的客户，突然打电话来，说产品在使用过程中出现了问题。客户要求他们限时限地地解决问题。

张尚权立马带着团队赶到现场，一边安抚客户情绪，一边排查问题根源。最后发现，问题所在并非是科昂纳米产品本身，而是客户的设备长时间使用且没有清洗导致残留越来越多。

在此过程中，张尚权带领他的团队考察现场情况，一次次提出问题产生可能的原因，然后传回公司实验室做验证。最终，在客户限定的5个小时内把问题解决了。

张尚权说："那5个小时是我们经历的最短也是最漫长的5个小时。说最长，每一秒都很难熬；说最短，我恨不得客户能够多给我们一点时间来解决这个问题。"

虽然问题根源并不在科昂纳米本身，但张尚权说："客户也有客户，客户的客户可能也有客户，他们是一个产业链条上的，如果这个问题解决不了，将影响整个产业链条的运转。所以不管是什么原因造成的问题，我都必须把它解决掉。"

笃定前行　永远保持技术先进性

无数实践证明：技术强则企业强，企业强则产业强。

张尚权在掌管企业过程中，一直强调要技术过硬。他要求科昂纳米的每一位销售人员都要懂技术，对于客户提出的需求，作为销售人员要能够准确判断公司能否以最快的方式解决，从而给客户带来更大价值。

当然，一项技术是否过硬，还要看其是否能够解决下游市场的痛点。在产学研合作方面，张尚权坦言，下一步对于需要拿到公司转化的技术，科昂纳米会做出全面考量，要看其是否能够以最快的速度被市场接受，而不是一味拿来转化。

在张尚权看来，气凝胶作为一种隔热产品，市场前景非常广阔。但并非一种技术、产品或材料就可以解决所有的问题。自身优势在哪里？能够解决什么问题？这些对于公司来讲才是最重要的。作为初创公司，科昂纳米将主攻领域定在了消费类电子、新能源汽车、动力电池，正是基于这一考量。

张尚权表示，虽然这些领域气凝胶的用量较少，但是它们对空间比较敏感。例如，一部手机，稍微做薄一点，客户的体验就不一样，气凝胶可以在其中发挥重要作用，而且这些领域的附加值也比较高。

气凝胶是科昂纳米生产的第一种产品，如何能够永远保持公司技术的先进性？张尚权认为，科昂纳米与谢毅院士的产研合作便是一种非常有机的合作。未来，科昂纳米还将建立院士合作工作室、轻量化重点实验室等。

从整个公司的筹建到运营，张尚权感受最深的便是团队的凝聚力。他说创业历程中，最感谢的就是这些无条件信任他的人。“因为是初创企业，前景怎样无法估量，但是这些人不问我能不能做好，是否有成功的把握，就跟着我。尤其是刚开始筹建公司的时候，我们一直吃在工厂、住在工厂，即使冬天再冷，也在工厂坚守，毫无怨言。这个团队对我的信任和坚守是我能够带领他们一直向前走的最重要的动力。”张尚权说。

（崔彩凤／文）

安徽科昂纳米科技有限公司获第八届中国创新创业大赛新材料行业总决赛初创组一等奖

用创新之材　打造飞天之“舟”

访湖北航泰科技有限公司创始人廖俊

“我们 20 多人的团队奋斗在发射基地第一线，新材料科技成果将在近期用于新一代固体运载火箭发动机的研制。我们将用创新之材打造飞天之‘舟’”！在第八届中国创新创业大赛新材料行业总决赛现场，湖北航泰科技有限公司（简称“航泰科技”）创始人廖俊在比赛中展现出了无比的自信。

而这份勇气正是来自于其团队 20 余年在航天新材料领域内厚积薄发的底气。

自 2016 年成立以来，航泰科技紧抓商业航天产业发展的机遇，以国防军工和商业航天所需高性能特种功能材料和装备为突破口，重点发展火箭发动机高性能的特种材料制品和器件，短短 3 年间实现了诸多突破。我国自主研制的 500 t 级推力商业航天固体运载火箭地面试车成功，中国首枚民营

运载火箭发射升空，快舟固体运载火箭连续发射，某新型号产品亮相阅兵式……近年来，我国航天领域多个标志性事件都能看到航泰科技的身影，航泰科技的材料和技术得到了充分验证和高度肯定。

航天新材料行业准入门槛高、投入大、周期长、风险大，一般企业很难进入。也正是凭借行业的高技术壁垒，廖俊极为看好项目前景，“预计未来5年产品市场规模将达百亿级。由于结构功能一体化的纤维增强复合材料可以应用到很多战略性新兴产业领域，下一步我们的主要策略是采取升维思考、降维打击、跨维竞争的方式，开拓诸多民用高端市场。”

最终，凭借着“一体化成型火箭发动机复合材料喷管项目”，航泰科技以95.33分的绝对优势斩获成长组一等奖。

“军工老将”转身成为创业“新兵”

在创业这条路上，廖俊把团队定位为“新兵”。

然而，在化学和新材料领域，团队成员中却有诸多“军工老将”。例如，黄驰教授有着20年的固体火箭发动机相关材料开发经历，承担多项国家级项目；高级工程师杜晓华在航天企业有着30年的研究、生产和质量管理工作经历；博士后胡铭杰、黄艳芬作为主要成员参加多项相关领域的国家级项目，获得发明专利授权10余项；博士郭宁作为主要成员参加多项相关领域的国家级项目，参与了我国最新一代某自动化线的研制……

用廖俊的话说，航泰科技就是“年龄结构合理、专业结构合理、管理职能互补。”

1993年，从武汉大学化学系毕业后，廖俊选择留校，继续从事化学与新材料的研究开发和产业化工作。从有机硅化合物及材料、氟硅改性材料、文物保护材料、功能高分子材料、树脂基纤维增强复合材料到航空航天用特种材料、器件与装备，十几年间，廖俊既有研究开发又有产业化实施经验，并很快成为武汉大学教授级高级工程师。

廖俊谈到，走工程路线必然不可能一直待在实验室。走出去主动对接市

场，满足更高更新的需求，实施产业化，才是王道。

一直以来，高校校办企业被业界认为是高校输出智力将科技成果转化为生产力直接参与经济建设，为社会服务的基地。

武汉高校校办企业兴起于20世纪50年代末期。20世纪90年代，校办企业纷纷走出校门与资本市场对接。在2000年左右的时候，廖俊作为骨干参与了武汉大学一家校办企业的改制，并开启了人生中第一次创业历程。

“改制后的企业发展也算可以，虽然未能登陆创业板，但也是国务院批准新三板扩容后的首批挂牌企业，从企业发展来讲，净资产已经从最初的百万级做到了亿元级。”

近年来，大众创业、万众创新在中华大地上风起云涌。这又一次燃起了廖俊创业的雄心壮志。

“2014年11月，国务院首个支持商业航天发展的政策——《国务院关于创新重点领域投融资机制鼓励社会投资的指导意见》出台，意见中明确鼓励民间资本进入卫星研制、发射、运营等整个产业链。”这些政策一度让廖俊欣喜不已。

“因为在此之前，由于技术的复杂性和保密性，中国航天产业长期以来由国资背景的机构和企业主导，并没有对民营资本过多开放。”廖俊说。

武汉是我国国防科技工业和商业航天的重要基地，近年来，该市聚焦重点领域、重点产业、重点项目，加大军地资源统筹整合力度，推进“军转民”“民参军”技术成果互相转化、产业化。

“虽然在此之前，我们已经在相关领域沉淀了20多年，也承担了很多相关领域的项目。但民口和军口应用相差很大，走入市场后，我们往往都需要一个再创新的过程，而不是直接把高校实验室成果直接拿来转化。”廖俊强调，这就需要根据总体设计要求，利用原有的相关成果和技术积累，快速地开发出应用成果和产品。目前，航泰科技的发展都是围绕创新而铺开，倡导基于原理的创新，并在原有的技术积累基础上结合应用领域的实际需求进行再创新和集成创新。

2017 年 5 月，由航天领域总体设计单位、高校、航天制造企业、航泰科技及其他相关企业和创投机构发起的湖北省航天动力与材料技术军民融合协同创新中心正式揭牌。

“军转民产品往往要同时满足国防领域的任务需求和商业航天的市场需求。”也正是在这条思路的指引下，航泰科技在短短 3 年间就完成了材料研制到成功应用，实现了“从 0 到 1”的蝶变。

材料工艺创新助力打造商业飞天之“舟”

作为让火箭获得推力并调节推力大小和方向的部位，火箭发动机喷管要承载高温、高压强冲刷，所以这里也是固体火箭发动机工作环境最为极端和恶劣的部位。“第一代金属材料喷管能够满足基本要求，但是存在不少问题；第二代装配式材料喷管仍然有不少问题。”廖俊说，原因是传统的固体火箭发动机喷管采用高强度金属材料制成，喷管密度高、消极质量大、强度有限，难以满足大运载能力的需要；之后采用复合材料喷管替代传统的金属材质喷管，可以在明显减轻火箭发动机的消极质量的同时提高其使用性能，但是各组件拼装结构复杂，工艺冗长且可靠性受限。

而廖俊参加大赛带来的“一体化成型火箭发动机复合材料喷管”项目，主要通过材料创新、工艺创新和设计创新，制造体系化成型火箭发动机，该项目解决了两个关键问题：一是解决了原材料限制问题，通过一体化设计及成型工艺，既提升了材料的安全可靠性，又降低成本，满足运载火箭的最新需求，推动固体火箭发动机的升级换代；二是实现了工艺化创新，解决可靠性和轻质化问题，从而赢得轻质化、高性能的竞争优势。

有了材料和工艺的创新，就可以支撑设计上的大胆创新。在航天领域总体设计单位指导下，通过三大创新研发出的一体化复合材料喷管，就有了轻质化、性能全面提升、安全可靠性高、制造成本低的优势，能满足运载火箭的最新需求，推动固体火箭发动机的升级换代。

廖俊表示，如今，项目总体设计、关键材料、成型工艺均能满足小批量生产，并在推广应用的同时持续进行开发，验证一批、研究一批、设计一批，形成了递进式的开发模式。

据悉，航泰科技已经获得授权发明专利和新申请的专利 7 件，更重要的是通过了航天领域总体设计单位的定型评审 10 件，不仅是对产品和技术的肯定，更重要的是对未来市场的保障。

如今，航泰科技已经建立起股权激励、合伙人制等长效激励机制，形成了研发、市场、企管、生产、质量、财务等成熟的管理模式，并探索了一套在协同创新平台基础上，与航天领域总体设计单位、任务需求单位联合设计研制、实验验证和应用推广的创新模式。

通过这套协同创新生态链模式，各个环节的单位互助合作，多渠道融资，共同承担风险，大幅缩短了从研制到应用的时间。三年多时间，航泰科技销售收入、研发投入、利润、资产等都实现了快速增长。

如今，航泰科技已经通过武器装备质量管理体系认证、武器装备科研生产单位保密资格认定，启动武器装备科研生产许可证认证、装备承制单位资格名录认证。

传统航天产业及其关联和衍生产业经过深化融合已发展成为新型航天产业，这个领域的创业，注定是一场孤独的修行。“项目投入大、周期长、风险大，一旦不成功，前面所有投入都有可能打水漂儿。但是万一成功了，收益回报也是相当可观的。”廖俊说，以一体化成型火箭发动机复合材料喷管项目为例，纤维增强高性能复合材料在未来五年内市场规模将有望达到百亿级规模。

民营企业涉足高端材料和装备制造，道阻且长。然而，机会与挑战并存。“我希望能够做一些别人不做或者难做的事情，所以，航泰科技成立之初的定位就是能够解决行业的痛点和瓶颈问题，通过创新推动行业的发展。”廖俊说。

2019年4月国防部发布消息，我国自主研制的500 t级推力商业航天固体运载火箭地面试车取得圆满成功，标志着我国大推力、高质量比固体运载火箭关键技术取得重要突破。而这其中火箭发动机的材料研制工作部分也有航泰科技的身影。“看着发动机点火喷出的火焰，听着火箭飞越天空的呼啸，很骄傲，我对我们的坚持也有了更深的理解。”廖俊说。

（李洋／文）

湖北航泰科技有限公司获第八届中国创新创业大赛新材料行业总决赛成长组一等奖

材料技术达人的三个梦想

访江苏图研新材料科技有限公司总经理、创始人周小三

他是一名材料领域的技术达人，先后在两家知名跨国公司供职，2017年，他看到国内发展形势大好，选择创业。两年后，他开始尝试将其研发的聚氨酯保护膜从民用转入军用。曾经站在技术研发一线的他，根本看不到自己的技术被应用在哪里，而如今，他真真切切地看到自己的产品从实验室实实在在地走入大众生活。在第八届中国创新创业大赛新材料行业总决赛上，他新创立的江苏图研新材料科技有限公司（简称“江苏图研”）荣获初创组三等奖。

从跨国公司高技术人员到一名创业者；研发产品从民用转入军用；从技术创新到产品创新——周小三完成了三次跨越，同时也实现了他的三个梦想。

“创业梦”

在华东理工大学材料科学与工程专业读书的时候，周小三就有一个梦想——创业。材料科学本身就是实用性很强的一门学科，周小三特别希望能够学以致用，将其多年在学校学到的知识化作实实在在的生产力。

博士毕业之时，周小三周围的很多同学都选择了创业。周小三也想跟着投身创业大潮。但经慎重考虑后，周小三认为自己当时还不足以承担创业带来的风险。

之后，他便去了荷兰一家全球材料行业领军企业从事高分子材料膜的研发和改进工作。几年以后，他又去了美国巴菲特旗下的一家全资子公司，从事类似的工作。

2016年，当他回到国内时，发现中国很多膜、涂层的市场发展都非常好，加上在国外六七年的摸爬滚打，积累了不少经验，他认为创业的时机终于成熟了。当年年底，他便注册了一家公司——运研材料科技（上海）有限公司。

目前，运研材料公司以功能材料研发制造见长，专注于表面涂层、特种黏合剂、功能塑料等领域，总部与研发中心位于上海漕河泾高科技园区，在山西设有新材料工厂。依靠雄厚的技术力量、先进的合成理念、严谨的管理方式，公司现拥有减反射涂层、水性树脂、可膨胀发泡微球、特种黏合剂四大产品业务。

运研材料公司的发展速度是惊人的，周小三在第八届中国创新创业大赛新材料行业总决赛期间透露，经过2年多的运营，运研材料公司已实现纯利润3400万元／年，2016年起销售额突破1.5亿元，致力成为功能性新材料的全球供应商，近期有望在“科创板”上市。

运研材料公司的发展速度为什么这么快？在周小三看来，这与他多年的技术积累密不可分。

“军工梦”

酒香不怕巷子深。运研材料公司虽然发展时间不长，但其在业内的实力，业界是看得见的。

在一次对接会上，一家军工背景的企业主动找到他们，希望能够合作研发一种飞机用特种 TPU 保护膜。彼时，国内飞机用特种 TPU 保护膜基本上是从国外公司购买的，而受国际环境影响，国内飞机用特种 TPU 保护膜出现了供货短缺。

虽是一层薄薄的保护膜，却关乎着整个飞机的安全。周小三介绍说，飞机在飞行过程中会受到沙石的攻击，飞机表面油漆受到损伤，国外一些国家很早就采用特种 TPU 保护膜来延长飞机的维修周期。因此，在国防材料自主可控背景下，飞机用特种 TPU 保护膜国产化也迫在眉睫。

儿时的周小三，对军事科技特别感兴趣。在他的心中，一直都有一个“军工梦”。平时浏览网页时，他也会特别关注军工方面的消息。如果能用自己所学、所长，为中国军工科技国产化做一番贡献，倒也不失为一件美事。当即，周小三便答应了这家企业的邀请。

在经过大量的验证工作之后，2019 年 6 月，江苏图研注册成立。不仅运研材料公司入股了这家公司，周小三更是自掏腰包 495 万元支持这家公司的发展。

在荣获第八届中国创新创业大赛新材料行业总决赛初创组三等奖之时，江苏图研仅仅才成立 5 个月。

“在没有盈利的情况下，我们能够取得这个成绩，其实也反映了社会对我们的认可。”周小三说，目前，江苏图研的市场脉络已经非常清晰：2019 年 10 月 22 日，公司已经取得国家科工局最终产品的认证证书，只要有产品生产出来，马上就可以销售。目前，江苏图研已经开始特种 TPU 保护膜的生产。

周小三表示，江苏图研研发的特种 TPU 保护膜可同时应用在军工和民用飞机上。而且，未来这两个市场都将保持持续增长。

“成立江苏图研这家公司最大的好处是：不一定能够完全取代处于垄断地位的国外产品，但是只要参与进来，将这类产品的价格降到最低，这就是市场竞争的结果。同时也将改变我国在此领域受制于人的境地。”作为一家初创企业，谈及如何与国际知名企业竞争的问题时，周小三显得底气十足。

周小三介绍说，尽管国外在50年前就已经有了这类产品，但是我们在其基础上进行了工艺改进，使TPU的耐磨性提高了很多，在作为飞机保护膜使用的时候，会提高整个飞机的维修寿命，使用周期达到了12个月。

在江苏图研的规划中，五六年后，江苏图研将实现5亿元的销售额，2亿元以上的净利润；十年内，公司产品将会销往澳大利亚、美国、欧洲等国家和地区。

“英雄梦”

每一个男孩心中都有一个“英雄梦”，周小三也不例外。

“最开始创业，有很大一部分动力来源于经济利益，但是随着公司渐渐发展壮大，以及年龄的不断增长，我会想，能否做一件既有社会意义，又能实现自我价值的事。”周小三说，将保护膜从民用转入军用，创办江苏图研就是一件既能赚钱，又有社会意义，还能实现自我价值的事。何乐而不为呢?

而最开始参加工作的两三年，周小三长期从事技术研发和参数改进，公司经常会直接卖技术给其他公司，所以他常常会想，这些技术将来究竟会用在哪里？能成为什么样的产品？能造福于人类吗？

虽然没有说出口，但不可否认，周小三的心中一直还有一个造福社会和人类的“英雄梦”。

在去了后来供职的那家跨国企业之后，周小三真真切切看到了自己的技术从实验室走出，演化成产品，走进人类生活，幻化出每个月都在不断变化的数字（即销售额），成就感迸发，创业的激情也被再次激发。

于是，他开始了他的创业之旅。

但是创业艰难。身为材料科学博士、新材料技术达人的周小三也感受到了这一点。

在运研材料和江苏图研的创业团队中，博士、硕士很多。周小三拍着胸脯说，这些人才未来至少会陪伴公司 10 ～ 20 年。

其实在周小三看来，创业之初，最难的事情莫过于团队管理和建设了。人才是第一资源，人才是企业发展的根本，爱人才，就是爱企业。周小三认为，在企业人才管理中，合作精神非常重要。

当然，由于新材料具有产业周期长、对技术要求高等特性，在新材料领域创业本身就是难上加难。

因此，周小三告诫大学生创业者，不要急于创业。“如果你是大学生、研究生、博士生，我的建议是工作一段时间后再创业。因为新材料是一个基础行业，需要很多的经验积累，特别是产品经验的积累。因为某种在高校实验室做出的产品，投放市场时可能会面临各种各样的困难。”

另外，创业最重要的还是要找对方向。“如果方向不对，再努力也是没有用的。江苏图研做的是国产替代进口，又是国内唯一一家飞机用特种 TPU 保护膜研发和生产企业，这个方向是对的。所以我对企业未来的发展充满信心。”

（崔彩凤 / 文）

江苏图研新材料科技有限公司获第八届中国创新创业大赛新材料行业总决赛初创组三等奖

怀着一片赤子之心的高分子材料达人

访中山市虹领生物科技有限公司副董事长周广滨

中山市虹领生物科技有限公司（简称“虹领生物”）副董事长周广滨是一位技术出身的创业者。

他本是高分子材料应用领域的超强技术达人，他带领团队在国内发明水性环保多次可移印刷技术。一次机缘巧合，他发现了医用压敏胶贴行业的痛点，并用专业所长将其完美解决。他带领团队成立的虹领生物，仅仅3个月以后，估值便超过5000万元，6个月以后估值更是超过了1亿元。在第八届中国创新创业大赛新材料行业总决赛上，这家成立仅仅不到1年的公司取得初创组第四名的好成绩。

周广滨将带领虹领生物走向多远的未来？没有人可以给出肯定答复。但是纵览那些成功的企业家，我们可以发现：工匠不一定都能成为企业家，但大多数成功企业家身上都有种工匠精神。这就是为什么技术出身或者尊重技术的人大都能把企业做大做精的秘诀。

高分子英才回国创业

周广滨是1977年恢复高考后的第一届大学生，就读于大连理工大学，大学本科毕业后，他又攻读了该校的硕士学位，毕业之后，他被分配到了华南理工大学，成为该校一名高分子材料专业的讲师。卓越的学识、稳定的工作，加之华南理工大学所在地广东又是周广滨的祖籍地，周广滨原本打算此生就在此教书育人，当一名好老师。

可是在20世纪80年代，我国兴起的留学热潮一浪盖过一浪，周广滨身边的好友陆续间都去了国外，在这股风潮影响下，年轻的周广滨终于还

是没能按捺住那颗骚动的心和爱折腾的个性，他选择去往国外继续深造，并先后拿到名校高分子化学博士、高分子气体分离膜应用博士后学位和经验。此后，周广滨一直在国外多家企业身居高位，家住豪宅，并担任明尼阿普利斯－哈尔滨姐妹城市委员会美方主席和其他社会职务，日子过得风生水起。

要放弃这样的生活回国创业，对于任何人来讲都需要很大的决心。

周广滨的父亲是投身改革开放大潮的老干部，爱国如家、敢于担当、忠于职守。他希望自己的儿子有一天能回国，为国效力。而周广滨从小就接受父亲这样的熏陶，加上其他家人一直以来的支持与鼓励，周广滨终于把胸中那颗拳拳爱国之心，化作了殷殷报国之志。

2001 年，周广滨以技术入股建立了山东第一家数码打印介质厂，并将其打造成了行业技术的标杆企业。此后，他还帮助国内数家彩喷耗材生产企业成为年销售过亿元的行业知名企业。

2012 年，周广滨在中山留创园注册荣思东数码科技有限公司，发挥他的技术优势，专门研制环保型压敏胶和其他高分子助剂。紧接着又完成对广东高璐美数码科技有限公司的并购。凭借其多年在高分子应用领域的沉淀，周广滨带领其团队在国内研发的水性环保多次可移印刷介质，成了颠覆传统数码打印行业的环保卫士。

“彩喷打印介质在生活中已很常见，但含大量背胶的打印材料难免会释放出一定的有毒物质。”周广滨说，正是看中了国家新的环保政策陆续出台这一商机，他带领团队在国内大力推广水性环保和多次可移打印介质技术，成为国内首家利用环保绿色多次可移压敏胶开发出多款数码彩喷打印耗材企业。

“这些配方都是我们自主研发的，目的就是让打印耗材无毒无害无残胶，产品可多次重复利用，可回收，不会挥发出有害气体。”周广滨说。目前，高璐美公司已开发出20多个具有国际领先水平的环保型多次可移彩喷耗材系列产品，拥有发明和实用新型专利30多项，产品已经进入欧美等十几个国家和地区，并获多项荣誉。2019年，高璐美公司2件产品荣获“广东省高新技术产品”。

用专业所长解决医用行业的痛点

本在彩喷打印行业做得风风火火的时候，一次偶然的机会，周广滨发现，传统医用胶带常常会出现过敏（红斑、水肿）、残胶（难以清洗）、撕扯痛（拔毛、撕扯皮肤）等问题，而且这些问题基本已经成了行业痛点。热爱钻研的周广滨开始研究其背后的原因。

终于，周广滨发现问题原来出在中国的医用压敏胶不过关。这么多年来，我国医用压敏胶技术一直没有突破，核心技术掌握在外国人手里。而外国企业大都对我国实行技术封锁，只卖终端产品，不卖合适的胶。他灵光一现：我们既然是做高分子材料合成的，为什么不能生产出一款环保无毒又能解决这些痛点的医用压敏胶？

想干就干。2018年12月，周广滨带领团队与广东力恩普健康产业科技有限公司合资成立了虹领生物，专业从事环保型医用压敏胶及其制品的研发与销售。在很短的时间内，虹领生物便成功开发出了国内首批绿色环保、无痕可移除、无致敏和不损伤皮肤的医用压敏胶贴系列产品。目前，虹领生物已成为国内首家同时获得3项SGS生物安全性评价证书（ISO 10993）及欧盟的REACH和ROHS环保证书，并建立了企业标准，可以向全球各大医用胶带及外用贴剂生产企业提供整套产品应用解决方案。

“目前市面上采用的医用压敏胶大都是以溶剂型为主的丙烯酸类硬胶，

只有我们的压敏胶是珊瑚型水性软胶，它适用于各种软硬基材并可在各种界面上通用。在医用压敏胶上，我们已经比肩甚至在某些方面超过了国外一些知名企业的产品性能。”周广滨说。

据介绍，虹领生物仅仅成立6个月后，估值已超过了1亿元。在第八届中国创新创业大赛新材料行业总决赛现场，接力基金主管合伙人祁玉伟和昇和投资总经理、合伙人肖毅鹏两位评委都将自己手中的创业导师邀约卡递给了周广滨。在胶业做了不少投资案例的祁玉伟这样说道："虹领生物生产的医用压敏胶真正解决了医学行业的痛点问题。我愿意陪伴他们一起成长。"

在当天所有初创组的参赛企业代表当中，周广滨的年龄最大，但创业的热情一点不减。虹领生物已是他第三次创业的成果，他希望真正能把易撕贴、不过敏的医用压敏胶产品推向市场，让老百姓真真切切感受到高技术带来的福利。

崇尚团队精神　创新管理方式

归国十余载，创业三次余。都说创业是一场“九死一生”的考验，而周广滨的创业历程却走得似乎如履平地。

“其实一路走来，创业确实经过了许多磨难，吃了很多苦，也吃过不少亏，但好在最后的果子比较甜。”周广滨说。

众所周知，资金是创业者实现创业的最基本条件。启动资金哪里来？垫付资金是否充足？创业过程中，一旦资金断裂，企业可能就会面临生死考验。

“每当我困难的时候，总有贵人相助，总有伯乐看中我们，给我们投资。”周广滨笑言。

其实，这种看似运气的背后，实则得益于他与团队自身过硬的技术实力。他的创业团队中既有国家特聘专家，又有高分子相关专业博士和医学专家，团队研发实力过硬。而经过多年的磨炼，他的团队也早已练就成了一支既懂研发又能开拓市场的“全能手”队伍。

而他与团队的自我成长便是周广滨创业以来感触最深的事情了。这一路，他的团队成长了，而他也从一个单纯地做学术的知识分子，变成了一个具有综合管理能力的儒商。

周广滨经常利用碎片化时间浏览新闻资讯、恶补管理知识。公开场合中，他曾不止一次流露出自己对《亮剑》主角李云龙的喜爱。

从《亮剑》中，周广滨感受最深的有两点：狼群战术，不墨守成规。“狼群战术，讲究的是成群结队，一起冲上去，嗷嗷叫形成气势，充分展示集体的战斗力；不墨守成规在于鼓励带兵打仗的时候不按常理出牌，独辟蹊径，激发更多新发现、新发明、新创造。”

细细分析，周广滨的《亮剑》哲学，落实到日常管理，其实是对团队精神、创新意识的别样阐述。在管理方面，周广滨还提出了“奥运五连环”理论。他认为，无论做任何一件事，都需要照顾好合作者及股东、员工、客户、社会、家庭5个方面。“但凡达到这个境界的企业家，事业会进入上升期，人生价值也会自然被他人和社会所认可。”

周广滨在公司业绩考核方面也做了诸多尝试，其中，他尤其推崇股份激励制。周广滨表示：在虹领生物的规划中，下一步将会迅速完成职工的股权激励制度，鼓励他们和公司一起成长。“在股权激励和战略投资人加盟的东风下，虹领生物的产品也将更上一层楼，迅速进入可生物降解，可回收和再利用的境界，届时，我们将步入无人区，真正成为‘中国智造’。”

（崔彩凤／文）

中山市虹领生物科技有限公司获第八届中国创新创业大赛新材料行业总决赛优秀奖

PMI 泡沫新材料国产化迎春天

访湖南兆恒材料科技有限公司创始人何斌

当前我国正处于工业转型升级的关键期，很多设备、应用都离不开材料的支撑，新材料已经成为制约我国制造业转型升级的突出短板。

2011 年前，聚甲基丙烯酰亚胺（PMI）泡沫新材料已经在我国航空航天、医疗器械等领域大量使用，但所需 PMI 泡沫全部依赖进口。

为实现 PMI 泡沫国产化，湖南省塑料研究所承担起 PMI 泡沫国产化的研制任务。

2011 年，为实现 PMI 泡沫样子成果的产业化，替代进口，满足国家重点型号 PMI 泡沫的使用要求，湖南兆恒材料科技有限公司（简称“兆恒材料”）应运而生。

2019 年 11 月，带着打破国外垄断的民族责任感和企业家的实干精神，兆恒材料创始人何斌，一路过关斩将，站在了第八届中国创新创业大赛新材料行业总决赛的巅峰现场，并最终成功闯入前十强，荣获第八届中国创新创业大赛新材料行业总决赛优秀奖。

转企改制之下　有了人生第一次创业经验

从体制内科研单位，到转企改制办工厂，再到融入创业大军，花甲之年的何斌身上有种“不断超越自我”的闯劲儿，这与他早年的人生经历有着很大的关系。

在那个充满渴望、热血、激情和梦想的 20 世纪 70 年代，高考的恢复可谓为艰难的岁月开启了一扇梦想的大门，帮助许许多多的知识青年拾回了掉落在乡间田野的大学梦。听闻 1977 年恢复高考的消息，何斌迅速加入备

考大军。“由于体检血压不合格，加上复习不充分，第一年的高考失利了。但是我很快就进入了备战 1978 年高考的状态。当时的高中学制也就两年多，深感自己基础知识不扎实，时间短，又没有复习资料。虽然离高考大约只有半个学期的时间，我争分夺秒硬着头皮翻破了所有的书。”

就这样，在高考恢复的第二年，他以广西壮族自治区全区第 40 多名的成绩，被北京大学化学系录取。

“在大三选择专业时，我主动填报了高分子材料专业。”北京大学毕业后，“南方胃”的何斌主动要求分配到南方工作。

“那个时候，湖南省二轻厅招聘教师。考虑到自己普通话不太标准，我主动要求调动到当地的研究所。”就这样，何斌在湖南省塑料研究所一待就是多半生。

2000 年前后，湖南技术开发类科研院所开始进行改制。在此背景下，成立于 1965 年的湖南省塑料研究所树立了一个观念，即思维方式要实现由科研事业型向科技企业型转变，经营模式由小而散向集约化转变，价值取向由重论文成果向重经济效益最大化转变。

这也意味，过去守着“大锅”吃“皇粮”，无“断炊”的科技人员，开始面向社会、面向市场。

“办厂之初，也不容易。”何斌谈到，科技人员面对生存与发展的压力，积极在经济建设中寻找施展才能的机会。当时，他领导的研究所技术中心开始实行内部独立核算，2009 年还以技术中心为基础注册成立了长沙科成高分子材料有限公司，在承担国家项目研究的同时，为铁路机车提供配套产品。那段岁月刻骨铭心，浸透着汗水和泪水，直至十几年后再回首，依然会让人热泪盈眶。这也是作为一名科研人员的何斌，最初的创业。

二次创业　只为实现PMI泡沫国产化

PMI泡沫具有高比强度、高比模量、高耐热性、高闭孔率，同等密度条件下，PMI泡沫的拉伸、压缩、剪切、弯曲等强度和模量指标远高于其他泡沫材料，是复合材料芯材的首选，在航天、航空、舰船、高速机车／新能源汽车等领域获得了空前成功的应用。

“与普通泡沫材料相比，在同等密度下PMI泡沫是压缩强度最高的泡沫材料，密度为52 kg/m^{3}的PMI泡沫压缩强度达到1.2 MPa，可以耐220 ℃高温。满足碳纤维高温高压复合工艺要求，具有复合工艺优势，是高性能复合夹芯结构的优选芯材。用PMI泡沫制作的直升机复合桨叶使用寿命是金属桨叶的10倍，是直升机、无人机、大飞机等航空装备的重要配套材料。”兆恒材料创始人何斌说。

2011年以前，这种新材料在航空航天界已经有大量的使用，但是全部依靠出口。而这一现状随着湖南省塑料研究所承担研制的PMI泡沫国产化项目取得重大突破有望得到改变。为实现PMI泡沫研制成果的产业化，替代进口，湖南塑料研究所打算运用市场化的方式，引进投资进行研发成果产业化。

2011年8月，兆恒材料在湖南望城经开区泰嘉路88号成立了。“兆恒

材料刚成立的时候，我们有一种从牢笼中解脱出来的感觉。然而，当一只脚踏入市场后却发现，创业并非一件容易的事情。资金、管理、运营处处都是坑。”何斌说。

新材料的研发具有投入大、周期长、产业风险大的特点，尤其是研发一种可以应用在军工武器装备上的新材料，从研发到成熟应用更是需要漫长过程。“例如，研发一种应用在某型号直升机上的 PMI 泡沫，从设计到性能测试到疲劳验证，再到装机、试飞、定型，通常情况下需要 8 ~ 10 年的时间。所以从 2011—2017 年，这几年时间，我们开发了不同密度、孔径、状态，不同功能的泡沫。标准板的尺寸是 2.5 mm × 1250 mm × 800 mm，并开始在不同型号领域进行试用推广。兆恒材料在此期间一直处于只投入没产出的阶段，直到 2017 年财务方面才开始扭亏为盈。”何斌说。

小试完成后，还没有来得及中试，投资机构就闻风而至，带来了第一笔 900 万元的投资，但是这笔资金对于新材料研发来说却只是九牛一毛。就这样，第一笔 900 万元的融资加上内部投资的 1800 万元很快“烧”完了。“为了能够把项目进行下去，我们开始了公司内部的融资，鼓励公司高管、中层骨干参投持股。2015 年，内部进一步扩资，400 万元、600 万元……”

尽管在研究所多数人看来，内部融资具有原始性、自主性、低成本性和抗风险性等特点，相对于外部融资，它可以减少信息不对称问题及与此相关的激励问题，节约交易费用，降低融资成本，增强企业剩余控制权，但是，内部融资能力及其增长，要

受到企业的盈利能力、净资产规模和未来收益预期等方面的制约。

“连续三年多轮内部融资，在一定程度上也大幅降低了部分股东坚持下去的信心。”何斌说，尽管项目已经看到胜利的曙光，但是距离盈利还是遥遥无期。慢慢地，热情高涨的内部股东沉默了。有的甚至愤怒到表示，“看不到未来”，果断回拒了新一轮内部参投。但是，研究所内部规定“骨干人员要带头参与投资，要给予股东一定的信心。”第二轮内部融资，主要是在管理层和公司骨干人员中进行。

与部分股东的焦灼不同，拥有敏锐嗅觉的投资机构，仿佛看到了一块亟待切分的“大蛋糕”，纷纷抛来了“橄榄枝”。

产品已经批量化生产　“但是，我的创业一直在路上”

目前，兆恒材料倾注精力研发的PMI泡沫已经定型使用，实现了批量化生产，已形成了高性能的兆赛（Zihacell）、高性价比的兆孚（Zihafoam）两大品牌、10多个型号的产品系列，可满足多种行业不同用途的需求。

兆恒材料也成为国内第一家通过直升机螺旋桨从试制到测试、9000小时极限疲劳试验、装机评审、飞行验证、产品质量稳定性考核、产品定型鉴定的厂家，也是昌河飞机公司、哈尔滨飞机公司、成都飞机公司等主机厂国内PMI泡沫的唯一合格供应商，不仅拥有全套成熟的PMI泡沫批产设施和技术，已通过ISO 9001质量管理体系认证，严格按体系要求进行人员、装备、原料、工艺、环境、检测等全流程、全要素控制，产品质量稳定可靠。如今，公司的PMI泡沫已在直升机、无人机、雷达罩等高端装备，以及磁浮列车、汽车制造、运动器材、医疗器械、电子音响等民用领域获得广泛应用。

此外，公司不仅具有PMI泡沫材料的研发、生产、检测能力，还具有泡沫片材的切割、精磨能力；具有泡沫芯材的数控加工能力，可为客户提供泡沫的三维加工制品，以方便使用、缩短工期、保证质量。基于对PMI泡沫材料特性、评价手段、应用方式的认识，兆恒材料还可在了解客户需求的基础上提供售前、售中、售后服务，协助用户缩短研制周期、降低应用风险。

2019 年，60 岁的何斌已经到了退休的年纪。但是，他的创业之路却刚刚进入巅峰。与此同时，PMI 泡沫新材料国产化也迎来了春天。何斌说，“未来，兆恒材料将秉持‘持续创新、品质至上、共创多赢’的宗旨，将公司建成国内一流的泡沫材料研制生产基地，为用户提供品质一流的泡沫材料产品。让材料更轻更强，让装备轻量化能够实现！”

（李洋 / 文）

湖南兆恒材料科技有限公司获第八届中国创新创业大赛新材料行业总决赛优秀奖

海归“深漂”打造高通量材料制备“黑科技”

访深圳市矩阵多元科技有限公司创始人张晓军

一提到理工男，在人们的印象中，往往是木讷、不善言辞，却又逻辑缜密。

赶上大众创业、万众创新浪潮回国创业的张晓军博士完全符合这些特征。

2019 年 11 月 12 日下午，第八届中国创新创业大赛新材料行业总决赛现场，排在成长组第 6 位出场的张晓军凭借着自主研发的新材料筛选领域的“黑科技”获得了 7 位总决赛评委的一致好评。

“做材料研究，有时候就像在捕鱼。传统的方式就像在钓鱼，一次只能钓一条鱼，而我们搭建了基于脉冲激光沉积技术及磁控溅射技术的高通量材料制备系统。利用该系统可一次性批量制备 100 种不同材料配方或不同工艺的材料，并可同时对多达 100 多种材料样品进行快速自动化测试和筛选。这种方式就像在撒网，一次可以拉上来一大网的鱼。相比于传统的一个个材料试错过程，此平台可大幅缩短新材料研发周期、降低研发成本、加速新材料的研发和应用。目前，我们已经接受松禾资本的投资，开始在国内

进行产业化布局。”深圳市矩阵多元科技有限公司（简称“矩阵科技”）的创始人张晓军说。

最终，他带领矩阵科技以94.29分的优异成绩，一举夺得第八届中国创新创业大赛新材料行业总决赛成长组三等奖。

赛后，张晓军感叹，“每次上台，都特别紧张。真没想到，我一路走来，还能够意外得奖。”矩阵科技是代表深圳市参赛的12家初创组和成长组企业中唯一获奖的企业。

除了意料之外的“幸运获奖”，张晓军还有道不尽的感谢。“创业是一条孤独的征途，每一个负重前行的创业者都渴望被理解、被肯定、被鼓励。这次获奖，给了我们创业者一种精神鼓励，让我们感受到了在创业路上并不孤单，有很多人在默默地帮助、支持和鼓励我们。”张晓军说。

逃离“舒适圈”　决心回国创业

张晓军，南京大学材料学本硕毕业后来到美国攻读加州大学伯克利分校机械工程系博士。

博士毕业后，留美工作，曾辗转全球最大的硬盘公司美国西部数据担任首席研发工程师，年薪百万、生活舒适、工作稳定。

“一天只需要保证5个小时的工作时间，这期间，我经常得到导师打出的最高级（‘远超目标’）的评分。”工作两年后，他在硅谷买了房子。

张晓军自己形容他的求学、工作经历，“一切都很顺利”。

如果不是回国创业，或许他现在正过着安逸稳定的生活。

“当时我还特意选择在距离公司较近的地段买了房子，每天上班只需要5分钟的行程。”张晓军说。

然而，在海外漂泊终于有了归宿之后，平静的生活还没有持续多久，一种想要创业的想法开始在张晓军心中躁动。

在他看来，创业是自己一个未了的心愿。“其实早在南京大学读研期间，我的托福和GRE成绩就已经达标，本来拿到南京大学材料学硕士就可

以出国。但是，我选择了到南京本地一家从事显卡研发的海归创业公司工作。在这一年中，我不仅对国外的事物有了懵懂的认识，也对创业有了一种新的理解。”

张晓军谈到，当时恰逢国内非典型肺炎暴发，这家创业公司业务也因此受到影响。经过一番思索，张晓军决定离开这家创业公司，继续求学打磨自己。人生接下来的一站，他把目标定格在大洋彼岸的美国。不过，这段短暂的工作经历时刻提醒着他，“创业公司要走得远，就一定要在创业初期做好风险把控。”

在国外求学的日子，张晓军带着对创业的无限憧憬，自学了公司管理学。加之，博士方向专攻芯片材料，也为自己日后的创业打下了牢固的基础。张晓军谈到，用当时导师的话讲，就是“You are taking the right course in a right place.”“美国的研究生教育与国内的教育相差挺大。导师经常布置一些课题，没有标准答案，这对于中国留学生来说也是最不习惯的。在日积月累的磨炼中，我的实践能力得到了很大提升，这也为以后的创业打下了根基。”张晓军说。

除了这份执念，影响张晓军最终决定回国创业的，还有人至中年不得不面对的事业“瓶颈期”。

“在美国企业，一般来说，四年晋升一级。然而，从 Director 到 VP，却是只属于少数职场精英们，进入 VP 层级的管理者一般看不到中国人的身影。”

回国创业还是留美发展？不惑之年的张晓军面临着一次重要人生抉择。

“决定回国创业前的那些日子，都是一个个不眠之夜。每天清晨睁开眼睛，我就不由自主地盯着天花板。感慨，美国，我要离开了。”张晓军说。

最终影响其下定决心回国创业的是国内近年来营造的良好创业环境。

项目落地　两年估值 3 亿元

近年来，伴随着大众创业、万众创新浪潮，我国对于优秀海归团队的创业扶持，除了硬性帮助外，也逐渐完善多项软性扶持，如开展创业培训、提供政策解读、拓宽渠道资源……以满足海归更多深层次的创业需求。

在综合考虑国内外环境后，张晓军决定把薄膜材料制备、高通量材料制备这项世界顶尖技术带回国内，完成科技成果转化，并建立产业基地。

“我们的项目主要是用在芯片制造或者材料制造量产之前，不知道材料的配方怎么搭配，可以通过我们的技术，在晶圆片上一次做出 100 多种配方，芯片可以实现自动化扫描测试，很快就能筛选出哪一种配方可以得出最佳的芯片性能。”张晓军说，以前只做一种材料，人们的目光会仅停留在一个点，而矩阵科技开发的基于脉冲激光沉积技术及磁控溅

射技术的高通量材料制备系统，可同时对100多种材料样品进行快速自动化测试和筛选，帮助研发者对材料体系有一个全面地了解。

据悉，矩阵科技利用专有的多元脉冲激光沉积技术，结合当前世界上先进的材料自动检测分析技术，实现了芯片材料研发的自动化和规模化。该项目的高通量研发平台，可并行一次批量合成100个不同材料成分的样品并对材料实行自动扫描测试，平台大幅提高了芯片研发的效率，可广泛应用于芯片材料、合金材料、锂电池、太阳能、先进功能陶瓷、功能薄膜材料、超导材料等领域的研发制造。

在打造国内产业创新能力最强、市场化环境最优、国际化程度最高的“中国硅谷”道路上，深圳正不遗余力。

2016年，张晓军归国了。离开了多年居住和工作的硅谷，张晓军也离开了经营多年的交际圈，这也意味着一切都要从“零”开始。

对他来说，与其说是游子归国，不如说是再一次选择加入“深漂”。同样是，陌生的城市、举目无亲，居无定所。不一样的是，深圳，这座充满无限机遇的魔幻之都，总会带给人一种机遇。在这里，有着海归创业者梦寐以求的政策红利和融资机会。

“深圳，对于我来说，充满着未知和不确定性。”不安于现状、乐于挑战新事物的张晓军，初期背负着沉重的压力。

从装修办公室到招聘人员……单枪匹马闯天下的他，决定亲力亲为。没过多久，这家专注于薄膜材料制备、高通量材料制备系统开发及应用的高科技企业正式落户在深圳市南山区。

作为深圳土生土长的创投机构，松禾资本最先向张晓军抛来了“橄榄枝”。

“经人推荐，松禾资本注意到了我们。2016年我生平第一次来到深圳，向松禾资本创始人厉伟做了报告。出乎意料的是，得到了他的快速响应。”就这样，张晓军在国内资本市场上“挖”出了第一桶金——1500万元的天使投资。

紧接着，深圳市政府也为其提供了700多万元的无偿资助及700万元的股权资助。

2017 年 4 月入驻通产新材料产业园，公司正式运营。同年，M 系列产品研发成功，中国计量大学合同签订、潮州三环合同签订。2018 年，南方科技大学合同签订，同年，L 系列、B 系列产品研发成功。

2019 年 3 月，矩阵科技迎来了哈工大 B 系列订单签订，这也是公司首个 100 万元以上的订单。张晓军说，6 月前后设备如期交付给了哈尔滨工业大学材料学院的一位年轻教授。后来，这位哈工大的教授反馈是，很多到过实验室的同行都提出了“不要改，照着这个一模一样来一套”的需求。

这不仅是矩阵科技的第一笔订单，更意味着张晓军辛苦研发的设备终于迎来了扭亏为盈的转折。

“前两年几乎都是投入、没有产出。之所以坚持下去，是因为我对自己技术的信心。”张晓军说，“在这期间我们严格把控成本，并得到了风险投资机构的鼓励。”

2019 年，张晓军收到了一个来自“国家重大人才专项”专家的 420 万元的订单。“这几个订单做好以后，我们的客户源明显多了起来。”

“早期我们会以设备销售为主，除了刚刚提到的材料制备设备以外，还包括相关的耗材，目前，我们是国内唯一能提供在高氧压、高温的情况下稳定工作的加热器。另外，还可以提供技术服务，如材料配方、工艺及设备的整套材料解决方案。随着项目的发展，积累的数据量越来越多，我们会提供材料大数据服务。2017 年、2018 年主要做研发，2019 年销售估计在 1000 万元左右，2020 年的销售额估计在 4000 万元左右。”张晓军说。

“近两年，产业界谈论最多的就是如何把人工智能、大数据与物理等有效结合起来，可以想象的是，我们以后就不需要做那么多次试验，只需要在计算机上查一查，就可以知道这种材料的性能，自己需要哪种材料，需要哪种配方和工艺。相应领域，我们也是国产设备中首次在同等价格情况下打败国外最主流的设备供应商。”张晓军说。

短短两年时间，矩阵科技就迅速成长为一家拥有20余人的估值3亿元的成长性企业。“回国创业的海归大多数需要一段适应期，毕竟国内外的工作生活环境有很大差别，加上国内朋友较少，会感到孤独无助，希望有人拉一把。中国创新创业大赛平台针对性强、服务贴心，我从中不仅可以结交志趣相投的朋友，还能找到很多事业上的合作伙伴。”张晓军最后谈到。

（李洋／文）

深圳市矩阵多元科技有限公司获第八届中国创新创业大赛新材料行业总决赛成长组三等奖

“橡胶”于千里之外

访茂名宜和化工科技有限公司创业团队

在中国创新创业大赛新材料行业总决赛中，有一家跻身全国前十强的企业，格外引人注意。原因是，参与半决赛答辩的不仅有公司的副总经理周小宇及市场部同事，还有一位古稀之年的老教授——黄宝琛。

黄宝琛，我国反式异戊橡胶（合成杜仲胶）的领军人、青岛科技大学第一项“863”项目的主持者、国家技术发明奖二等奖获得者。

而此次参赛的项目，就来自他的实验室成果。更令人想不到的是从山东青岛到广东茂名，这场跨越千里的产学研合作，竟然源于一场时隔50年的异地“寻根”。

而当日的比赛，凭借着过硬的实力和出色的发挥，黄宝琛技术入股的茂名宜和化工科技有限公司不仅荣获“中国创新创业大赛优秀企业”荣誉称号，而且也成为新材料总决赛中广东省唯一一家进入全国总决赛的企业，向全国展示了茂名企业的实力和风采。

异地求学　实验室突破技术瓶颈

1953年，尚处于成立之初的新中国，万物萧条、百废待兴。在此背景下，幼年时期的黄宝琛随父辈举家北迁，过上了背井离乡讨生活的日子。

1968年大学毕业后，黄宝琛被分配到兰州石油化工厂，在这里他接触到了中国第一套进口的聚丙烯装置。

1979年，考取北京化工学院攻读硕士研究生后的他开始了配位聚合合成橡胶的研究。

1982年，他来到青岛科技大学开始了他30多年合成橡胶的科研和教学。

在青岛科技大学黄宝琛专攻反式聚异戊二烯聚合合成橡胶合成技术及应用的研究。怎样找到新的催化剂和合成方法？怎样降低成本？怎样提高活性？众多难题摆在了黄宝琛团队的面前。

黄宝琛及其团队科研人员经历了漫长的岁月和等待，多少个不眠之夜他带领学生们沿着这一条路摸索前行，设备简陋、资金紧缺，并没有影响他研究的恒心。

1989 年的一个晚上，在黄宝琛独自一人检查本科生的实验反应时，突然发现其中一个试管里面出现了棉絮状的物质，他马上意识到一个奇迹将要出现。自此之后一年多的时间里，黄宝琛带领团队大胆假设小心求证，做了大量的验证性试验，终于反式聚异戊二烯新合成方法，即负载钛体系催化本体沉淀聚合被发现了。

1991 年获得了国家自然科学基金 3.5 万元经费支持；1995 年获得国家第一个“863”项目研究发展计划立项支持获批经费 40 万元；1997 年又获得了第二个“863”项目的立项及 120 万元的基金支持，用于开发反式异戊橡胶的应用研究。在 2000 年获得了国家技术发明奖二等奖之后，2005 年青岛科技大学破天荒为其投入 159 万元，组织注册了青岛科大方泰材料有限公司并设建设了一套 TPI 中试装置。2013 年在黄宝琛的主持下，1.5 万 t 生产线建成投产，这也是当今世界上第一套大规模 TPI 工业生产线，就这样，随着项目的落地产业化，黄宝琛的开发反式异戊橡胶事业越做越大。

千里寻“根”促成产学研合作

在事业忙碌的同时，岁月也冲淡了黄宝琛对于家乡仅存的模糊印象。只是在与父亲的交谈中，偶尔会有提及。

“在那些惨淡的光景里，交通、通信设施极为不发达，就这样，我们与祖籍广东的亲戚朋友断了联系，一断就是近60年。特别是父亲去世后，两地人就音信全无了。”黄宝琛说。

然而，意料之外的是，这样的“平静”被一次互联网上的“偶遇”打破了！2013年，当时还在读高中的堂弟的儿子，在一次与父辈的谈话中，无意中听到了“黄宝琛”这个名字，并试探性地通过网络“寻亲”。未曾想，网页搜索过程中，还真出现了多个“黄宝琛”。

经过反复对比，这其中果真就有一位与自己父亲口中描述年龄最为接近的，不巧的是，这位“黄宝琛”人在青岛，是一位国内化工行业名声大噪的高校教授。

在辗转几次获得了“黄宝琛”的联系方式后，“这小子给我发来了短信，内容大致是你是黄宝琛吗，你的老家是不是在茂名信宜?”每每提及，黄宝琛总会会心一笑，“没想到，他写出来的信息跟我还真是能够匹配上。”

事实上，在此之前，黄宝琛也一直关注着父亲口中的“老家”，并曾多次开会期间途径茂名。“但是，我实在不知道家乡在哪里，同族的近亲是否还在茂名？直到这条短信的出现。”黄宝琛说。得知消息后的黄宝琛，选择第一时间从山东青岛前往广东茂名“寻根”。

回乡探视期间，黄宝琛一直打算“力所能及地为家乡出一份力”。恰巧得知黄宝琛回乡寻根，茂名市及信宜市领导借机陪同他，硬是跑完了当地所有叫得上名字的开发区。

“石油化工项目从实验室搬到工业，都会经历一个漫长的工业化过程，项目往往是大笔投入之后，才可能有产出。信宜还不具备石油化工项目落地的条件，但是茂名作为华南地区最大的石化基地，完全有条件建设一个中试装置。”黄宝琛当即决定，把自己的项目生产线做长，利用茂名当地的资源优势，在茂名高新区进行中试。

就这样，在茂名市政府的撮合下，一家新型高分子材料的科技型企业——茂名宜和化工科技有限公司成立了。

公司针对橡塑材料的短板，利用本地丰富原材料，通过政府扶持与整合社会资源，引入社会资本，成立股份合作公司，实施产业化生产橡塑新材料。通过与黄宝琛科研团队合作，引进国家科学技术发明奖二等奖，国家“863”计划项目成果，实现“相对低分子量反式1，4-聚异戊二烯橡胶蜡”产业化。该材料承载着提升橡塑制品行业品质与环保的重托，担当着制标话语权的重任，代表着我国独创领先于世界的希望。

前景广阔　反式异戊橡胶蜡赛场频获点赞

“反式异戊橡胶蜡是介于固体橡胶和液体橡胶之间的新材料，广泛应用于橡胶、塑料行业。”茂名宜和化工有限公司副总经理周小宇介绍说，反式异戊橡胶蜡通过本体聚合，每吨工业化加工成本仅为1500元，在橡胶制品配方中可替代芳烃操作油。可部分取代现代配方所用的橡胶材料，用于橡胶助剂预分散母粒的载体，符合绿色环保的要求，市场需求量百万吨以上。

同时，反式异戊橡胶蜡是橡塑制品理想新材料，具有生热低、耐屈挠性优异、滚动阻力小等特性，能大幅提高制品等耐疲劳寿命。拉伸强度增大，可应用在高铁、军工、航空等领域。其还具有低温再塑性，耐磨性提高20%，60 ℃以下提高48%，耐屈挠可达300万次，可作为医疗夹板、牙胶等医用材料，也可用作低温热收缩套，生热下降10% ~ 25%。

作为胎面胶，滚动阻力小，显著降低燃油消耗；生热较低，防止轮胎高速超温爆裂，安全性更好；耐磨、轮胎使用寿命长，长达30万km，是普通轮胎等两倍。

凭借着出色的发挥在中国创新创业大赛新材料行业总决赛现场，作为领队的周小宇和黄宝琛在半决赛中以优秀+晋级的绝对优势碾压同小组的其他选手。而在此日总决赛的巅峰对决中，这两位选手却“消失”了。

“我的普通话不太标准，临时决定让公司一位负责市场的同事，登台展示。”原来，“消失”的周小宇和黄宝琛，一直默默地坐在台下，为参加比赛的同事加油鼓劲。

出现在总决赛现场的刘小龙沉着冷静地回答着来自台上7位评委的连环发问。

“技术难点主要在什么地方？怎么解决一致性的问题，产品自身怎么保证。”

“我理解你这个公司，可能还是在创业阶段，2019年到2020年才会有收入，我们非常想了解，哪一个能源企业用了这个产品，并且已经出具了可以证明的用户报告。”

“这样的企业是重资产的投入，一般的创业公司其实也不太适合这样大工的行业，形成这么样的收入，其实使有一定量的投资的，现在产能怎么样了？”

评委提出的一系列问题这与黄宝琛最初的“顾虑”不谋而合。“石油化工项目是砸钱的行业，周期长，但是一旦收益，社会效益和经济效益都十分可观。”

但是，摆在面前的项目已经初见成果。截至 2019 年 11 月，液体胶单价约 5.5 万元 /t，限制了液体胶推广应用，反式异戊二烯蜡产能单价为 2.5 万元 /t，其中利润 1 万元，价格上具有竞争优势。

“项目投入 3600 万元，年产 1000 t 一期装置已经顺利试产。二期拟融资 2 亿元，建设年产 2 万 t 生产装置，年产值可达 5 亿元，实现企业利润 2 亿元。三期项目 5000 t/ 年气相聚合合成聚丁烯韧性塑料、热塑性弹性体和弹性体。该工艺技术是我司自主研发。”刘小龙说，预计 2020 年全球市场达到 2000 万元，2024 年达到 10 亿元。

“你的产品用在轮胎方面，轮胎可以提高 2 ~ 3 倍，真是了不得!”在听完项目汇报后，总决赛评委徐锦荣说。

而在黄宝琛和周小宇眼中，投入大的石油化工行业，正是通过产学研合作的形式把实验室中一次又一次的“不可能”转变为工业中的“可能”，只不过是落地转化产业化需要时间，最终，茂名宜和化工科技有限公司获得了 93.16 分，距离成长组三等奖仅一步之遥。

（李洋 / 文）

茂名宜和化工科技有限公司获第八届中国创新创业大赛新材料行业总决赛前十强，并获优秀奖

为创作者赋能　打造线上线下生态创作社区

访上海卫莎网络科技有限公司创始人赵维杰

“我们公司是2017年成立的，成立之后在短短两年时间获得了很多顶尖资本的帮助，包括红杉、腾讯等。我们想解决什么样的核心问题？不知道在座的各位有多少人会用Photoshop制图？创作这件事情对很多人来讲太困难了，现有产品最终赋能1%不到的用户，剩下99%的‘小白’用户市场没有人管，所以我们希望用更好的产品体验及最顶尖的AI技术，用实验室每天都在产生的最新的黑科技，为每一个创作者赋能，降低创作门槛。”

站在第八届中国创新创业大赛互联网行业总决赛舞台上，上海卫莎网络科技有限公司（简称“卫莎网络”）创始人赵维杰在8分钟的路演时间里，精彩风趣的话语不时引发现场观众阵阵热烈的掌声。

“人工智能的同行们在以各种方式让各种人‘下岗’，时间节约下来做什么呢？我们来帮助人们更好地消费时间。”赵维杰博士幽默的路演让现场评委都会心地笑起来。

经过紧张激烈的比拼，最终，卫莎网络获得第八届中国创新创业大赛互联网行业总决赛成长组一等奖，并拿到了大赛评委派发的“邀约卡”。

神奇的马卡龙

“卫莎网络是一家以‘计算机视觉技术’为内核的人工智能企业，致力于为用户提供更快捷高效的创作工具，降低创作门槛，解锁图像、视频、音乐等复杂场景，为创作者赋能，打造线上线下的生态创作社区。”赵维杰说。

“我们发现在各行各业中都有相当多的企业或客户，希望能够降低创作门槛，为什么？他们需要更多的内容，需要更多的人能够为他们生产内容。于是他们找到我们，希望我们能够帮助他们降低创作的门槛。” 赵维杰说，“于是我们做了一款‘马卡龙’玩图APP，上线一年多时间，现在已经有累计超过4000万的用户。马卡龙在各大应用市场都可以下载，如果你还没有下载就OUT了。”

卫莎网络的愿景是为创作者赋能，让每个人都可以轻松成为美好生活的创作者。不需要拥有专业的图片、视频技术处理能力，通过马卡龙，每个人都可以在手机上轻松实现特效照片和视频的拍摄与发布。

马卡龙神奇在什么地方？“马卡龙进入日本市场后，第一周就拿下了下载榜的冠军。它还获得了苹果公司评选的‘2018年年度最佳APP’。” 赵维杰说，“马卡龙上线之后，吸引了大量的用户使用，产生了大量的爆款视频。如果你想做这样的视频，那你用马卡龙会是很好的选择，用它做出爆款视频之后保证可以刷爆朋友圈和抖音。”

使用马卡龙，用户可以很容易地编辑一段视频，马卡龙可以对图像自动分层，复杂的操作一秒钟就可完成，另外还有很多新鲜好玩的应用。让人意想不到的是，这些应用背后都使用了大量的AI黑科技。

卫莎网络与上海交通大学建立了脑科学与人工智能联合实验室，实验室有30多位研究员和6位全职的教授，聘请了国内外顶尖的专家和学者，不乏欧洲科学院的院士。“我们一起研究脑科学和计算神经学，放到计算视觉中开发了大量的技术，原创了全球领先的类脑计算理论——概念网络（ConceptNet），只需极少数据量和运算量便可实现世界级计算机视觉能力。” 赵维杰表示，为了使这些新技术能落地让每个普通人可以用到，他们累计发表了100多篇论文，申请了大量的专利和软件著作权。可以说，每一个应用都是一个个新技术支撑起来的。

希望能成为行业中的独角兽

“我们的盈利来自两个方面：一个是B端的客户，在行业中有大量B端的客户需要用到我们的技术；另一个是C端的用户，主要是订阅。”赵维杰表示，在订阅方面有很多专业的玩家需要付费，这个行业中也有大量的视频和图像 APP 采用订阅模式，这是 C 端最成熟最赚钱的模式。马卡龙相对于现有的图像和视频 APP 来讲，有非常多的独家功能，所以在这件事情上会做得更好。

“在国内我们的内容是独家的，我们的工具能做到的事情也是独家的，我们希望用独家的内容和独家的工具让大家看到不一样的视频创作工具。”赵维杰透露，“我们有 1/3 的用户来自海外，尤其是日本市场，这是一个付费能力相当强的市场，在国外几乎没有竞争对手的状态下，我们很快就在日本市场占领了下载榜第一的位置，在海外预计将有更好的销售收入。”

“正式商业化是 2019 年 8 月才开始的，我们已经收获了 1.3 亿元的订单，已经落实的资金是 1700 万元，很短的时间我们赋能了大量的 B 端公司，对我们来讲，这是很快的发展速度。”赵维杰表示，“所以我们对 2020 年的收入非常有信心，我们期待在五年内营收超过 10 亿元，利润超过 5 亿元。我们希望能成为行业中的独角兽。”

从2017年创业之初，卫莎网络就是投资界瞩目的未来之星，先后获得真格、英诺、红杉和腾讯等知名机构投资。如今，卫莎网络加大与哔哩哔哩（B站）、腾讯及众多视频平台合作，意图进一步扩大版图，打造一个生态创作社区。

“腾讯是我们的股东，B站是合作伙伴，本身马卡龙是一个内容产生的生态，我们想建立一个生态创作社区。而B站等属于内容分发平台，在内容分发平台上真正有流量的视频全部是用其他软件做的。”赵维杰表示，“我们要改变生态，以文件名定义，在图片领域我们有PSD的文件格式，每个设计师用PSD的格式互相传阅，未来所有的视频文件，将是文件点击进去就可以接龙，不仅可以播放视频，点进去之后还可以重新制作这段视频，可以把自己加入视频中，这是未来视频发展的一个趋势。”

创业者要解决各种困难

“我是2017年离开华为的，跟现在的合伙人一起创办了卫莎网络。”赵维杰表示，当时觉得市场成熟了，从AI技术的角度来说，AI技术的成熟度已经达到可以商用的水平，然后资本也比较认可AI企业。“还有一个重要的原因是，我觉得AI技术一定要让每一个普通人都能用得到，而不是像在华为的时候，AI技术是藏在手机里面，可能用户都没有感知到它的存在，其实它让用户使用起来很便捷，而我更希望让用户直接感受到AI技术带来的变化。所以，综合考量几方面因素，我决定出来创业。”

“创业几乎每天都是困境，顺境可能只有几天，就是拿到融资的那几天。其实创业这条路是非常艰辛的，会遇到很多问题，有一些是技术上的，有一些是产品上的，有一些是外部环境上的，有一些是客户的，等等。”在赵维杰看来，市场是风云变幻的，对于创业者的要求是非常高的，创业者要能够去适应各种各样的环境变化，能够解决外部的、内部的各种困难。

“比如在技术方面，技术研发是有严格的研发周期的，尤其是AI最前沿的这些理论，它的周期可能非常长，而周期很长的这些理论研究，它跟用户迫切的需求是一个非常大的矛盾。”赵维杰坦言，如何解决这样的矛盾，如何能比其他公司更早地把产品推向市场，是每一个 AI 公司的 CTO、技术负责人最重要、最关心的事情。

“我们在这件事情上做得比较好。我们在整个产品研发过程中，借鉴了很多互联网的思维。比如说，一个新技术不是要成熟到 100% 才可以上线，当它成熟到 30% 的时候就可以推出产品，这样可以规避很多技术上的不足，可以设计一些玩法，让用户避免掉入新技术不好的地方，突出新技术强劲的地方，隐藏新技术的缺点，以后再慢慢修补。”赵维杰表示，在 AI 公司，产品是最重要的一条线，产品设计加上 AI 技术的演进，它是互补的，然后在每个阶段按照技术的成熟度，成熟到 30% 有 30% 的产品，成熟到 50% 有 50% 的产品，依次向前进，用这样的方式可以比竞争对手更快地把一个新技术推向市场。

“我们每一个实验室的成果，不是先发论文，而是在新技术出来之后先上线产品，在产品上落地，然后用户能感觉到我们每个月都有新的功能上线。当这个新技术在产品上打磨了几个月之后，它会更加成熟。”赵维杰介绍，“我们通常是新技术上线半年到一年之后才发表论文，这篇论文已经是一个商用级别的可以落地的技术，它的学术价值和应用价值是非常高的。”

这次参加中国创新创业大赛，卫莎网络一路从地区赛走到全国总决赛，最后拿到成长组冠军，可谓收获颇丰。在此期间，赵维杰接触到许多优秀的企业，与其他企业创始人不断交流，了解行业的最新趋势。他认为，参加大赛是一个开阔视野、学习取经、助推成长的过程。“能站上今天这个舞台的所有公司，都是国内顶尖的一流创业企业，和大家站在一起同场竞技，没有输赢，更多的是向每一位选手学习。作为创始人，自身的提升很重要。”

（李辉 / 文）

上海卫莎网络科技有限公司获第八届中国创新创业大赛互联网行业总决赛成长组一等奖

创业者要有产业愿景和产业报国的决心

访杭州中安云服智能技术有限公司联合创始人张轩明

“传感器无法对数据背后的内容进行整体发现，这是目前市场上的痛点。中安云服是传感器领域的算法研发公司，公司研发的智能诊断云盒，可以通过多个传感器的深度融合，挖掘背后的数据，进行故障的诊断。” 在第八届中国创新创业大赛互联网行业总决赛现场，杭州中安云服智能技术有限公司（简称“中安云服”）联合创始人张轩明用 8 分钟时间陈述参赛项目情况，又花了 7 分钟时间回答评委提问。评委们对这个项目非常感兴趣，不停地抢着向他提问，提问时间到了还想再问，直到大赛主持人提示可以在场下再问才停下来。

经过一天的激烈比拼，最终，中安云服荣获第八届中国创新创业大赛互联网行业总决赛初创组一等奖。

互联网行业一直是“双创”中最为活跃的部分，从历年中国创新创业大赛的参赛情况看，互联网行业参赛企业的数量是最多的。在大赛上最终摘得桂冠，中安云服靠什么脱颖而出?

努力终有回报

机会总是青睐有准备的人。其实，中安云服已在安防和工业预测性维护领域有近 10 年的技术积累。其基于数据指纹技术的多维感知（安防）系统（算法平台）目前是唯一通过中石油测试的项目，并且获得了中石油管道一期 3700 万元的订单。

根据相关统计，中石油管道输送过程中每年由于偷盗和油气泄漏造成损失约 20 亿元左右。为了解决这一问题，中石油已经在管道线路布设了大量的传感器，但并没有取得预期的预警防护作用，安防问题始终难以解决。

“中石油组织过 7 次入围测试，但均没有达到预期。”张轩明表示，“为什么传感器预警领域这么难？核心问题是，这些传感器是大量铺设在外部环境的，而传感器对复杂的外部环境适应能力差。”

“解决这一问题并不容易，首先要了解是什么对传感器进行了干扰。”张轩明介绍说，“我们用 31 个月时间完成了样本采集，通过样本不断的积累和反复计算，可以准确地预知外部环境，包括判断风雨环境下对传感器造成的干扰，从而把中石油已经投资很多钱但没有使用起来的传感器重新激活，使其可以准确判断到外界实时情况，发挥其核心价值。”

中安云服也因此项技术获得了中石油管道一期 3700 万元的订单，而在宁夏中石油的项目落地，则成为国内首个将数据指纹技术规模应用在安防领域的案例。之后，中安云服参与制定了中石油周界入侵测试标准，这项标准直接推动了中石油未来 3 年 43 亿元（软件 + 硬件）的周界防护预算。此外，中安云服将其基于数据指纹技术的多维感知（安防）系统成功导入海康销售体系。截至目前，通过海康的营销体系，中安云服已经完成 410 万元的确认销售收入。

除了在安防领域的应用之外，中安云服还与环境领域特种车辆运营商中科华宝合作。特种车辆维护成本很高，中安云服针对特种车辆工作部分进行算法搭建之后，通过传感器盒子提前预警故障，可以减少整装件的更换，目前中安云服已服务了中科华宝 7000 多辆环保车辆。

解决别人没有解决的问题

“中安云服是 2018 年 12 月成立的，是一家很年轻的公司。但我们整个技术团队在算法领域有 10 年积累，我们就想做点事，希望解决一些别人没有解决的问题，这是创始团队的产业愿景。”张轩明说。

传感器作为信息时代的感知层，是海量数据的接收和传递信息的入口，是万物互联的重要基础。在当今这个信息化的时代，传感器诸多的应用场

景需要更加快速地获得更精准、更全面的信息。

“事实上我们看到，在安防和工业领域企业已经投了很多钱安装传感器，但是效果不好，很多资源并没有用起来。我们给客户带来的价值并不是说安装了我们产品，而是我们把客户那些存量的资源盘活了。”张轩明进一步解释说，“我们与别的行业相比有一些优势，就是当我们去做一个项目的时候，客户可能已经花了1个亿来建设基础。”

说起创业历程，张轩明感受很多。“从去年成立到现在发展过程都是挺难的，公司成立之前我们其实积累了比较久，这个技术我们之前做了两年多的积累。比如中石油项目，最早在没有任何收入的情况下，整个团队就在西部艰苦地区呆了31个月，去做数据样本的收集和积累，这个过程对我们的信心都是一种磨砺——我们还能不能解决问题？还能不能做下去？”张轩明说，“因为在创业初期，当你的技术没有形成产品之前大家都是比较迷茫和怀疑的。直到最后客户认可我们的服务，形成规模了，我们的积累变现了就会很涨士气。迎来了成长阶段，我们会觉得之前经历的很多苦难都是值得的。”

在这样艰苦的条件下，中安云服是怎么坚持下来的？“还是希望能解决问题吧。”张轩明说，“我们知道做事情先要做一些预期管理，都是要有经历之后才能有发展，如果太容易做成了，证明这一件事情没有壁垒，别人做起来可能也会比较容易。所以我们就鼓励自己说，我们要做的事情就是因为难，别人做不了，很容易就做成的事也没有多少价值。”

张轩明表示："我们有 8 个创业伙伴，有 5 个技术创始人小伙伴都是从国外回来的。我们现在人数也还比较少，只有 40 多个人，没有办法面对这么多的市场需求。我们正在做一些融资，就是来补充现金流和增加研发投入，为以后的发展壮大做好准备。"

创业要有积累

创业并不是一件容易的事，对于互联网企业来说，每个赛道上最后存活下来的公司可能只有一个。创业者们需要思考的是，到底该如何在瞬息万变的形势中顽强地生存下去。

"创业者首先要在自己的专业领域有所积累，如果没有一技之长其实挺难在行业里生存发展。创业者还要有产业愿景和产业报国的决心。" 张轩明表示。

中国创新创业大赛的成功举办，在全国范围内点燃了大众创新创业的火炬。通过大赛平台，让全社会熟知了一大批富有创新精神、创业意志的时代弄潮儿，见证了一个个创新创业者践行他们中国梦的历程。

"原来我们的视野比较窄，一直在低头做事，只看到自己的领域。参加中国创新创业大赛以后，看到了各行各业的应用，对我们有很多启发。我们现在也在思考，有一些行业是不是我们也能做，我们的算法是不是能给其他参赛企业提供一些价值，这个问题可以去和他们一起探讨。"张轩明说，"我们还参加了中国创新创业大赛期间举办的大企业需求发布会、企业对接会等活动，这种大企业和小企业之间的合作，就是大企业提需求，然后小企业去做快速验证。这种合作方式非常好，作为小企业我们挺想试一把的，但现在还在沟通中，还没有形成最后的结论。"

值得一提的是，在此次大赛上，除夺得初创组冠军外，张轩明和他的团队还获得了大赛评委颁发的首张"邀约卡"。有了这张邀约卡，就意味着这个年轻的初创团队在日后的创业过程中，有了更多与行业大咖面对面交流的机会。

“我们通过算法聆听，让数据发挥核心价值。依托‘智能诊断盒’，使得管路和铁路等有了故障自我感知等能力。”张轩明表示，“学习业内头部企业的经营思维和定位思维是此次参赛最大的收获。中国每年有2000亿元市场规模的传感器需要铺设，下一步我们也会试图去理解更多的行业应用，服务更多行业。”

（李辉／文）

杭州中安云服智能技术有限公司获第八届中国创新创业大赛互联网行业总决赛初创组一等奖

聚焦“数据科学协同平台”解决大数据时代新痛点

访上海和今信息科技有限公司联合创始人范向伟

“从最初的区域预选赛到决赛，再到第八届中国创新创业大赛互联网行业总决赛，一路走来，在与优秀同行交流和同台竞技过程中，收获满满。其中，站在互联网行业总决赛的赛场上，心情十分忐忑，但也备感振奋，能与诸多优秀企业同台本身就是对我们发展的一种肯定。”上海和今信息科技有限公司联合创始人范向伟表示，获得第八届中国创新创业大赛互联网行业总决赛初创组二等奖既是肯定，又是鞭策。

创业之梦起航

2011 年从上海大学会计学专业毕业的范向伟，由于成绩优秀进入一家大型跨国投资机构。如果不出意外，他将在这里成长和升迁。也是在这里，范向伟接触了各种类型的投资项目。在跨国投资机构工作的一年多时间里，自己对新兴行业的兴趣越来越浓厚。

“会计学的重要目的是发掘事物的价值，并赋予其一个最合适的估值，然后让其在市场上发挥价值。当时，自己在知识层面还有不少短板，要想让今后的自己变得更有‘价值’，考研是一个不错的选择。”范向伟说，在从事了一年多的股票行业分析过程中，自己看到了移动互联网和大数据行业的巨大发展潜力。“短期来看，移动互联网和大数据会让生活方式发生某些改变，但长期来看则是颠覆性的。”

为了能够更好迎接大数据时代的到来，范向伟毅然辞职，经过一年时间的苦读考上了上海交通大学数学系统计学专业——大数据的一个基础学

科。“由于跨专业考研，想考的又是上海交通大学，难度可想而知。为了实现这一目标，辞职后的几乎整整一年时间我都在努力学习，个中艰辛只有自己知道。”范向伟说。

在成功考取上海交大硕士研究生后，范向伟一方面如饥似渴学习专业知识，另一方面也在关注行业发展。与此同时，时间的指针已经转到了2016年。这一年，美国谷歌围棋程序AlphaGo战胜了韩国围棋选手李世石，全球对于人工智能（AI）发展的兴奋与担忧交织难分；IBM用统计学习技术做出的Watson（认知计算系统的杰出代表，也是技术平台）在Jeopardy（美国最流行和权威的智力问答竞赛节目）上最终打败了人类对手。

“早在2012年，大数据技术、社交网络的变革已经很明显，虽然技术壁垒很高，但价值空间很大。2016年发生的这些事情让我感到了一种前所未有的焦虑。”范向伟介绍：“由于学的是数学和统计方向，我发现技术发展虽然很快，但是却有一个很大痛点：工程师和科学家群体很难把其所学的知识‘用起来’，很难转化为商业上可行的项目。于是，我就组织了数据分析师俱乐部，聚集各领域的专业人才，大家一起来交流，把大数据与真实业务结合在一起。在这一过程中，遇到了很多志同道合的朋友（包括上海和今信息科技有限公司的创始团队）。大家一致认为，应该建立一个网站，于是‘科赛网’应运而生。”而此时的范向伟刚刚开启硕士研究生二年级的学习和生活。

解决大数据时代新痛点

随着人工智能和大数据等技术的落地，数据化转型已是各大科技、金融公司亟须解决的问题。而早期的科赛网则是数据竞赛平台和数据人才社区，“在社区上，我们会把企业的问题抛给专业人才，专业人才需要与他人组队合作，同时和其他团队竞争，最终才能得到企业、政府、学术机构的认可。而一旦得到认可，收获的则不仅是鼓励和荣誉，还有‘真金白银’，用物质的激励去认可专业人才的创造。这样就构成了一个良性循环，即人才—成长—价值的闭环。”范向伟介绍，由于切中行业痛点，在创业当年就拿到了天使投资。

然而，一个棘手的问题再次浮出水面——创业需要艰辛付出，学习需要努力刻苦，二者又该如何做好平衡与取舍?

“拿到天使投资之后，在接下来的半年创业过程中，我与创业团队都清晰意识到：学习与创业无法做到兼顾，必须有所取舍。一番权衡之后，我们选择了休学去创业。这个选择虽然非常痛苦，但别无他法。换个角度看，创业又何尝不是另一种形式的‘学习’?”谈及当初的抉择，范向伟坦言，这是一个艰难的决定，但他并不后悔。“我们创业团队成员都是大学同学，那时都比较年轻。大家的想法都很单纯：假如创业失败就再回学校读书，而创业过程的收获不亚于读 MBA。同时，父母的大力支持也是我一往无前的重要动力。”

一旦开始，就一发不可收拾。短短数年时间，上海和今信息科技有限公司旗下的和鲸科技拥有了和鲸社区与数据科学平台 Kescilab 两大板块。

和鲸社区是国内最早诞生的一家数据竞赛平台和数据人才社区，拥有高质量的数据集、开源数据项目、实战场景，供数据科学爱好者们探索、互动、再创造，并形成良性增长的价值闭环。

和鲸社区就像一家企业的“云端实验室”。“随着人工智能和大数据等技术的落地，数据化转型已是各大企业面临的问题。但一家企业要做数据化改造，常常需要耗费上百万元的成本，更不用说招揽到本就稀缺的数据科学人才。”范向伟介绍，在和鲸社区上，企业可以付出相对可控的成本，建立自己的数据科学任务并发布悬赏奖金，全网聚集的数据科学爱好者可以自由申请参加。“通过这样的方式把企业和人才进行链接，让数据创新的需求和供应之间发生‘化学反应’。”

目前，中国的数据科学从业者约 30 万人，其中的中坚力量约 10 万人。和鲸社区聚集的 7 万多名数据科学人才，基本来自这些中坚力量，成为目前国内绝无仅有的高端数据科学人才社区。

“7 万多名数据科学人才中，已经有 3 万多人是和鲸社区旗下数据科学平台 K-Lab 的用户。”范向伟表示，K-Lab 基于 Jupyter Notebook+Kubernetes 自主研发，能帮助数据科学家、算法工程师、商业分析师等数据工作者在云端管理所有底层基础架构，把数据资源、算力资源、算法框架、项目文件统一起来，用户能以更即时、安全、高效的方式开始协同研发任务，在线完成一系列数据分析、机器学习建模、分析、可视化、结果输出等多种研发任务，并支持私有化部署和云端协同，让数据驱动更好地服务于各行各业。

目前，基于“社区 + 工具”的商业模式，和鲸社区客户覆盖高校、科研机构、企业三大场景。IBM、中国联通、平安科技、字节跳动、百度、携程、快手、拍拍贷、同盾科技、好未来、默克等企业已在部分业务场景中使用了和鲸社区和 K-Lab 工具进行数据价值的创造。

除了企业版之外，和鲸社区还推出了 K-Lab 教育版，包括实训教学平台、管理平台、课程体系、课程内容、实训项目、就业与企业需求对接等全方位服务，使得数据科学的教学工作更加简单高效，大幅提高学习效果与就业水平。目前已被清华大学、北京大学、上海交通大学、南开大学、同济大学等高校采用，作为在“数据科学与大数据技术”专业及相关辅修专业、交叉学科中的数据科学教学平台。

创业初心不移

对于在攻读硕士研究生阶段开始创业的经历，范向伟直言“非常不容易”，并且要有足够的承压能力和坚定不移的决心。

“创业过程中，拥有充足的流动资金非常重要，但却并不是排在首位。只要有好的创业项目或技术，在资本市场上进行融资的难度并不太大。对于有志于在大数据领域进行创业的年轻人来说，技术开源已成行业发展趋势，因此技术需求也不是最重要的。在我看来，最重要的是保持对事业的执着。能否承担更大责任、承受更大压力，去做一件自认为有意义的事情，我认为这才是最重要的。”范向伟说。

“企业和消费者都希望创新：企业想通过创新研发新产品和拓展新服务来占领更大的市场，消费者希望通过创新产生的新产品和新服务来满足自身新的消费需求。当前，很多创新都源自创业者。然而，创业企业和创业团队在发展过程中，会受到种种因素‘干扰’，也很可能会偏离原定的发展‘轨道’。这种偏离或主动或被动或有利或无利，一定要学会正确判断。”范向伟表示，创业团队要有自己的核心价值，这既是创业的初心，又是发展的长远规划，是鼓舞创业者一路坚持下来的“信心之源”。“创业是一件风险很高的事情，充满了不确定性。对于发展过程中的‘变’或‘不变’，应该审时度势、仔细斟酌，但是，创业的初心不能变。”

对于未来，范向伟考虑得很多。例如，团队的组建，和鲸科技的成员多数来自知名院校，也都曾在全球顶级科技企业历练过，是一支高质量、高素质的人才团队。

对于如何搭建和管理如此优秀的核心团队，范向伟有自己一套独到的方式：“我其实是在用与投资人沟通的方式在和团队沟通。我会不断去跟团队汇报我的工作，汇报团队管理的工作，每周给团队做工作述职。”

同时，我会以投资人的视角来观察分析团队的发展，不断鞭策他们发挥最大潜能。目前，团队有 60 人左右，前台后台各占一半。未来会加强前台的经验，加强后台的深度，在研发、产品、市场营销等方面都会继续招揽人才。

相比企业在市场上获得的成功，让国内高校和科研机构都采用我们的工具去培养人才、推动研究，是一件很值得憧憬的事情，大学生、研究人员是行业的未来，他们决定了中国数字经济所能达到的高度，这也是和今科技实现自身价值之所在。当然，我们还有计划走出国门，走进欧美高校、科研机构和企业，让中国互联网产品惠及全球。”

（于大勇／文）

上海和今信息科技有限公司获第八届中国创新创业大赛互联网行业总决赛初创组二等奖

胸怀使命进行创业 用信息技术推动建筑行业“安全”发展

访陕西华筑科技有限公司联合创始人王平

“有幸参加第八届中国创新创业大赛互联网行业总决赛，结识了朋友，增长了见识。赛场上，大家各展风采，彰显了互联网领域创新创业的方向，收获满满。最后能够有幸获得成长组二等奖，既是对我本人创业能力的肯定，又是对华筑科技发展方向的肯定，这也坚定了我对未来加速发展的信心。”陕西华筑科技有限公司（简称“华筑科技”）联合创始人王平表示，“投身创业是想在自己感兴趣的领域为社会做出贡献，实现自我价值的提升。多年来，我始终秉持创业的初心，坚持创新。过去如此，现在如此，将来也是如此。”

创业信念由来

“硕士研究生毕业后，由于学的是计算机通信专业，先后在科研机构和一家软件公司任职，经过几年努力，职位越升越高，薪资越来越高。然而，自己时常会有失落感，伴随着时间的推移，这种感觉越来越强烈。每天都是按部就班的工作和生活，这并不是我想要的生活!”王平坦言，工作数年后，虽然自己的工作能力和态度得到了单位的肯定，但骨子里的“不安分”却时时袭来。“这种所谓的‘不安分’并不是贪得无厌的获取，而是感觉自己应该在力所能及的范围内为社会做出更大贡献。虽然上班也能为社会做贡献，但‘主观’与‘客观’存在本质上的不同。‘主观’是一种态度，一种主动的态度。正如贝多芬所言：我要扼住命运的咽喉，它不能使我完全屈服。”王平说。

打定“要为社会做贡献”信念的王平，认为要想真正为社会做贡献，必须结合自身所学与工作经历，认真对待、科学规划，谋定而后动。

经过一番调研和认真思考之后，王平将创业的方向定格在建筑领域，决心用信息技术推动我国工程建设的发展。“创业之前，我与合伙人认真调研一番后惊讶地发现，建筑行业在国内虽然属于规模较大的行业，但是建筑行业的信息化水平却是相当低，甚至不如农业。而我在大学的专业就是信息通信，从事的工作也是该领域。建筑行业关乎国计民生，结合自己所长，可以为社会做出自己的贡献。”王平说。

在王平看来，放弃原本优渥的工作岗位和待遇并不可惜，能为心中的信念付出努力是一种荣耀与幸运。“在不少人看来，我的创业举动很是疯狂——放弃原本安稳的工作和生活，只为心中萌发的信念而义无反顾。但是在我看来，只有敢于付诸行动的信念才是真的信念。当然，为信念而动并非莽动或盲动。理想可以远大，行动必须脚踏实地。当时，虽然涉足的是建筑行业，但却可以很好发挥自己的专长。”

2010年，王平与合伙人辞职创办了第一家创业公司，主要从事建筑材料进出、管理、结算方面的软件研发。筚路蓝缕，以启山林。经过数年不懈努力，王平在逐步实现最初梦想的同时，企业也获得较快发展，最终被国内建筑领域一家大型上市公司收购。王平与合伙人及研发团队同时进入该大型上市公司。

“之所以选择出售创业企业，是基于两方面考虑：一方面，当时的自己不太懂销售渠道的建立和管理，而这家国内大型上市公司正好可以补上这块‘短板’，同时，我们的技术也正好可以弥补这家企业所需；另一方面，当时自己太过年轻，需要沉淀一下，也需要学习一些新的知识。”王平说。

初心不改

经过一番沉淀和积累之后，王平的创业之旅再次“起航”，并继续深耕建筑施工领域。

2016 年，王平与一些志同道合的朋友创办了华筑科技，主要研发软件与硬件结合技术，解决工程施工现场管理问题。

“当时，一些志同道合的朋友（都是 30 岁左右）虽然职业发展都还不错，但是都想做点有意义的事情，也有做‘大事情’的野心，而不是简单为了赚点钱。当时，国家建筑行业信息化程度较低，进展也比较缓慢，这也造成了伤亡事故层出不穷，建筑质量难以把控。这是民生领域的大事情。基于此，我们创办了华筑科技，旨在运用信息技术推动我国建筑行业‘安全’发展。”王平说，“我们认为，从一开始就应该运用技术（如 AI 技术）对施工全程进行监管，确保‘人不能造假，物尽其用’，从而保障建筑安全。”

华筑科技是一个机械物联监控管理云平台，其产品“机管通”以设备安全监测、能耗监测、设备维检、故障自检、设备履历为核心，服务于施工单位及租赁公司，并研发了“SmartPM－智慧工地平台”，致力于利用云和物联网技术为用户提供服务。SmartPM－智慧工地平台将华筑科技历年研发的岗位应用产品（现场管理、机械管理、人员管理、物料管理、物联监测）实现无缝融合，将施工岗位信息孤岛联结成管理矩阵。其中，华筑科技的智慧工地总控系统可将各岗位数据进行汇总，通过大数据形成集中看板，项目安全、质量、物料、进度、劳动力、机械等关注点一目了然，拥有 Web 电脑端、APP 移动端、BI 大屏端，三端合一。

2018 年 12 月，华筑科技的“项管家”工程项目管理大数据解决方案正式发布。“项管家”针对不同用户群体提出了 4 个专项解决方案，即“工程施工企业智慧工地解决方案”“工程项目智慧工地解决方案”“工程业主智慧工地解决方案”“政府监管智慧工地解决方案”，可满足企业在未来发展过程中面临的多场景和个性化定制的需求，为企业信息化的变革提供有力支持。

“在过去的 3 年时间里，华筑科技智慧项目管理系统已被 2000 多个项目所使用和认可，包括北京大兴机场、杭州奥体中心、深圳会展中心等国内大型工程。作为中建、中交、广西建工、广西路桥等的战略合作企业，华筑科技积累了丰富的经验。”王平介绍，“项管家”以大数据为核心，旨在解决优化施工全场景工作协同，帮助传统施工企业从技术创新到管理方法创新，实现信息化建设的全面升级，把创新、开放和赋能做到极致，为企业不断创造新的价值和机遇。

“3 年时间，华筑科技参与的工程建设项目总造价超过 8 万亿元，并得到了施工单位的高度认可。近年来，华筑科技也伴随合作伙伴走出国门，参与‘一带一路’沿线的项目建设，我们倍感振奋。”王平表示，目前华筑科技已与中建、中交等 40 多家企业达成战略合作，并在北京、上海、南宁、深圳、南京、武汉、成都等 10 个城市设立分公司，在长沙等 10 余个城市建立售后服务联盟体系。

创业要有大格局

创业不易，创业成功更是不易。在王平看来，创业成功的最重要因素是“人”，即创业者。“要想创业首先必须想清楚自己到底为什么要创业。大多数人创业是为了赚更多的钱，但平心而论，抱着赚钱目的去创业格局不大，而且很难。”

在王平看来，创业者必须要有大的格局，唯此方能行以致远。“大格局不意味着不要考虑赚钱，而是不应把赚钱作为唯一或最重要的目标。对于创业者来说，创业需要不断投入资金，这是必须要认真考虑和对待的事情。但这不应该成为创业的‘初心’。以我和创业团队为例，原本大家在各自单位基本都是副总级别，有的还是所在企业未来首席执行官的储备人才，薪资水平和待遇都有保障。创业艰辛，时常会遇到各种意想不到的难题。然而，大家还是选择了创业，主要是有一份情怀——想为社会做出一点能力所及的贡献。虽然能力有限，但这就是我们的赤子之心。”

“能赶上‘双创’风起云涌的时代，对创业者来说是幸事，但创业并不容易。”王平坦言，创业者一定要做好创业的准备。“如果没有做好抗压的准备，只是看到别人在创业而自己并没有想好为何要创业，最好不要去莽动。创业是九死一生的过程，很痛苦。我认识的创业者多数都不是快乐开心的，压力很大。最好不是因为赚钱，而是因为感兴趣去创业。比如，我们一想到自己做的事情可以保障很多建筑工人的生命安全，就倍感自豪、动力无限！”

战国时期的楚国辞赋家宋玉在《风赋》里写道：“夫风生于地，起于青蘋之末，侵淫溪谷，盛怒于土囊之口，缘泰山之阿，舞于松柏之下。飘忽淜滂，激飏熛怒。”

“风产生于地上，开始时先在青蘋草上轻轻飞旋，最后会成为劲猛大风。这也可以理解为小的改变在将来会变成大的变革。虽然目前华筑科技规模不是很大，但我们认为自己的产品可以规避施工领域的伤亡，让建筑工程的质量得到保障。这是为和谐社会建设‘增砖添瓦’，也是我们义不容辞的使命与担当。因为华筑科技有这样的实力与信心！”王平说。

（于大勇／文）

陕西华筑科技有限公司获第八届中国创新创业大赛互联网行业总决赛成长组二等奖

站在“风口”创业事半功倍

访杭州潘哒教育科技有限公司联合创始人梅杰

“能够站在中国创新创业大赛互联网行业总决赛的舞台上，本身就是一种肯定，肯定了潘哒教育秉持的多课程矩阵驱动和多渠道营销模式；从地区预选赛一路走来，最终能荣获成长组二等奖，这也坚定潘哒教育加快发展的信心。”杭州潘哒教育科技有限公司（简称“潘哒教育”）联合创始人梅杰表示，自己与合伙人之所以能够取得今天的好成绩，与看准时代发展的“风口”密不可分，“站在‘风口’上进行创业，可以取得事半功倍的效果。”

毕业即创业

2007年，毕业于浙江大学的梅杰并没有选择就业，而是与志同道合的大学同学选择了创业。“我与合伙人都是从浙江大学竺可桢学院的创新创业强化班毕业的。浙大创新创业强化班主要是为了培养具有扎实的专业知识、强烈创新意识、优秀创新素质及创新技能的高科技产业经营管理创业型人才。当时，班级里超过1/3的同学想走创业这条路，我也是如此。”梅杰说。

对于选择在教育培训领域进行创业，梅杰表示，这是自己与合伙人“深思熟虑”后做出的慎重决定。“2007年，浙江经济发展非常快，城镇化进程加快，大量人口进入城市工作和生活。与之而来的是，对消费的需求也是越来越多、越来越高。我与合伙人虽然来自浙江省内的不同地区，但感受颇为相似。当时，我们就一致认为，要趁着城镇化的‘风口’进行创业。”

对于选择在教育培训领域进行创业，梅杰则有着一番自己的理解。“城镇化进程中，随着居住条件和物质生活水平的不断改善，人们对更高品质

的消费需求越来越强烈。当时，互联网发展方兴未艾，网购越来越便捷，物质方面的需求可以通过互联网来解决。然而，如教育培训特别是少儿阶段的供给严重不足。”梅杰说，以浙江省为例，优质教育培训资源大多集中在杭州等大城市，而省内经济发达的许多城市则相对不足。“然而，这些城市的消费者对于优质教育培训资源的渴求却十分强烈。在进行了一番比较深入调研后，我与合伙人决定要在该领域进行创业。12 年来，我们始终深耕 K12（高中阶段以下）教育培训领域。实践也证明，我们当初的决定是正确的，踩准了‘风口’。”

最初，梅杰与同学（合伙人）创办了学智教育，主要为浙江省内三四线城市提供 K12 线下教育培训。“虽然自认为踩在‘风口’创业能够起到事半功倍的效果，但我与合伙人不敢有丝毫懈怠。一方面寻找好的培训场所，另一方面寻找优质的培训师资资源，同时还要做好沟通与服务工作。凭借良好的口碑，学智教育发展很快。短短几年时间，我们就成为浙江区域内排名前三的线下教育培训机构。”

正当事业发展势头很好之时，梅杰与合伙人却将学智教育卖给当时业内的头部企业，而原因再次与“风口”有关。

“当时，虽然在浙江省内，学智教育位居前三甲，但线下教育培训已是‘红海’，竞争激烈且发展潜力有限。在发展过程中，我们深刻感受到，教育培训依然是‘风口’，但受限于师资和场地等因素，线下教育培训并不是完全意义上的‘风口’。因此，我们决定出售学智教育，从‘线下’转到‘线上’。”梅杰说。

在学智教育之后，梅杰与合伙人又创办了小麦助教，主要提供面向教育行业 To B（企业）服务的 SaaS 软件业务。创立后的两年时间里，小麦助教年营业额已达到 5000 万元，估值为 5 亿元，成为教育培训行业排名第一的 SaaS 软件企业。“在这家企业的基础上，我们孵化了在线培训业务。孵化成功之后进行了剥离，单独运作，即潘哒教育。”梅杰说。

深耕在线少儿英语教育

对于创立潘哒教育，梅杰表示，随着互联网技术的发展，在线教育在开拓了课堂边界的同时，也面临优质教育资源稀缺、费用昂贵等“成长的烦恼”。“少儿英语教育市场存量在三四线城市，市场红利才刚刚开始。创立潘哒教育也是踩在时代发展的‘风口’上。”

“过去，三四线城市的少儿英语教育受制于线下内容、师资的缺乏，大多数孩子都是从 10 周岁才开始学习英语，已经错过最好的启蒙期。伴随着家长对早龄化英语启蒙的不断重视，在线少儿英语成为解决这一矛盾的最好途径。”梅杰说，相比于过往线下教育，在线少儿英语教育可以通过更为丰富的多媒体互动教学技术、AI 技术，更有效连接“教师、学生和内容”，帮助少儿通过丰富的影音互动、伙伴竞赛、AI 纠音提升英语水平。

“潘哒教育构建了独特的商业模式，在前端通过‘爱课平台’迅速获得百万级的用户流量，后端通过真人直播平台，进一步满足用户需求。”梅杰介绍，在教师资质方面，潘哒教育根据课程不同聘用了美国哈佛大学、常春藤名校的科研博士等担任外教。在创新技术方面，借助在线纠音、语音智能测评等 AI 智能技术与先进的教育理念，形成了一套覆盖课前、课中、课后的全流程科学语言学习闭环系统。

在互联网行业总决赛现场，梅杰展示了 Air Course 的教学现场：一位来自哈佛的外教正在给 4 个孩子直播课程，借助 AI 手段生成的视频“板书”，按照词组、句子、单词等 3 个维度进行精讲。外教不仅耐心与孩子对话，引领孩子跟读，还会安排小测验对孩子掌握情况进行测试。这些过程，家长们可以通过手机下载 APP 看到，满足其旁听、监课的需求。

“四人小组会促使大家在同伴的督促下更专心。”梅杰把这个四人小组比作一个房间，而整个授课平台仿佛一个“大厅”，外教直播课看似只对应一个“房间”，但实际上是站在“大厅”里，面对 1 万个“房间”同时授课，所以称为 1 v N 模式。

目前，潘哒教育旗下拥有 1 v N 英语小班课 Air Course（爱课）和 1v4 在线北美外教小班课 Panda ABC 等两款 APP 产品，主打 100% 英美外教在线授课，致力于为每一位孩子提供“母语式”的英语学习环境。其中，与其他网络授课不同的是，Air Course 可以实现 1 v N 直播互动，即 1 位外教最多可为 3 万名学生同时上课。两年时间，已与线下 5000 家培训机构进行深度合作，付费用户已超 21 万人。目前，Air Course 已与哈佛大学 HSA（哈佛大学学生联盟）建立战略合作关系。此外，由美国播音员任教的自然拼读课、来自麻省理工学院、普林斯顿大学博士任教的科学实验课也集结了一批大师级外教团队。

“2019 年确定的收入是接近 2 亿元，2020 年目标在线付费用户突破 200 万人，实现 8 亿元左右的营收。”梅杰说。

创业的三大要素

毕业之后开始创业至今 10 余年，收获颇多，梅杰感慨也颇多。在梅杰看来，创业不易，必须谋定而后动。

“以我的创业经历来看，创业要想成功必须要具备三大要素。首先要有好的团队，不管是毕业后就开始创业，还是工作一段时间之后的创业，组建好的团队是创业成功的重要保证。”在梅杰看来，团队建设是创业能够成功的基础，特别是创业初期对于合伙人的选择尤为重要。

“改革开放初期，可以进行单打独斗式的创业。彼时，市场经济正在建立过程中，创业门槛不高，创业者只要肯吃苦耐劳加之具备灵活的头脑和敏锐的商业眼光，会有足够的时间来积累经验和资本，并有很多机会在发展过程中修正发展轨迹，容错率相对较高。”梅杰坦言，当前创新创业蓬勃发展，新想法、新的创业团队不断涌现。千舸争流的情况下，单打独斗式创业的成功率相对而言较低。以站上本届互联网行业总决赛舞台进行巅峰对决的20家企业来看，大多数都是创业团队努力的结果。这也表明，在知识体系日趋复杂的当下，创业固然需要通才，更需要专才。

梅杰表示：“现在，大部分行业的创业都有一定壁垒和较高门槛，所以定需要合伙人。懂业务的创业者需要技术合伙人和产品研发方面的合伙人；懂产业发展和技术的创业者需要懂业务的合伙人，甚至还需要懂得融资的合伙人。独木不成林，因此，在创业前期一定要积累好的团队，这一点至关重要。”

有了“人”之后，对于创业方向的选择就显得尤为重要。“要能看准市场的红利，看懂未来发展的趋势。不管是通才创业者还是专才创业者，必须要能摸准时代发展的‘脉搏’。以我自身为例，正是看到了城镇化带来的教育培训红利，才与合伙人决定在该领域进行创业。社会在不断发展进步，创业者也应该适时进行调整。从最初的线下培训，到为教育行业To B（企业）服务提供SaaS软件支持，再到线上少儿英语教育，10余年间，我们根据市场发展，微调了主业发展方向，积累了经验，也收获了成果。但万变不离其宗，我们深耕教育培训的创业初衷没有变，因为这是经济社会发展之后必然会带来的市场。党的十九大报告指出，我国社会主要矛盾已经转化为人民日益增长的美好生活需要和不平衡不充分的发展之间的矛盾。对此，我们深有体会，并一直为之努力。站在‘风口’创业，事半功倍。”梅杰说。

创业是艰辛的，要想创业成功就必须要有足够的现金流。梅杰认为，现金流可以来自融投资，也可以来自创业项目自身所能产生的效益。“这是创业能否成功的物质保障。创业不同于打工。打工者只要做好本职工作即可，但创业者必须要考虑更多，而是否拥有充足的现金流是每一位创业者必须要认真思考的事情。”

“团队、方向、现金流，是创业能否成功的三大要素，缺一不可。之所以没把不少创业者都认为极其重要的‘敬业精神’列在创业要素之中，主要是因为这是创业者必备的基本素质。若是没有‘敬业精神’，就不是‘创业者’，其所为也就不能被称之为‘创业’。”梅杰说。

（于大勇 / 文）

杭州潘哒教育科技有限公司获第八届中国创新创业大赛互联网行业总决赛成长组二等奖

新能源及节能环保路上的神器

访宁夏神耀科技有限责任公司副总经理刘崇国

2019 年 11 月 28 日落幕的第八届中国创新创业大赛新能源及节能环保行业总决赛上，宁夏神耀科技有限责任公司（简称“神耀科技”）以 95.88 分的成绩获得成长组第一名。这是宁夏企业首次斩获该奖项，也是今年唯一来自我国西部的行业总决赛冠军。

“这次参赛，我们感受到了来自全国各地技术和市场的雄厚实力，能获第一名是极大的荣誉和激励。公司将坚定信心，在行业领域继续争做排头兵，为新能源及节能环保事业做出更大贡献。同时，来自西部地区的企业太少，希望大家能够更多关注西部发展。”神耀科技副总经理刘崇国表示。

神耀科技——国资委十大试点企业之一

神耀科技成立于 2017 年 3 月，其前身是神华宁夏煤业集团有限责任公司（简称“神华宁煤集团”）下属神华宁煤化工分公司“神气”创新工作室。

神华宁煤集团是神华集团与宁夏国有资本运营集团合资设立的大型煤化工企业，全球单套规模最大的 400 万吨煤制油项目就是由神华宁煤集团投资建设的，神华宁煤集团在 400 万吨煤制油项目实施过程中充当“国家示范实验室”，联合一批国内企业进行了 10 年艰苦卓绝的技术攻关，完成 37 项重大技术、装备及材料国产化任务，日投煤量 2200 吨干粉气化技术就是 37 项重大技术之一，最终形成具有自主知识产权的加压气化炉“神宁炉”。

“神宁炉”具有煤种选择范围广、碳转化效率高、合成气收率高、运行稳定、环境友好等特点，被国家能源局列入煤炭安全绿色开发、清洁高效利用先进技术与装备拟推荐目录，不仅打破了国外的技术垄断，还成功打

入国际市场。

但是，神华宁煤集团清楚地认识到具有轻资产、技术驱动、人才密集特征的“神气”创新工作室，与神华宁煤集团传统的煤化工业务有着本质区别，如果继续留在集团内运作只会制约其发展，同时也很难吸引和留住优秀人才。

为此，神华宁煤集团一直想把“神气”创新工作室剥离出来成为独立运营的公司，“神宁炉”干煤粉加压气化技术的研发和推广，同时引进员工持股。经过神华宁煤集团的积极努力和充分准备，在神华集团的支持下，神耀科技被纳入了国资委首批确定10家员工持股试点企业。

据悉，神耀科技由神华宁夏煤业集团有限责任公司、上海齐耀科技集团有限公司、中国五环工程有限公司、中科合成油技术有限公司、宁夏天健丰融股权投资合伙企业（有限合伙）共同出资组建。公司位于宁夏回族自治区银川市。公司经营范围为煤气化技术及相关配套技术的研发、转让许可；工艺设计、技术服务、咨询与培训；专有设备加工与供货、安装调试、开车服务；燃烧设备的设计、节能环保技术及其装置的研发、销售；化工原料及产品（不含易制毒及危险化学品）及配套技术、视频监控系统、仪表、阀门、机电产品的销售。

不仅仅是机缘巧合

“公司成立的主要目的就是推广煤粉加压气化技术即‘神宁炉’。虽然公司名头很大，但在成立之初却遇到了许多困难，其中最主要的原因是公司设立在宁夏，没人愿意到宁夏工作。从2017年公司成立，一直到2018年4月，一年多公司都没招到人。当时公司也有一种考虑，将公司放在宁夏是不是一个正确的选择，是不是将公司设在北上广更合适。总之，当时有各种各样的声音。后来也是机缘巧合，我决定到神耀科技发展。”刘崇国介绍说。

离开北京，到宁夏去发展，难道仅仅是因为机缘巧合？其实事情并不是这么简单。刘崇国离开北京到宁夏去发展，有三点很重要：一是为了实现自己的抱负；二是神耀科技是国资委十大试点企业；三是国有企业员工可以持股。在一般的创业者看来，神耀科技就是一尊神。

“员工持股是国有企业在现代企业制度建设中的一个重要探索，是国有企业‘做优做强做大’的需要。”刘崇国表示，神耀科技不仅承载着国企改革的希望，还将为煤气化技术研发和推广、培养科技研发人才搭建良好平台。

“目前公司拥有员工35人，初步具备一定的规模。2018年9月，公司接到了第一笔7000万元的订单，当年年底又接到了一笔订单。2018年，公司订单接近1亿元，这大大提振了公司员工的士气，也为2019年公司的发展奠定了坚实的基础。”刘崇国介绍说。

看似意外实则顺理成章

“大赛云集了行业内的顶尖企业，能获得总冠军，实感意外。”刘崇国站在领奖台上有点激动。但是在评委们看来，神耀科技能获奖是“顺理成章”。专家们一致认为，“与干煤粉激冷流程气化技术相比，神耀科技利用煤炭生产洁净的高温合成气，同时采用高效的废锅流程换热系统回收高温合成气和熔渣的显热，其综合能效提高8%，技术含量较高，节能优势明显，是国家鼓励的煤炭资源高效清洁利用技术，在市场上也具备一定的竞争力。这样的高科技含量技术能有效破解行业痛点、难点问题。获此殊荣，实至名归。”据了解，该气化技术目前已许可28台，其中，许可国外企业2台；运行了28台。企业在推广技术的同时，还形成了“以先进的煤粉加压气化技术＋高温合成气辐射废锅冷却技术”为核心的知识产权集群，为企业创新发展奠定坚实的基础。

目前，神耀科技在大力推广干煤粉加压气化技术（“神宁炉”）的同时，着力开发更加安全、高效、节能、节水的干煤粉半废锅流程气化技术（“神宁炉Ⅱ”），并推进示范项目落地。“具体而言，就是利用煤炭生产洁净的高温合成气（$CO+H_2$）的同时，采用高效的废锅流程换热系统回收高温合成气和熔渣的显热，副产高压饱和蒸汽。”刘崇国介绍称，这项气化技术较干煤粉激冷流程气化技术而言，综合能效提高 8% 左右，节能优势明显。

刘崇国表示，此次获奖对于宁夏而言也是一次历史性突破。近些年，宁夏积极探索科技体制改革，优化科技资源配置，引导各类创新主体，关注需求、面向市场、加强合作、积极转化，营造出一个风生水起的创新生态。“其中，宁夏鲲鹏清洁能源有限公司乙二醇项目‘神宁炉’气化技术许可签约仪式就是一个很好的例子。”

宁夏鲲鹏清洁能源有限公司是宁夏宝利新能源有限公司全资子公司，其煤制乙二醇项目是宁东管委会投资参股的重点项目。该项目总投资 43 亿元，计划 2019 年 3 月开工建设，2021 年 9 月建成。该项目采用丹化通辽金煤专利技术和工艺路线，由中国天辰工程公司负责设计，中国化学工程第六建设有限公司和中国化学工程第十六建设有限公司负责建设。项目投产后，每年可实现销售收入 25.8 亿元。

“煤制乙二醇项目属资金、技术、人才密集型化工产业，投资

规模大，设计标准高，建设周期长，系统性较强，需要各类专业技术及大批人才相互支撑，寻求技术合作伙伴，特别是与业内资源雄厚、技术先进的企业合作，是推动乙二醇项目快速发展的有利捷径。”刘崇国介绍说。

刘崇国强调，宁夏鲲鹏清洁能源有限公司乙二醇项目“神宁炉”气化技术许可签约，实现了宁夏地区资源共享，符合宁夏经济发展目标，同时也标志着项目建设进入了实质性阶段。乙二醇项目落地宁东基地有利于推动煤炭清洁有效利用，有利于保障石化产业安全、原料多元化发展，填补了宁东现代煤化工产业空白、丰富产业链和产品结构，对宁夏回族自治区和宁东基地产业转型升级、新旧动能转换具有重要引领和示范带头作用。

（晁毓山 / 文）

宁夏神耀科技有限责任公司获第八届中国创新创业大赛新能源及节能环保行业总决赛成长组一等奖

硬科技创业想要“氢”松不容易

访浙江锋源氢能科技有限公司董事长王海峰

情怀，往往与实力相伴相生，也是一位创业者夙愿的起点。

带着“通过清洁能源改变能源结构，用可持续、低成本的清洁方式解决人类能源需求”的情怀，浙江锋源氢能科技有限公司（简称“锋源氢能”）董事长王海峰一直孤独地奔走在氢燃料电池的征途中。

用王海峰的话说，近年来，硬科技正在取代消费互联网，成为创业圈、投资圈关注的焦点，自己所做的氢燃料就是这样一种硬科技。“来到中国创新创业大赛主要是为了展示企业，让更多的投资人、潜在客户知道我们在做什么事情，让创业之路不再那么孤单。”

作为市场上极少在燃料电池及其核心部件等“全部件领域”具备“全国产化”和“全面成本可控”的公司，王海峰创立的锋源氢能目前已经实现80%电池成本的零部件自主化，申请或拥有专利技术超过60项。在第八届中国创新创业大赛新能源及节能环保行业总决赛上，锋源氢能以95.91分的高分荣获初创组一等奖。

“三清博士”离职创业　办法总比困难多

创业的道路注定是孤独的，站在聚光灯下的几分钟，往往是数年如一日的默默耕耘。

致力于使用氢燃料电池以零排放、低成本、可持续的方式解决人类能源需求，构建可持续发展社会，这是王海峰坚持多年的梦想，由此，锋源氢能应运而生。

“作为清华人，还是应该有一次难忘人生经历，充满挑战性的创业之路

会让我有不一样的人生。”王海峰说道。

自 1999 年考入清华大学水利系以来，王海峰用接下来的 10 年时间完成了人们对于“三清博士”（指本科、硕士、博士都在清华大学就读的高才生）的美好想象。

而在这 10 年间，王海峰并未按部就班地读完高考填志愿时所报的水利系，而是果断地转变了学习方向。“我在大三下学期从水利系转到了自动化系，那时候相当于用一年的时间自学完了自动化系三年的课程。接下来的几年都是自动化系度过的。”在王海峰看来，自动化专业的课程内容与电子工程、计算机、电机工程乃至化学工程都有交叉，这个“万金油”专业涉猎诸多方面的课程，无疑能进一步拓宽自己的知识体系，也为毕业后自己拿到来自大企业的“offer”打下牢固的基础。

2009 年，自动化专业博士毕业后，王海峰毅然回绝了不少高校给出的教职邀请。“在高校任教的日子是比较熟悉的，但是我更想要到社会上闯一闯，尝试经历一种和学校科研教书不一样的人生。”

也就是在同一年，不惧未来的他被 IBM 中国研究院录取了。从 IBM 中国研究院研发总监到新能源首席科学家再到新能源预测并网解决方案 HyREF 创始人，王海峰在 IBM 的工作可谓是平步青云。

“在外资企业的那几年，我看到了来自全球最顶尖的科技创新模式，也学习到了先进的管理经验，但是，在这样的环境中，留给自己个人发挥的空间十分有限，很可能你的想法就被埋没了。”不安于现状的王海峰决定“逃离”，并前往清洁能源跨国公司汉能控股集团担任副总裁、无人机事业部 CEO，直到 2015 年一次长期合作的供货商向自己提出了“创业邀约”。

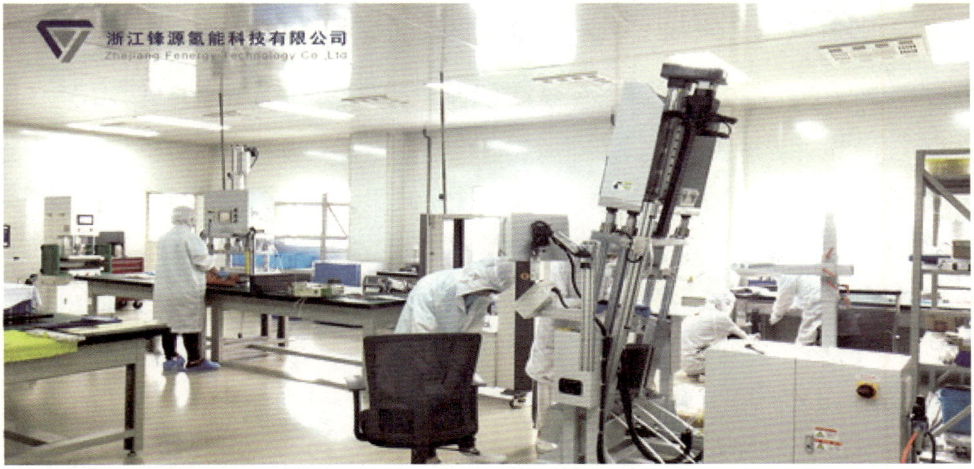

也就是从这一年开始，锋源氢能的蓝图开始在北京、四川等地铺展开来。紧接着，曾经担任当时国内最大燃料公司总经理的王利生、清华大学燃料电池实验室的主任王诚，以及国内外知名高校毕业生先后加入了创业团队。

“人在基本的生活需求满足以后，有时会走上一条创业的道路，去追求自身更高的价值。解决人类的能源需求问题，会让我获得更大的成就感。”王海峰说。

多年在外资企业摸爬滚打的经历，已经使得王海峰对创业公司的管理工作驾轻就熟，但是耐不住创业初期的各种制约，“创业有趣，但也充满艰辛和挑战。前期不仅没有任何盈利能力，甚至资金、场地等一度限制了企业的发展。为了这份事业，我们曾经辗转多地。”王海峰说，初创企业需要政府和社会“扶上马送一程”。

近年来，从政府基金的引导方向和创投风投的关注点看，对硬科技的支持力度明显提升。

看到氢燃料电池广阔应用前景的北斗星通和中关村创业投资的产业基金北斗资本天使轮领投了锋源氢能，由清华大学能源互联网研究院孵化，后续获得武岳峰资本、国新启迪及政府产业基金的A轮投资，累计融资额近亿元。

“我们已经实现核心零部件国产化” 产业化之路在即

近两年，二三线城市“抢”人大战此起彼伏，而创新大省浙江在招才引智方面表现得尤为积极。不少地方政府也向王海峰抛来了“橄榄枝”，而他唯独看重了浙江，“浙江的人才政策、扶持政策，地方政府的信用度和办事效率比较高，加之，这里有我们需要的上下游产业链的配套，于是，我们选择了浙江省平湖经济开发区进行科技成果的落地转化和产业化。”

“使用氢燃料电池发电，是将燃料的化学能直接转换为电能，不需要进行燃烧，能量转换率可比燃烧方式提高近一倍，而且加速时间快、几乎零污染、存储没有损耗。最近十年技术突破带来了成本的大幅下降，项目产业化的前景广阔。”王海峰表示，从新能源技术发展路线来看，氢燃料一定是下一代革命性能源产品。从续航、稳定性、成本等角度看，氢燃料都不存在短板。

在标准化研究院出版的《中国氢能产业基础设施发展蓝皮书》中，预计2020年中国加氢站数量将达到100座，燃料电池车辆将达到1万辆。但国内能造氢反应堆的公司依然稀少，目前国内氢燃料车几乎都使用的是国外氢燃料反应堆电芯。

王海峰认为，自主化（国产化）零部件的核心价值在于数据的有效性，采用国产化零部件做成的发动机装在汽车上路跑出来的数据才是自己的数据。这样一来，要摆脱国外限制，必须从使用国外零部件的发动机转到国产化零部件，所有测试必须重新做，所有的数据必须重新跑，这没有近道可以走，但是一旦成功自主化将会带来控制成本、自主定价的好处。

而锋源氢能技术积累主要来自清华大学和团队成员之前所积累的氢燃料电池研发和生产的经验。“我们有近70件专利，包括从清华大学购买并转移的核心专利，现在是国内唯一一个零部件材料体系全自主化的电堆公司，石墨板电堆已经量产出货，达到3 kW/L，可以说是我们所知道的全世界最高能量密度的石墨板电堆；金属板电堆进一步达到4.5 kW/L，超过目前丰田3.1 kW/L的水平，达到国际先进、国内一流水平。”王海峰说。

锋源氢能估计，他们能把现有电堆成本降低 50%，而电堆和发电机是氢燃料电池汽车最大的成本。"目前，锋源氢能一块电堆的价格是 50 万～100 万元，如果能下降到 2 万～3 万元，氢燃料电池汽车的价格就会变得很低，完全可实现市场化。"

要降价，除了降成本之外，就是实现量产。

据悉，目前由锋源氢能在浙江省平湖经济开发区投资的近万平方米的集研发、生产、销售于一体的燃料电池量产基地已经建成，国内首条具备全核心零部件量产能力的生产线也已经投产，并与在中通客车、开沃汽车、吉利汽车等下游企业开展产业化合作。

从项目产业化开始，王海峰开始了北京、平湖两个城市间不停切换的"双城生活"。"我的日常生活简单到甚至可以用两点一线来概括，我们是通过招商的形式，把氢燃料电池电堆批量化生产线落地到了浙江。"

硬科技创业，不仅需要实时紧跟工业社会发展需求，还需要下"狠功夫"，准备好坐"冷板凳"。安家在北京的王海峰，选择每月至少抽出两天时间回到北京照看家人，而把尽可能多的时间和心思放在平湖的事业上。平湖的日常工作活动范围十分有限，也仅限于公司到人才公寓"两点一线"之间，通常来说，早上 8 点准时来到公司开始一天的忙碌，与团队成员探讨新一代产品的研发和迭代的事情，探讨下一步的技术路线、产品路线，或者处理一些公司管理层面的琐事，通常这样的工作会持续到晚上8点。

“我们团队现有的40多个人中，有不少成员和我的处境一样，为了氢燃料电池这份事业背井离乡前往浙江打拼，这样的生活虽然单调却十分有意义，因为创业一直在路上。”王海峰说。

随着“推动充电加氢等设施建设”首次被写进2019年政府工作报告，氢能源产业化的号角已经吹响。这也意味着王海峰所坚持的事业很快会迎来一个巨大的爆发机会。

对此，王海峰坚定地认为，从某种意义上看，发掘种子期的硬科技创新项目，就是抓住国家和产业的未来。

“不像互联网公司项目可以挣快钱，我们的项目属于硬科技，孵化周期长，需要前期在研发方面不断砸钱，这期间想要企业盈利很难。我们期待从国家层面，从资本行业里面设置一些规则，鼓励更多的风险投资人愿意参与进来。”王海峰谈到，国家设立科创板并试点注册制的探索就非常好，因为它更多地关注了科技创新属性及企业的未来成长性。因为大部分企业处于研发投入期，业绩上可能还是亏损的，但是这些研发将来早晚会转化为利润。科创板对于我们这样一批价值企业的包容性很强。

“我国的氢燃料电池已经解决了核心零部件自主化的问题，甚至在技术指标、产品性能方面已经超过了日韩，相关产业化工作迫在眉睫，希望我国更加坚定地支持这一领域，争取早日实现我国氢燃料电池的完全自主。”王海峰说。

（李洋 / 文）

浙江锋源氢能科技有限公司获第八届中国创新创业大赛新能源及节能环保行业总决赛初创组一等奖

让家乡的水变清

访江苏瑞鼎环境工程有限公司副总经理丁康君

2019 年 11 月 28 日，第八届中国创新创业大赛新能源及节能环保行业总决赛上，江苏瑞鼎环境工程有限公司（简称“瑞鼎环境”）凭借“含盐有机废液焚烧炉——未来危废投资领域热门技术”项目，一举夺得成长组二等奖。

“作为一家传统的环保行业企业，瑞鼎环境能获得二等奖，感到非常荣幸。这一路走过来，我们的确挺难挺难的，但看到今天的成绩，再难也值了。”瑞鼎环境副总经理丁康君表示。

据了解，瑞鼎环境此次参赛的“含盐有机废液焚烧炉——未来危废投资领域热门技术”项目产品目前国内只有 3 家企业在做，而瑞鼎环境是唯一一家民营企业。

传统企业　硬核技术

“别小瞧我们是传统环保企业，可我们的技术很硬核，目前国内只有 3 家企业在做，而我们是唯一一家民营企业，窥一斑而见全豹。”丁康君像背课文一样介绍着他的企业。成立于 2010 年的瑞鼎环境专业从事化工废物焚烧炉的研发、设计、生产、工程安装等总承包服务。公司具有《江苏省环境污染治理甲级（废物、废气、废液）资格证书》，具有 D1、D2、GC2、GD2 的设计、制造资质，具有环保工程总承包及一级锅炉安装改造资质。

“瑞鼎环境是国家高新技术企业，拥有授权专利 20 项，牵头主编了《化工建设项目废物焚烧处置工程设计规范》（HG 20706—2013）和参与主编了《合成树脂工业污染物排放标准》（GB 31572—2015）等国家、行业标准

2项。公司的有机废气催化焚烧装置和有机废气蓄热氧化装置具有完全自主知识产权。有机废气蓄热氧化炉通过国家环保产品认证，并入选工信部2010年《国家鼓励发展的技术目录》，2011年获科技部中小科技创新基金扶持。”可能是大赛赛场的声音过于嘈杂，丁康君“背课文”的声音越来越大，瑞鼎环境抓住焚烧行业细分领域的差异点，拓展高热值高含盐废液焚烧炉并实现产业化，并建立了专业队伍为客户提供个性化化工领域整体解决方案，成为行业的“单打冠军”。

据了解，瑞鼎环境目前在江苏省宜兴市建有有机废气焚烧工程研究技术机构，焚烧炉设计采用正版STAAD.Pro、FLUENT、SW6、ASPEN软件模拟、修正，确保各设备流场、应力、强度等准确无误；建有完善的试验装置及检验室，检测手段齐全。

瑞鼎环境针对目前国内化工生产的各种有机废气、有机废液、危险废物等进行量身定做、专业设计，拥有30多项各类相关焚烧的系列产品，主要包括有机废气催化焚烧炉、有机废气蓄热焚烧炉、有机废气直接焚烧炉、有机废水焚烧炉、含盐有机废液焚烧炉、危险废物焚烧炉、各类废物焚烧余热锅炉、污泥干化装置等。

只为家乡水变清

与谈企业技术不同，当谈到为什么要在这一领域创业时，丁康君的语速缓和了许多，声调也降了下来。“我毕业于湖北理工学院，学的是当时最冷门的环境工程专业，这一切都源自童年的一个梦想。”丁康君希望能让平淡的人生多几笔梦想的颜色，也为了实现小时候的梦想——让家乡的水变清。

丁康君从小就在家乡宜兴的河道里抓鱼摸螺，随着工业发展，水质的突然恶化让他心痛不已，他下定决心要让家乡的水变清。高中毕业时，丁康君选择了当时冷门的环境工程专业就读，大学毕业后进入一家外资的焚烧炉制造企业工作。当时国内焚烧炉技术几乎一片空白，丁康君可以说是国内首批工业焚烧炉技术开发者。这份工作，也为他今后的创业之路打下了基础。

在众人眼里，丁康君是一位典型的江南水乡先生，性格温文尔雅，有着水的柔性。可在工作中，对于想做的、认定的事，敢拼的那股劲又兼具着水的韧性。在工作过程中，外方技术人员屡屡表现出的对外防备与刁难，让他更加觉得掌握自主技术的重要性。为了追求自己的环保梦想，为了争口气，丁康君心中暗想，一定要突破国外技术垄断，研发出国内一流的焚烧炉技术。

2005 年，30 岁的丁康君开始组建团队，初次创业，并任职团队销售负责人。团队先后开发了多种国内先进工业焚烧炉技术，特别是废气蓄热焚烧和催化焚烧技术，先后通过国家新产品鉴定，得到了大规模应用，而大风量有机废气焚烧及余热利用产品在当时的市场占有率极高。

2009 年，团队经历了股改的阵痛，于 2010 年组建了瑞鼎环境，拥有了环境工程总承包资质。

创业依据实际而生，在为众多客户服务的过程中，丁康君充分意识到了环境治理市场的痛点，含盐有机废液很难有出路，已经严重制约化工企业的良性发展。为此，公司在原有含盐废液焚烧炉的基础上，投入巨大精力开发成功含盐废液焚烧锅炉技术，为化工企业含盐废液找到了一条可行的出路。2018年瑞鼎环境被评为国家高新技术企业。

经常出差是丁康君的日常，实地考察、市场调研，路途的奔波带来的疲惫感，却在一声声感谢中得到了舒缓。

“为客户解决环保问题并得到客户真挚的感谢，是我工作中最快乐的事情，每每想来都会觉得当年的选择是十分正确的。”丁康君表示，当时选择冷门的环境工程专业从未后悔过，而为了实现小时候的环保梦想，他一直努力打拼，看到家乡的水质有好转，他很欣慰，这正是他坚持自主创业9年，从事工业焚烧炉技术研究应用22年的动力。

为培养更多环保技术人才，为环保治理积蓄人才力量，做到厚积薄发，丁康君现在还担任湖北理工学院的兼职教授、大学生创业导师一职。在此期间，为宜兴引进外地环保人才累计超过500名，并参与组建了湖北理工学院宜兴工程学院，为国家环保教育转型发展做出了一定的贡献。

“每个人心中都有一个梦想，坚守到底，为实现梦想而努力！”丁康君称，这些年每个月都要回一次家乡宜兴，家乡水质有好转的现象，这是最令人高兴的事。

创业　一定要有所积累

在分享创业经验时，丁康君再三强调，创业，一定要有所积累。他说：“今天瑞鼎环境取得的成绩，绝不是一蹴而就，它是十几年甚至二十多年技术积累的成果。创业是一件长久的事，不能急于求成。苹果历时7年“清理门户”完成了产品线的最终定型。到2016年，仍处于调试和经营试验之中。创业意味着冒险和付出，也意味着失败和挫折。王选为此付出了18年在实验室里没有节假日的艰辛，比尔·盖茨苦熬了17年才有了今天的成就。所

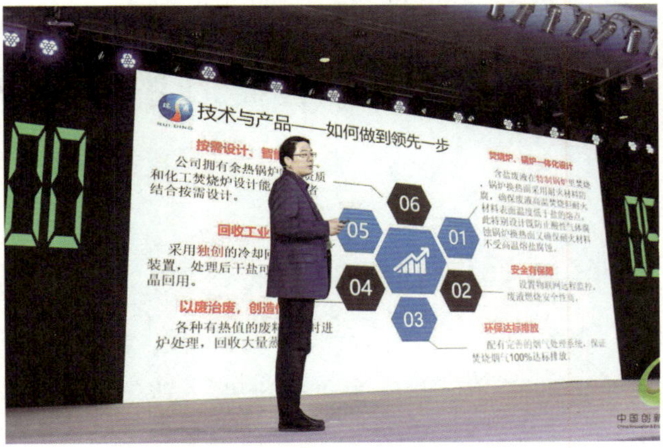

以不要总是看见别人的成功，而忽略了别人的付出。当你做好了创新创业打算的时候，选好自己擅长的领域，然后长时间的付出和坚持，才能获得最后的成功。

对于刚刚走出校门的大学生创业者，丁康君表示，大学生有创业热情，但由于经验欠缺、能力不足、意识偏差等原因，导致创业成功的概率明显偏低。眼高手低，纸上谈兵，是大学生很容易陷入的误区。因为他们长期待在校园里，对社会缺乏了解，特别是在市场开拓、企业运营管理上缺乏经验。因此，大学生创业前要有充分准备。一方面，靠在企业打工或者实习，来积累相关的管理和营销经验；另一方面，靠参加创业培训，积累创业知识，接受专业指导，为自己充电，以提高创业成功率。用智力换资本，这是大学生创业的特色之路，一些风险投资家往往就因为看中大学生所掌握的先进技术，而愿意对其创业计划进行资助。

谈到参加这次大赛的收获，丁康君表示，大赛是一个学习的平台，也是一个检验企业产品的战场。听了这么多专家的建议，很受启发。未来的瑞鼎环境将会进一步加大研发力度，生产出更好的产品，以回馈社会的厚爱。

（晁毓山 / 文）

江苏瑞鼎环境工程有限公司获第八届中国创新创业大赛新能源及节能环保行业总决赛成长组二等奖

做新能源汽车领域的智能驱动系统专家

访钦州绿传科技有限公司总经理鲁曦

在大众创业、万众创新的新时代浪潮中，我国正在实现依托高校、科研院所推动原始创新成果加速转移、转化，一批实验室的核心技术得以走进市场，孵化出诸多科技企业。

在第八届中国创新创业大赛新能源及节能环保行业总决赛中，有一家由北京航空航天大学博士团队创立的高科技企业——钦州绿传科技有限公司（简称“绿传科技”），成功开发了我国首款动力换挡两挡自动变速器，解决了传统纯电动汽车单挡变速器高转速、高噪声、高成本、低可靠、低续航的行业问题。

绿传科技总经理鲁曦通过对团队组成、技术优势、商业模式等多个方面向大赛评委系统展示“新能源汽车两挡自动变速器研发与应用”项目，最终以95.34分的高分荣获第八届中国创新创业大赛新能源及节能环保行业总决赛初创组二等奖。

“一路走来，通过与诸多企业家的切磋交流，我们发现在行业动向把控和技术方案优化方面值得进行深度研究。大赛导师们的指导，也对我们未来的经营规划有很大的帮助。企业的发展主要是在赛场之外，如何提升产品核心竞争力是企业发展的关键。”鲁曦说。

把创新用在新能源汽车生产第一线

目前国内的纯电动汽车普遍配备单挡变速器，存在高转速、高噪声、高成本、低可靠、低续航等诸多问题，已成为行业亟待解决的痛点。

新能源汽车动力总成（变速器）作为新能源汽车的核心零部件之一，

关键技术一直被国外知名厂家封锁垄断，而我国从技术、标准、产品到市场均处于起步阶段，这是亟待解决的关乎汽车工业命脉的关键技术。

大数据统计显示，传统燃油车市场正在急剧萎缩。我国政府对于推动汽车实现电动化的决心始终如一，这意味着新能源汽车的“风口”将会持续加大。“针对主流的新能源汽车普遍配备单挡变速器，面临续航里程短、高转速带来高噪声等问题，变速器多挡化能有效解决上述行业痛点。同时从传动领域有效提升整车的动力性来说，变速器的多挡化是一个趋势。” 鲁曦说。

鲁曦现任绿传科技总经理，2006 年毕业于北京理工大学，2012 年获北京航空航天大学工学博士学位（硕博连读）。发表 SCI/EI 检索论文 10 篇，授权发明专利 25 项、实用新型专利 15 项、软件著作权 5 项。

2009 年 8 月至 2012 年 7 月，鲁曦赴英国留学，在这期间见证了传动系统最极致的应用。参与了世界先进传动系统的研发及产业化，还主持了自动变速器应用软件自主研发，成功匹配 20 余款量产车型。

科班出身的鲁曦在产品创新制造、资源整合等方面具有较为丰富的实战经验。“创新是我工作多年所积累的最具价值的发展理念，我将把这种创新理念注入绿传科技，助力公司发展成为一家具备一定资源整合能力的零部件供应商。”鲁曦说。

得益于优秀的团队和技术创新理念，绿传科技在两年内成功开发了基于多片湿式离合器＋定轴齿轮构型的变速器，这也是中国首款新能源汽车可动力换挡的变速器。

地方政府“三顾茅庐”　推动“联合”变“硬核”

绿传科技的核心团队基于北京航空航天大学博士团队，构建了囊括顶层设计、产品研发、产业化应用的全维度人才。但是，高校科研人员创业，不仅需要优秀的团队体系支撑，更需要地方政策的支持和一笔实实在在的启动资金。绿传科技创始人董事长石刚博士感慨道：“初期，创业启动资金有限，规模化集聚化的项目要真正做起来，并不容易。为此，我们经常四处奔波，寻找合适的合伙人。”

正当这支北京航空航天大学博士创业团队踟蹰徘徊之际，在某一次赴京招商引资过程中，广西壮族自治区政府发现了这个潜在项目。此时，广西南边北部湾地区的地级市钦州正在寻找“新项目”，而绿传科技的发展重点与钦州市的发展定位不谋而合，于是广西壮族自治区政府坚定地抛出了“橄榄枝”。

“广西壮族自治区政府、科技厅及钦州市政府对我们的项目十分感兴趣，并多次允诺给这张“蓝图”添上厂房、用地、人才公寓和资金补贴，特别是当地政府直投5000万元入资绿传科技。”石刚说。

感动于钦州市委市政府的诚意，2018年5月，通过广西壮族自治区政府与北京航空航天大学的区校合作，绿传科技选择落户钦州，并得到了钦州市直投直补专项资金支持，以及人才安置、政策支持、公司注册、项目备案、厂房选址等全程帮办服务。如今，位于钦州高新区的绿传科技，已经建成1.5万平方米的研发、试验和生产厂房，建成年产30万套新能源传动系统，主要生产电动车自动变速器、电动驱动车桥、商用车电驱动车桥等产品。公司正在进行第二代产品的开发与试验，其“新能源汽车传动系统项目”获得广西创新驱动发展专项资金和重点研发项目支持，建成后将拉动其上下游产业链落地钦州，形成百亿规模的新能源汽车动力总成产业集群。

“广西有很好的地理优势，有很好的汽车（工业）底蕴，我觉得我们能把最先进的技术应用于这片沃土。”石刚说，目前，70% 的核心团队人员均全职供职于绿传科技并常驻广西。

打破技术壁垒　绿传智能变速器比肩国际一流

正是在这样一批具有匠心精神的优秀团队带领下，公司硕果累累。如今，绿传科技形成以北京研发中心、广西钦州试验生产基地为核心的双轮驱动格局，深耕整车高效动力传动智能系统研发，将智能算法植入传统自动变速器领域，并应用到新能源汽车电驱动产品中。在此基础上，绿传科技率先完成世界首款新能源汽车智能换挡电驱动系统的方案设计和样机开发，填补了国内新能源汽车电驱动系统领域的技术空白。

在极限转速、换挡时间、轴向尺寸等关键指标上，绿传科技研发的智能变速器均等同或优于国外尖端产品。根据第三方机构评测数据显示，相比较进口单挡减速器，采用绿传科技研发的智能变速器，能够大幅提升整车性能。其中，动力性提升 20%、节能 3% ~ 8%、电驱动总成本降低 4%，并且极大改善整车 NVH 性能和零部件可靠性。

企业的快速发展得到了行业的一致认可。绿传科技与国家新能源汽车技术创新中心签订了新能源汽车电驱动项目战略合作协议，由绿传科技承担该中心动力总成的设计开发。这也为企业带来丰富的行业资源和整车客户。如今，绿传科技的项目不仅得到广西壮族自治区政府的大力支持，批复研发经费超过 3500 万元，还有了一些天使融资。

“企业的迅速崛起，不仅得益于 10 余年的技术沉淀，还得益于在成果产业化的过程中，团队形成了自己独有的技术优势，打破了技术壁垒。比如，作为专利权人，绿传科技在智能驱动系统领域拥有 30 余项核心发明专利和软件著作权，已构筑智能感知驾驶人意图系统、智能电驱动效率提升系统、智能自我补偿修复系统三大核心技术专利壁垒。”鲁曦总结道，具体来

说，一是原始方案的构型设计，形成了一整套既规避专利纠纷，又可以推动传动系统结构、效率达到理想效果的优选方案。二是具备基于方案做机械液压电控的集成能力。三是具有完全自动开发软件能力。“我们能够开发变速器的应用控制软件，做整车的匹配标定，通常来讲国内的一些变速器企业都是一些外资公司来做。而我们目前具备的这些能力能够助力公司未来实现轻资产。”鲁曦补充道，“四是具备一整套下线控制的技术，能够识别变速器的散差、动态的补偿和装备一致性，解决了变速器这种高精尖的零部件在国内现有供应链体系下能生产出合格产品的问题，覆盖硬件的差异性。”

“未来10年，变速器多挡化和技术升级是主流趋势。尤其针对城市物流车、P4方案混合动力汽车，高性能纯电动乘用车，达到最大的边际效应，预计到2030年配备两挡变速器的装车量将突破800万台。”鲁曦说。

对于绿传科技来说，一场市场争夺战也即将打响。为了抓住转瞬即逝的市场风口，尽可能地缩短产品周期，一场60天的暴风骤雨式的“997工作制”战役蓄势待发。

“产品的研发有着严格的时间要求。为了验证产品的性能，我们要赶在每年最冷的时候到漠河做高寒试验，最热的时候则要到吐鲁番做高温试验，还要做高原试验。为了能够抓住这个时间点，冬季这段时间就要把产品定型，如果错过了这段时间，就得等到下一年。”石刚说。

此外，绿传科技 A 轮融资即将启动，主要资金用于年产 30 万台生产线建设。“我们致力于打造一个高技术壁垒的中低资产产品公司，实现核心零部件完全自主研发、关键零部件整体协同开发。2019 年，我们已经签署合同额 1198 万元，预计到 2022 年产销量单一项目突破 15 万台，也为中国新能源汽车市场带来革新性变局。我们希望通过产品开发费、产品销售收入和未来的授权生产许可费实现企业持续盈利，助力中国新能源汽车实现弯道超车。” 鲁曦说。

（李洋 / 文）

钦州绿传科技有限公司获第八届中国创新创业大赛新能源及节能环保行业总决赛初创组二等奖

“纬世新能源，智启芯未来”

访惠州市纬世新能源有限公司董事长、总经理肖世玲

2019 年 11 月 28 日，第八届中国创新创业大赛新能源及节能环保行业总决赛在江西宜春落下帷幕。“经天纬地，跃立世界”“纬世新能源，智启芯未来”，惠州市纬世新能源有限公司（简称“纬世新能源”）以优异的成绩荣获第八届中国创新创业大赛新能源及节能环保行业总决赛成长组第四名，并获成长组三等奖。

“能获得三等奖，我感到非常荣幸，这是大赛组委会对纬世新能源产品的认可，同时也是对纬世新能源的鞭策，在以后的时间里，纬世新能源将会更加努力，做出更好的产品，回报社会，回报各界的关爱。”纬世新能源董事长、总经理肖世玲表示。

来自锂离子电池“黄埔军校”

“我毕业于中南大学，中南大学是锂离子电池界的‘黄埔军校’，培养了很多优秀的学生。在我们这一行业，有很多是我的师兄师姐，还有很多是我的师弟师妹。”肖世玲介绍说，从中南大学毕业后，她进入深圳一家锂离子电池企业，从企业最基础的工程师做起。此后，肖世玲先后任该公司工程技术部主管、技术总监、总工程师，最后出任该公司副总裁。肖世玲说，她对锂离子电池这一行业有着一种深深的喜爱，而这种喜爱源自她对这一行业的了解。

肖世玲说：“如果不是公司后来出现变故，她可能会一辈子这么做下去，更不会想到自己去创业。”2014 年，肖世玲所在的这家深圳锂离子电池企业出售给一家房地产企业，该企业主要业务是房地产，锂离子电池并不

是该企业的核心业务，也就很难得到企业高层的重视。有着理想和梦想的肖世玲当年选择离开了这家公司。离开了公司做什么？肖世玲想了很多，到其他锂离子电池企业发展，还是自谋生路。与肖世玲一起离开那家深圳锂离子电池企业的还有许多技术骨干和业务精英，他们希望肖世玲挑头，从零做起，创办一家属于自己的锂离子电池企业。

2014年的5月，肖世玲在惠州创办了纬世新能源。创办一家公司容易，但如何让公司存活下来、发展起来、壮大起来，就不是一件容易的事了。纬世新能源在生存发展壮大过程中经历了多少苦，肖世玲流了多少汗，甚至多少泪，也只有肖世玲知道。

"红海"创业要有几把刷子

"自2014年在惠州注册成立纬世新能源，就注定在未来的几年我会'不得安生'。锂离子电池已经发展了20多年，是一个相对成熟的行业，在'红海'中创业没几把刷子是不行的。"肖世玲认为，企业要想在"红海"中发展壮大，找准正确的目标、确定正确的方向是最重要的。

肖世玲介绍说，2014年，我国锂离子电池行业发展红红火火，无论是动力电池还是手机电池。如何在这竞争白热化的血腥、残酷的市场中找到自己的位置、找到自己的市场、找到自己的出路？肖世玲开始了市场调研。

凭着在这一市场深耕多年，肖世玲很快发现，动力电池市场不能做，原因有二：一是动力电池对资本的投入、人才技术的积累要求很高；二是动力电池只有具备一定资质的企业才能去做。而手机锂离子电池是一个比较成熟的市场，供应和市场都是相对比较稳定的，最重要的是，手机电池毛利率已经很低，而手机厂家对供应商的资金要求很高。这些都不适合一个初创民营企业的发展。所以最后纬世新能源决定选择锂电池大功率放电市场。

“这个名字听起来很陌生，但是已经有许多产品在市场上得到了应用，比如说无人机的动力电池、建筑行业电动工具的动力电池，这些产品有一个共同的属性，就是在一瞬间实现大功率放电。”肖世玲解释说，当时这一行业已经有一定的市场需求，但是竞争相对温和，重要的是市场忽略了对产品循环寿命及集中散热的要求，而纬世新能源在这方面有一定的技术积累。

“锂电池之所以被推崇，是因为它可以充电，可以循环多次使用。我们做过测试，在大功率充放电市场，能做到充放电三四百次，就已经是最好的，然后电池的寿命就结束了。如何突破在保持大功率充放电的同时，电池还能保持更长的循环寿命？纬世新能源对此进行了重点技术攻关。功夫不负有心人，目前纬世新能源的产品可以做到充放电 1500 次，大大延长了电池的使用寿命。”肖世玲表示。

据了解，在解决了锂离子电池大功率充放电的使用寿命技术难题之后，纬世新能源又解决了锂离子电池大功率充放电时集中散热的问题。2019 年，纬世新能源新增专利 12 项，通过了高新科技企业复审。肖世玲当选惠州市妇女联合会人大代表，同时，2019 年销售额同比增长了 68.9%。

熟悉的、狂热喜欢的行业创业

当前，大众创业、万众创新的理念正日益深入人心。随着各地各部门认真贯彻落实，业界学界纷纷响应，各种新产业、新模式、新业态不断涌现，有效激发了社会活力，释放了巨大创造力，成为经济发展的一大亮点。

作为创业路上的成功人士，肖世玲分享了自己成功的经验。创业要选择

自己熟悉的行业或者自己狂热喜欢的行业，这样成功率会比较高。因为选择自己熟悉的行业，就意味着你在这一行业拥有一定的资源和人脉，俗话说，“一个好汉三个帮”，有人帮你，你就成功了一半；而选择自己狂热喜欢的行业，在你的创业之路上，如果你遇到困难，你才可能会调动你全身的潜力去拼搏，你才能会赢。

同时，创业是一定会遇到困难的，这就要求创业者要有一个比较乐观的心态。因为你除了鼓励自己，还要鼓励团队、鼓励你的客户。

“创业要有恒心，要坚持坚持再坚持，没准明天就会有订单到了。”其实这三点也正是肖世玲创业成功的缩写。

“为什么要选择在锂离子电池行业创业，因为我有这方面的资源和人脉，公司在创业之初，资金周转困难，一些原材料，甚至一些设备，都是我之前认识的客户提供的，先拿来让我使用，产品销售后再付款，我很感激他们。”说到这里肖世玲有些激动，这与我做人有重大关系，在锂离子电池行业我还是有一定信誉度的。所以做事先做人很重要，特别对一个创业者，人都做不好，就更别提做事了。

“创业的艰辛只有创业者懂。有一次，企业接到一个大的订单，很是高兴，但接下来的情况就不乐观了。虽然订单很大，但企业原材料库存不足，而市场上原材料是一天一个价，滚动上涨。回到厂里宿舍，我痛痛快快大哭一场。而后擦干泪，微笑着面对员工、面对我的合作伙伴、面对我的客户。这是一个创业者必须经历的，也是必须面对的！”谈到此次经历的肖世玲依旧泪眼婆娑，仿佛这件事就发生在昨天，或者就发生在刚才。

还好，这一切都已过去。纬世新能源自2015年以来注重快充技术储备，先后开发超高倍率锂离子电池、椭圆形高倍率快充产品，受到了市场一致好评。2017年，纬世新能源的“快充高倍率锂离子电池开发项目”获得2017年度惠州市工程技术研究开发中心授牌，同年顺利通过高新技术企业认证。该项目快充高倍率产品，可广泛应用于电动工具、无人机市场、汽车启动电源能等方向。

“此次大赛三等奖的成绩证明纬世新能源创新实力的同时，也给予了莫大的鼓舞，激励纬世新能源在科技创新道路上再创辉煌！”肖世玲说。

（晁毓山／文）

惠州市纬世新能源有限公司获第八届中国创新创业大赛新能源及节能环保行业总决赛成长组三等奖

第二章

创业伯乐篇

引领驱动　为创新创业者保驾护航

访盈创资本管理合伙人、董事总经理易宇

“早些年，入围中国创新创业大赛生物医药行业总决赛的创业项目还能看到一些仿制药项目，到今年已经基本没有了，基本都是比较前沿的、关键性的技术突破。”第八届中国创新创业大赛生物医药行业总决赛评委，盈创资本管理合伙人、董事总经理易宇赛后接受媒体采访时直言，此次入围半决赛和决赛的项目充分体现了创新创业的主题。

大赛为科技创新创业打造助推“引擎”

随着大众创业、万众创新的蓬勃发展，创新创业环境持续改善，创新创业主体日益多元，各类支撑平台不断丰富，创新创业社会氛围更加浓厚，创新创业理念日益深入人心，从事创新创业的项目和公司也越来越多。

“中国创新创业大赛在引导创业企业对接需求方面作用很大，这两年的影响越来越大，更多的创业企业也愿意参与进来。”易宇说，大赛组委会也一直在做项目的持续融资对接和跟进。

“大赛在组织方面很好，所以投资人也愿意花 2 ~ 3 天时间来做评委。”易宇表示，大赛把很多投资机构集中起来，同时，投资机构把自己投资的项目推荐过来，这样就形成了一个有效的生态链。“反过来，其他的投资机构到这个平台上来，也会发现很多优质项目，从而形成良性互动。”

一直以来，生物医药行业由于创业门槛高、创新难度大、投资周期长，导致我国生物医药领域与发达国家相比差距较大。但是近几年，我国生物医药企业有了很大的进步。

“像此次入围总决赛的创业项目质量都很高，无论是在研究领域方面，

还是在团队整体素质方面都很有特色。特别是创业项目都对准了国内很多还没有被满足的需求，团队也大多很有经验，雄心勃勃、投入很大。”易宇表示，这也说明国家支持创新创业的政策取得了非常大的成果。

八年来，大赛培养了一批行业的中坚力量，促成了一批科技成果的产业化。易宇说：“特别是生物医药等技术类的项目对资本需求很大，中国创新创业大赛给创业者提供了一个很好的平台。通过大赛，选拔出一批优秀的创业项目和企业，再通过各类扶持，不仅可以推动创业企业快速成长，助力国家经济发展，也可以为更多的创业者实现创业梦。”

“大赛对于产业创新的推动作用不容小觑。数次参赛，我亲眼见证大赛的成长和国家科技水平的发展。生物医药领域是我们投资的重要方向，此次生物医药组的项目明显表现出高质量、高水平，能看到许多硬核科技出现。”在易宇看来，大赛本身很重要，获奖企业能获得更多来自政府、产业界的关注，更多资本的青睐，但更重要的意义是大赛的示范引领作用，这种效应让全社会形成更好的创新氛围。

参赛企业科技属性凸显

在广州举行的2019年第八届中国创新创业大赛生物医药行业总决赛上，入围项目涉及器官定向研究与治疗设备产业化、面阵型量子计数乳腺机产业化、全球首个作用于TORC1/2双靶点的肝癌I类新药ATG-008的临床开发及产业化、基于新抗原靶点的疫苗及细胞治疗等科研领域，代表了我国生物医药领域的科技创新成果。

“本届大赛出现了很多竞争性创新，甚至很多企业和团队已经开始探索原创性技术。与往年相比，参赛企业除了传统的创新药和医疗器械研发两类，还出现了走在世界前沿，甚至是引领全球技术趋势的创新性技术。”多次担任大赛评委的易宇明显感受到了第八届大赛的变化。

“这类创业项目的背景有一部分是海归团队。海归团队有一些有趣的现象，其背后也是有非常多的投资机构支持。”易宇坦言，中国创新创业大赛里面涌现出的一批优质项目，尤其是前瞻性的项目，能够看到创新创业的趋势，并在推动科技不断地往前走。

“当然，也可以看到有一些创业项目到后面就消失了。比如一些仿制药、医疗器械国产化替代等项目大部分已经消失了。少量还‘活着’的，它们都有自己的内在逻辑，或者自己的特点。”易宇表示，存活下来的创业项目并不仅仅是单纯的仿制或者替代。

“在生物医药领域，本届大赛可以看到有与美国等处于第一梯队的项目出来。另外，很多创业项目是大企业基于自身产业升级在新的领域做一些布局在产业内投资孵化的。”易宇说。

让易宇印象深刻的创业项目也有很多。其中，第六届中国创新创业大赛生物医药行业总决赛成长组冠军——歌礼生物科技（杭州）有限公司（简称“歌礼生物”），于 2018 年在香港交易所成功上市，融资金额达 4 亿美元。

“歌礼生物是当时我所在的评审组评出来的，这也可以说明大赛筛选的机制是公正的，评委也是客观的。”在易宇看来，中国创新创业大赛生物医

药行业参赛项目不仅仅是最后进决赛的项目，入围半决赛的很多项目在科创板等资本交易市场都会有成果。

“以前大家可能觉得黑科技的项目回报慢、风险高，但现在资本也能看到它的价值。”易宇表示，以前更多人关注商业模式的创新，但是现在越来越多的人愿意选择科技型企业，愿意投身到有技术门槛、有护城河、有前瞻性的项目。这种引领作用将影响社会未来发展的方向，十分吸引人。

创业者需具备前瞻性

“创业者要切中自身资源优势，选择合适的方向来创业。”谈及创业者需要具备的素质，易宇表示，创业者要想成为企业家，一定要有前瞻性的眼光和社会责任担当。

“创业者在创业方向选择上，需要具有前瞻性，能够思考这个行业五年之后会发展成为什么样子，或者说十年以后这个行业还是否存在，从而更好地把握创业的大方向。”易宇说。

“最后能走到中国创新创业大赛决赛或半决赛的创业者，都是各省区市的佼佼者，大赛不仅仅是一个荣誉，更多的是把创新资源聚集到他们身上，如投资机构、大企业对接等，希望通过这种方式帮助他们创业成功。”易宇说。

“大赛并不是完成任务，希望能形成很好的氛围，引导大家真正做商业、做企业，最后成为优秀的企业家。”在易宇看来，创业者应当珍惜机会，而不仅仅是为了得奖拿奖金回去。

易宇认为，生物医药和芯片、半导体行业很像，具有“双高”的特点。一是创业者人群高学历、高素质；二是资金投入密集，周期长。

作为盈创资本管理合伙人，易宇拥有超过10年的创投机构、金融企业、上市公司投资管理工作经验，组织并参与了多家大型国有企业、科技企业的改制、重组相关的审计评估及资本运作工作，熟悉企业管理、风险投资、资本市场、财务及国有资产管理的相关法律法规，有丰富的企业投融资、企业管理和风险控制经验。为国家、省、市、区各级政府金融及创投专家顾问，历届中国创新创业大赛决赛评委。

“评委很多都是做投资的，但是大家投资偏好不一样。盈创资本属于典型的VC，我们投资科技型企业会更多，大赛与我们的投资策略很像，契合度也高。”易宇表示，自己更青睐有技术门槛、有护城河、有前瞻性的项目。

据悉，盈创资本由科技部和成都高新区为主发起人，联合成都高新创新投资有限公司、四川德胜集团钢铁有限公司及成都盈创动力投资管理有限公司组建成立。

“我们的投资区域覆盖全国，重点投资对象为四川及成都高新区处于高速发展阶段、有核心技术和知识产权的科技型中小企业。”易宇说，盈创资本投资的第一大领域是TMT，因为时间短，可选择标的更多。第二大领域是生物医药，“这与成都高新区的产业格局相关，生物医药是成都高新区的优势产业。这也是我们的‘防守’领域，比较安全。”

易宇透露，下一步，盈创资本做的产业基金也都集中在生物医药大健康领域。“未来几年，生物医药产业要大发展，大健康非常有机会。”

（罗晓燕／文）

“双创”大赛已成最美风景线

访宽带资本合伙人周耘

谈起中国创新创业大赛，宽带资本合伙人周耘滔滔不绝。在已经举办的8届中国创新创业大赛总决赛中，他参与了5届，并且在不同的行业总决赛上担任评委。可以说，他见证了大赛的变化和发展。

2019年，周耘担任第八届中国创新创业大赛电子信息行业总决赛评委。他说，本届电子信息行业总决赛的项目越来越呈现融合趋势，创业者不仅拥有前沿的底层技术，而且更多地与各种场景相结合，符合目前产业互联网发展趋势。

周耘表示，他不仅关注高技术，也关注创始团队在台上的表现，更关注项目是否接近商业化。

“我与中国创新创业大赛有着不解的情缘。记得第一次参与第一届大赛时，科技部火炬中心安排我们在一栋办公大楼里，给了一些打印好的纸质材料。现场没有选手的演讲，也没有互动，我们只是凭材料打分。”周耘回忆起第一届大赛情景时仍历历在目。

“8年来，大赛越办越好，品牌效应越来越大，已成为中国创新创业最大、最响亮的舞台。无数创业者在这里展示自己的风采，成为我国‘双创’领域最美丽的风景线。大赛挑选了全国最优秀的项目，为投资机构下一步接洽、投资创造了更好的条件；更为地方科技部门扶持创新型企业，补贴优质项目提供了较好的参考。”周耘说。

通过大赛遴选出好项目

在第八届中国创新创业大赛电子信息行业总决赛上，参赛选手可谓是八仙过海，各显神通。围绕技术创新、竞争对手、商业模式、财务预测、团队优势、市场前景、融资需求等展开演讲，以最精练的语句系统而全面地向大家展示项目的创新性、前瞻性、发展前景，以独特的视角阐释项目的特色，用切实的可行性方案向评委们呈现出一个又一个具有发展前景的“新科技”。

“你们项目的核心技术在哪里？”“与同类产品相比，你们的竞争优势有哪些?”“市场空间有多大?”“客户集中度怎么样?”“毛利率是多少?”“核心团队是怎么组成的?”……

如果说参赛选手是主角，那么评委一定是最敏锐的观察者、最严厉的老师。他们从更加专业的角度，从社会需求程度等出发，挖掘项目的潜质，用最锋利的眼光辨别出项目的优点、缺点。

“只有 7 分钟的提问时间，我们要在最短的时间内挖掘项目的市场前景、技术高低、团队情况等，就必须‘一针见血’，发现项目的优点和不

足。我们的提问可能很犀利，有的问题甚至会让选手尴尬，但在未来充满硝烟的市场上，有时候一点不足在不断放大后就会让企业走向末路。”周耘道出了评委们为何提问如此犀利、不留情面。

周耘说，自己是中国创新创业大赛总决赛的常客了。已经举办的8届大赛参与了5届，其余3届是因为自己时间不凑巧没能来成，这也是他的小小遗憾。作为长期关注大赛的观察者，他说，大赛是一个非常好的平台，自己愿意参与其中，因为不仅能了解到中国最好、最前沿的创新创业项目，也能在其中不断学习，在风云变幻的市场环境中提高判断能力；对于机构而言，也能凭大赛打响宽带资本的品牌，提高投资率，助力中国的创新创业。同时，他认为，如今参赛的初创企业犹如当年的成长组企业，大赛的影响力逐年增加，参赛项目的科技含量越来越高、细分种类越来越多，同一赛道下的技术比拼愈加困难。

“我把邀约卡给了4号选手——辽宁向日葵教育。因为这个项目的技术比较前沿，有很大的市场和发展潜力。其实，3号也不错，离商业化比较近。对于我们投资人而言，既要投一些技术前沿的项目，也要投商业模式较清晰并且比较接近商业化的项目。”周耘坦言，这次有些遗憾，因为好项目太多了，而自己只有一张邀约卡。不过，接下来他还会进一步与更多好项目接洽。

据了解，本届中国创新创业大赛共有30 287家企业参赛。其中，电子信息行业参赛企业近7500家，相较上届增长了400多家，在37个地方赛事的逐层评选下，最终有289家企业入围本届电子信息行业总决赛。而经过半决赛的比拼，有14家成长企业和6家初创企业成功突围，晋级总决赛，同台打擂、巅峰决战。

产业融合趋势越来越明显

随着信息技术的迅猛发展，互联网的发展已经从消费互联网进入了产业互联网时代，这个时代的典型特征就是融合。产业领域开始借助互联网这

一新动能，加快融合步伐，实现快速增长。

“除了项目质量越来越高以外，我认为这届大赛的项目越来越呈现融合趋势。”周耘说，虽然是电子信息行业总决赛，有很多项目是做底层芯片技术，但他们更多的是融合到具体的场景中。例如，做网络安全的项目，其实应该算互联网项目，要在互联网行业总决赛里比拼，但它被放到了电子信息行业里，原因是它的业务都是融合在电子信息领域，更多的是为电子信息领域的业务安全提供解决方案。还有辽宁向日葵教育这个项目，把它归属到电子信息领域和互联网领域都对，这种产业互联网融合的趋势已经越来越明显了。

周耘还举例说，目前在生物医药领域，也有特别多的项目与互联网结合。通过互联网精准找到用户，从而降低售价，这对整个社会进步来说都是一个推动。

“没准以后大赛不会像现在这样分类了，不是根据技术来分，而是根据场景来分了。”周耘说。

实际上，随着信息技术的飞速发展，包括5G、物联网、人工智能等新技术层出不穷。在周耘看来，没有5G，芯片、模组就是一项纯粹的技术，只有两者结合起来才能解决行业问题；而没有大宽带、低功耗的5G网络，物联网也很难运用起来。“前10年是消费互联网时代，现在是产业互联网时代。技术只有跟产业、工业等相结合，才能发挥更大的作用。对于创业者而言，不光要有高新技术，还要懂得如何与业务相结合，懂得技术如何与生产流程等结合，这在某种程度上可能比你更懂技术更重要，也是我们看投资项目非常重要的一环。”周耘说。

在周耘看来，传统行业拥抱互联网，哪怕有1%的提升，都会产生非常高的效益，不管是电力、航空、铁路还是石油。“产业互联网产生的经济效益会有几个方面：首先是工业升级。生产设备和物联网相结合，不管是物联网，还是供应链、工单、流程再造，都跟提升效益相关。其次是服务升级。比如想知道外出人员去哪了？做什么？以前无从了解，现在可以通过移动互联网，通过位置服务，通过跟客户交互，都能知道了，这就能提高效率。”

“‘数据驱动的产业互联网’是我们的投资主题，其中数据是核心，我们看好数据在各行各业的应用，并有所布局。一方面我们会把投资策略阐述得更清楚；另一方面我们也要跟国家的产业发展方向更紧密地结合起来。目前，5G是我们的一个重点关注方向，我们会在5G领域结合过去多年在电信行业的从业经验，更好地找到投资的细分领域和更有潜质的投资项目。”周耘表示。

看重技术也看重团队

在周耘的投资理念里，技术很重要，但团队也很重要。“基本上一半一半吧。”周耘说，在目前经济下行的情况下，他们会更认真、仔细、审慎地看待项目，不管是5G、物联网还是互联网安全、企业服务，都会认真仔细去看。

“大赛就是一个好的平台，是一个优中选优的过程，我们可以利用这么好的平台接触更多项目。”周耘表示，越是在经济放缓的情况下，越要关注早期项目，这对激励创新有很大帮助。

周耘对参赛选手在台上的表现很满意。他说，创业者的演讲都进行了充分的准备，在台上不仅有展示，还会针对评委的问题答疑，这是一种训练。“在这里展示好了，能通过评委这一关，相信在未来与投资者、合作伙伴谈合作都会如鱼得水。毕竟在7分钟的时间里，能把一项复杂的技术和项目讲清楚是一种能力，这种训练在目前的中国还是很不错的。只要能打动我们，我们一定会愿意跟他谈，我们不仅要看技术还要看演讲能力、谈判能力等。”周耘说。

“大赛模式很好，创业家与评委面对面交锋的过程，胜过以前面对纸张材料时的了解。一家企业的发展，最重要的是其核心创始人和团队的直观感受，人才是推动创新发展的第一资源，一个企业的魂在于人。”周耘说。

（戈清平 / 文）

构建中小企业融通发展的产业创新生态体系

访美亚柏科基金投资总监骆炎堂

“没有网络安全就没有国家安全，没有信息化就没有现代化。”美亚柏科信息股份有限公司（简称“美亚柏科”）成立于1999年，总部位于厦门软件园二期，一直以来深耕电子数据取证及大数据信息化等业务，不断提升专业技术，加强产品迭代研发，已经从原本只有10余人的小企业逐步成长为电子数据取证行业龙头企业、网络空间安全及大数据信息化专家、全国最大的电子数据取证产品开发商和服务提供商。目前拥有8家全资子公司、8家控股子公司、12家参股公司，在北京、西安、广州、福州、昆明等地成立多家区域分公司及研发机构，并在全国建立了26个分支服务机构，是目前全球电子数据取证行业两家上市企业之一。

为满足企业未来发展需求，打造出品质产品，带来更多“国之重器”，勇做时代的弄潮儿，2019年10月28—31日，在第八届中国创新创业大赛电子信息行业总决赛期间，美亚柏科参与大企业创新需求对接会和大企业对接会，从产业、技术、人才、终端等方向发布需求，向参赛企业热情地抛出“橄榄枝”。

“这是我们第3次参加中国创新创业大赛，这里有最具活力的创新型企业，并且创业项目的质量也越来越高。”美亚柏科基金投资总监骆炎堂说，“大企业具有较强的产品化和市场化能力，小企业则有着前瞻的技术创新能力、灵活的制度和机制。希望通过深度参与大赛，寻找到好的合作伙伴，一起构建大的产业生态圈和创新生态体系。”

大赛搭建大小企业合作平台

当下，技术更新、产品迭代速度越来越快，很多时候大企业创新需求不是很清晰，导致创新受阻，同时小企业也无法短时间内快速成长，二者之间存在一定合作鸿沟。如何让大企业与小企业实现精准对接?

骆炎堂心中答案就是：“作为中国创新创业领域规模最大、参与度最高、影响力最广和质量最好的赛事，中国创新创业大赛为大企业与小企业合作架起了沟通合作的桥梁。”

“中国创新创业大赛，为我们大企业提供了对接优秀项目的窗口和接触优秀项目的渠道。”骆炎堂表示，这些进入大赛行业总决赛的参赛项目都是经过层层严格筛选的，质量非常高，不少在商业模式和技术创新方面都做出了一些自己的特色。“比如有的利用新一代技术，从技术壁垒上切入；有的从商业模式上进行创新，与大企业进行差异化的竞争；还有的做大企业的附属产品或者价值配套，做大企业生态经济的一个子集。”

骆炎堂说，这些参赛项目符合国家鼓励创新创业的发展方向，具有创新性思维和高成长性，基本上可以说代表了目前中国创新创业发展的趋势，是未来的“明星企业”。

中国创新创业大赛组织的大企业创新需求对接会和大企业对接会，也让大企业与小企业摩擦出合作的“火花”。“大赛评委、投资人针对这些参赛企业的健康性、成长性，帮助我们做了一些评估，让我们更好地选择符合自身需求的参赛项目，提升对接的效率。”骆炎堂说，“通过参加大赛组织的大企业创新需求发布会和大企业对接会，我们确实可以接触到蛮多优秀的参赛项目，可以找到优质、有潜力、符合战略发展方向的项目，为美亚柏科后续的发展储备人才和技术，激发了美亚柏科的创新发展‘原力’。从过去的对接情况来看，大赛后会有很多企业主动联系我们，进行进一步交流合作。去年有一家做数据可视化的参赛企业和我们联系，在美亚公安大数据信息化应用平台上做应用模型开发，赋能美亚产品能力，也借助美亚市场渠道快速将产品推广复制到目标客户，实现双赢。”

不仅如此，借助中国创新创业大赛这一国家级平台，大企业也获得了学习的机会。骆炎堂表示：“我们来参赛，可以从小企业身上发现很多的优秀基因，如创新创业模式、创业激情，对于我们大企业自身的创新来说，也有一些借鉴的地方。小企业具有成熟企业所不具有的灵活性，可以快速地开发出某个市场需求的产品，快速地投入市场去验证，然后根据市场的反馈，再去不断地迭代自己的产品。还可以了解到行业最新的发展情况和技术创新的新趋势。只有通过不断的创新，提高自身研发能力，提升自身产品的行业竞争力，才能在市场上立于不败之地。”

构建产业生态圈和创新生态体系

2011 年 3 月 16 日，对于美亚柏科而言是不同凡响的日子。这一天，美亚柏科在深圳证券交易所创业板正式挂牌上市，成功开启公司转型发展的新征程。

成功上市意味着公司肩负着更多的责任与担当，由此美亚柏科制定了“3510”总体战略目标。骆炎堂说，为了实现这一发展目标，作为上市企业，美亚柏科秉承“让数据改变生活”的企业使命，除了继续做强、做大内生式增长外，也不断实现外延式发展，致力于构建“大美亚生态”体系资源共享和业务合作平台，以形成良好的共建共享机制，带动整个电子数据取证行业的发展。

整个行业的发展，不能仅仅依靠一个或几个大企业或龙头企业，而是要更多的小企业共同推动，汇众智、赢未来。“参加中国创新创业大赛的初

衷，就是希望寻找志同道合的合作伙伴，一起构建大的产业生态圈和创新生态体系，共同开拓市场、发展壮大，实现大中小企业的融通发展。”骆炎堂说，“美亚柏科重点产业布局方向是网络空间安全、大数据信息化、云计算、人工智能、社会治理、工控安全、物联网、智能制造等，技术方向是视频分析、机器人、区块链、大数据、人工智能、无人机应用等。电子信息行业与我们的关注点有着较为密切的交集，希望并期待与参赛企业能够深入沟通交流，实现合作发展。”

在第八届中国创新创业大赛电子信息行业总决赛的大企业创新需求发布会上，美亚柏科发布了自身技术创新需求，并提出打造“大美亚生态”体系。

如何打造“大美亚生态”体系？这能为参赛企业成长带来什么？美亚柏科有遍布全国各地的公安、司法和行政执法行业客户资源、网络空间安全领域的行业资源，遍布全国各省（区、市）的销售渠道，可引导创业项目在行业市场中快速验证和推广产品。同时，结合“大搜索＋大数据”平台、为创业项目提供“网络安全测试环境＋投资超过6000万元的厦门超算中心＋大数据”测试和运营环境。此外，依托美亚柏科杰出的结构设计、PCB电路设计、工业设计等技术，为硬件产品提供良好的开发环境，为创业团队提供更快速和高效的产品开发能力、有效的市场研发及技术支持，加快商业模式的实现。

值得一提的是，创业项目由培育、孵化、发展、扩张到成熟，美亚柏科可提供从刘祥南创新创业基金、美银创业扶持基金、美亚梧桐产业并购基金到上市公司收购等投资手段，构建企业发展全周期投资生态，帮助创业项目在种子期、初创期、成长期、成熟期全面全周期地对接金融和资本市场。

骆炎堂说，一方面，大企业有平台、技术、设备、资本、市场等资源，为小企业快速成长提供全方位的产业创新生态；另一方面，小企业发挥其活跃的技术创新能力，在技术或者产品纬度上补足大企业的短板，赋能到大企业的具体业务板块当中，做大企业的某个生态圈的配套，不仅会增强大企业整体竞争力，也能让小企业的市场得以进一步开拓。

创业项目要为需求而创新

当前，大众创业、万众创新在全国各地蓬勃发展，激发了全社会创新活力和创造潜能，新技术、新产品层出不穷。但是，创新创业具有高风险，失败的可能性也非常高。那么，如何在全民创业大潮中提高创新创业成功率?

“部分创业企业可能基于一个想法或者一个市场偶然性机会就去创业，也有些是基于个人的情怀，原因不一而足。但是可能偶然性的市场机会并不能创造持续性的收益，造成了创业企业的认知错觉。同时，创业企业普遍存在产品化能力、市场化能力不足，并且大部分创业企业没有雄厚的资本，缺少优质的平台、设备等产业资源，缺乏专业的市场拓展团队。”骆炎堂认为，“因此，小企业创新需要以实际市场的需求为导向，做好市场需求的调研，排除一些伪需求，不为创新而创新，应该为需求而创新，这个需求要具有可持续性，从而更好地赢得市场。”

他补充说：“有人说创新是反人性的，跟投资类似，人们总是喜欢确定的收益，讨厌确定的损失，创新必然也会面对市场的抉择。当一个市场需求日趋饱和，是继续坚守阵地，还是加大研发投入以开辟新的产品和方案，需要创业者理性接收确认偏差，开放包容，抓住市场机会，持续做大。”

当然，创新创业离不开资本的支持。“资本只是锦上添花，而不是雪中送炭。企业自身需要打造持续造血的能力，资本谈判才能更加有的放矢。”骆炎堂说，“中小企业的融资需要有节奏、有计划、有安排地进行，不同的阶段应该有不同的考虑，首先，必须要明确融资的目的，以及做好融资的实际需求的测算，换句话说，就是要想明白为什么融资，然后也要去想明白如何去用这笔钱。其次，股权的释放应该是一个逐步的过程，创始人要控制这个节奏，使得股权融资有比较好的弹性。在获得投资以后，不盲目扩大规模，需要结合公司的实际情况去开展业务和投入研发。”

骆炎堂表示，根据企业不同发展阶段，把企业发展的重心聚焦于某个特定的地方，如技术储备、产品研发、市场开拓、公司治理，企业在每一个发展阶段重心点不一样，需要一步步走扎实。

（叶伟 / 文）

顺势而为　创业一定要有创新

访浙江浙科投资管理有限公司董事长顾斌

“从2012（首届）中国创新创业大赛于2012年7月5日在北京正式启动，8年来，我一直是它的忠实粉丝。”2019年11月6日，在第八届中国创新创业大赛先进制造行业总决赛举办期间，浙江浙科投资管理有限公司董事长顾斌如此表示。

作为第八届中国创新创业大赛先进制造行业总决赛7位评委之一，顾斌对中国创新创业大赛的“熟悉程度”超出预料。顾斌说，他对大赛印象最深的一点是：促进了科技和金融的结合。中国创新创业大赛发挥政府引导作用，利用市场机制，集聚各种创新资源，吸纳包括银行、创业投资机构在内的社会各方力量广泛参与对科技型中小企业的投入，为创新创业团队和企业搭建融资服务平台，促进中小企业的创新发展。

创业者不要和趋势作对

顾斌，现任浙江浙科投资管理有限公司董事长、浙江省创业投资行业协会副会长兼秘书长、浙江省股权投资行业协会副会长。2000年取得中国注册资产评估师资格，多次被评为浙江省创业投资领军人物。1993年起，开始从事创业投资工作。参与筹建了浙江省首家风险投资公司——浙江省科技风险投资有限公司，历任投资部经理、总经理、董事长，参与或主持了浙科风投和管理公司管理基金所有项目的投资，投资企业中已有20多家在国内A股上市，拥有丰富的创业投资管理经验、独特的行业分析能力。

“目前的中国，正是创新创业的黄金季节，但并不意味着你想怎么干就

怎么干。创新创业一定要符合产业发展趋势，要符合国家产业发展方向。”在顾斌看来，创业首先看趋势，创业者不要跟趋势作对。顾斌分享了他的“复客中国”创业经历。

2015 年 4 月，顾斌辞去处级公务员职位，创建了集金融投资、运营孵化、创业学院、创客公寓、创客体育于一体的全产业链创客平台——“复客中国”，并在短短半年内入驻上海、北京、苏州等 5 个城市。

“首先，‘复客中国’以互联网为主题打造的众创空间，突出移动互联网、物联网特色，其服务的对象也是与移动互联网、物联网、人工智能相关的创业者。这与眼下产业与科技发展的趋势密不可分。其次，现在选择众创空间作为自己创业的方向，也是大势所趋。在当时大众创业、万众创新热潮之下，很多人都来创业，但很多人会失败。很多人创业为什么会失败，这里存在创业者的钱够不够、营业到不到位、人脉关系够不够等问题。创业者特别是年轻创业者，虽然缺乏经验，但却有好点子；虽然缺少资源、资金、背景，但却有满腔热情……我们就是要打造一个旨在解决创业者创业痛点的创客平台。‘复客中国’就是在这样的大势下成立的。”顾斌说，他所看到的，一个是科技，一个是政策方向，创业者应该做相应的事情，来顺应这个潮流。

顾斌同时表示，创业要有勇气、要有情怀、要准备好全身心地投入工作，一定要到这个状态。顾斌2015年4月辞去公务员职位后，正式全身心投入“复客中国”，而此前一个月，李克强总理提出了“大众创业、万众创新”。“复客中国”顺应时势，布局全产业链，面向全国的众创平台。目前，“复客中国”已经取得了非常不俗的发展速度。

创业有年龄之分吗？年轻人创业成功率会更高还是更低？对此，顾斌的见解是，“90后”创业当然是可以的，但需要更多的支持，尤其是众创空间这类机构全方位的培育，可以极大地提升成功概率。

顾斌说，创业不分先后，创业不分年龄，创业不分地区。例如，年纪轻的人在互联网方面的触觉会更敏锐，但年龄大的人在阅历、组织架构、运营的风险及人脉关系的把握上都有优势。这里面并没有绝对值。而真正成功概率高的创业者，是那些曾经创业过、有经验、人生历练也到了一定火候、有高度的人。所以目前比较合适创业的是“70后”和“80后”。

从顾斌自己的例子来看，他在十几年前曾经创业成立了一家建筑设计院，当时创业的情况还不错，但是从现在来看的话，当时的设计院其实还是有局限。顾斌说，10多年过去了，如果现在重新以设计院为项目进行创业，那肯定与过去是不一样的，这就是积累带来的好处。

“投资人更青睐有情怀、有团队、股权架构合理的创业者。”顾斌说，他现在看好的创业者有3点很重要：一是要有情怀、有理念，要有为社会做有意义事情的高度；二是一定是团队共同创业，单枪匹马创业不行；三是这个团队还要有合理的股权结构。

“一个有情怀、有团队、股权架构合理的创业者，一定会受到投资者的青睐。”顾斌说，这也是他作为一个创业者对自己的要求。

创新是创业必不可少的一部分

提起创业，大家都会想到两种结果，一种是成功，一种是失败。但是其实还有一种是不温不火的，在激烈的竞争中苟延残喘，随时都有可能毙命，更多的是担心下一刻的危机随时会到来。而如何在危机中化险为夷呢？顾斌认为，企业在顺应时代发展的同时，一定要有所创新。

顾斌说，创新创业与创业两者结果同是创业，却又大相径庭，最主要的差别就在“创新”二字。创业中的创新，即创业的时候走他人没走过的路，在别人未想到或想不到的地方下功夫。创新的内容也可大可小，将“卖烧饼”的口号改进为“烧饼，皮薄馅厚、又香又脆的烧饼”是创新，微软、阿里巴巴这类从无到有的公司建立也是创新。创新，可以给创业者带来许多优势，甚至可以说是创业成功者的基本素养。

顾斌表示，创新才能顺应市场发展需求，创新才能抢占商机，创新才能带来行业竞争优势。

创新才能顺应市场发展需求。近年来，很多传统老字号的品牌店收益大

大下降甚至还有所亏损。以北京烤鸭的代表品牌“全聚德”为例，其市值与10年前相比蒸发了10多亿元，沃尔玛近年来许多卖场也频频关闭。与之相反，北京老字号糕点品牌“稻香村”为迎合消费者新开的分店“稻田日记”却得到了消费者的认可，以及京东便利店、天猫超市等各类便利店正在逐步侵占零售市场。这一切，足以证明创新的重要性。

创新才能抢占商机。阿里集团无疑是最好的一个例子，甚至可以说是带领人们进入了电商时代。以支付宝为例，在人们还在以现金、刷卡为主要支付方式的时候，支付宝创造了只需要扫码就能轻松付款的途径。其他平台开始竞相模仿的时候，支付宝又开通了指纹支付，更加安全快捷。而今支付宝更不需要手机，只需刷脸就可支付。支付宝的支付方式基本都快人一步，所以至今该行业中尚未出现能撼动其地位的第三方支付机构。

“创新才能带来行业竞争优势，这样的案例那就太多了。可以这么说，所有发展成为头部企业的，必是不断创新的受益者。”顾斌表示，一个创业者想要获得真正意义上的成功，创新是创业成功必不可少的素养，而创新到了一定程度，成为下一个“马云”“比尔·盖茨”也不是不可能。

（晁毓山／文）

真正的创新一定要解决市场痛点

访陶氏化学公司亚太区投资经理吉果

从 123 年前的小作坊，到今天化工界第二大的跨国公司，“创新”是植入陶氏化学公司的“DNA 因子”，没有创新就不会有今天的陶氏化学公司。

对于新材料行业而言，技术性要求高、周期长，大企业如何保证持续拥有先进性？

近年来，在自身不断求得突破的同时，陶氏化学公司也在寻找具有创新性的合作伙伴。在第八届中国创新创业大赛新材料行业总决赛期间，陶氏化学公司亚太区投资经理吉果出席大企业对接活动和“一对一”企业对接会。他说：“陶氏化学公司虽然是一家世界 500 强企业，但很难完成所有的创新，陶氏化学公司希望能够在功能性材料与涂料、工业设施、塑料和包装领域与中小企业合作，发挥各自的长处，共同完成创新。”

寻找创新的新路子

吉果口中所说的“与中小企业合作，发挥各自的长处，共同完成创新”，实则就是我国近年来大力倡导的大中小企业融通发展模式，这是促进大企业创新转型、提升中小企业专业化能力的重要手段。

相较于大企业而言，小企业其实更为擅长突破性的创新。因此，在大企业进行改革创新求变的诸多路径中，通过引入外部创新技术来增强自身现有业务或布局未来业务，是很多大企业尤其是努力转型的传统型大企业的一个重要方式。

陶氏化学公司是一家以科技为主的跨国性公司，在全球 31 个国家和地区都有运营基地。当然，作为一家百年化工巨头，陶氏化学公司也非常关注创新创业。

“如果发现有创新型的中小企业跟我们之间能够形成互补的话，一方面，我们能够给他们提供资金上的支持；另一方面，我们能够借助公司在全球的渠道，迅速把中国这些创新型的技术开展到全世界，实现商业化的转化。”吉果说。

因此，从大赛最初举办开始，陶氏化学公司就在关注，试图从中寻找富有创新性的中小企业。除了中国创新创业大赛，一些地方层面、行业层面的创业赛事，陶氏化学公司也都会去关注。“我们确实是希望创新型的材料企业能够越来越多，这样才能带动整个行业的蓬勃发展。”吉果表示。

此次已是陶氏化学公司第 3 次参与中国创新创业大赛大企业对接活动了。在吉果看来，中国创新创业大赛大企业对接活动搭建起了大企业与中小企业间的桥梁，能够将中小企业的高新技术引入到大企业中进行转化。

“材料本身其实是一项硬科技，对于知识产权、技术的先进性等都有非常高的要求。近年来，我们看到越来越多的优质企业参与到中国创新创业大赛当中。对于我们来讲，寻找具有创新性的合作伙伴，比以前更加容易了。”在第八届中国创新创业大赛新材料行业总决赛现场，谈及大赛近年来的变化时，吉果如此表示。

在中国创新创业大赛“一对一”对接会中，吉果与多家中小企业进行了面对面沟通。他称，未来对这些企业还将继续跟进，做进一步沟通。

三大优势赋能中小企业

据吉果介绍，陶氏化学公司投资与业务开发部主要负责创新创业项目的筛选，从商务角度、财务角度计算项目可行性回报，以及在技术上的领先性。对于很有前景的项目，陶氏化学公司会与创业公司协商互惠互利、共创双赢的合作模式。

陶氏化学公司能够为创业企业带来什么价值呢？

据介绍，陶氏化学公司拥有强大的研发实力，曾入选世界知名科技媒体

《科学美国人》中文版《环球科学》发布的“跨国企业研发实力Top 10”榜单。陶氏化学公司上海研发中心是陶氏在美国以外规模最大的研发中心，也是美国总部以外最大的核心研发力量。这里拥有400多名研发人员，100多个配备新进设备与技术的实验室，包括分析科学、化学科学、配方科学、材料科学、材料转化和材料工程中心，致力于尖端技术和应用的开发与创新。“一旦和中国的创新创业企业合作，很多在中小企业实验室无法完成的实验，都可以拿到上海的研发中心来完成。”吉果表示。

在市场方面，陶氏化学公司服务三大板块，拥有6个业务部门。在其所服务的行业领域里，基本上是具有市场领先地位的企业。陶氏化学公司所拥有的客户渠道和市场渠道，决定了其能够很快将一些新的技术和应用推广开来。

另外，在生产方面，陶氏化学公司拥有雄厚的实力。“在实验室里面做出一种很好的材料可能不是一件难事，但是要把它放大到1000倍、1万倍的体量，还能保证一致性和生产安全，中间需要迈过很多困难和挑战。陶氏化学公司在这方面有非常丰富的经验，可以给材料领域的创业者很多帮助。”吉果称。据悉，陶氏化学公司张家港生产基地是陶氏化学公司在中国最大的生产基地，占地140万 m^2，员工人数约950人，于2002年投产。

创新要真正解决市场痛点

创新企业在拥有技术和产品的同时，更需要寻找广阔的市场。很多和市场相关的问题困扰着创业者，而大企业却拥有市场、渠道、体系、生态。对于小企业来说，是否能够成为大企业有价值的合作标的，与自身的营收、市场、技术、团队等指标具有复杂的相关性。

吉果表示，对于陶氏化学公司而言，会更加偏好有高校和研究院所背景的创业团队。

那么，中小企业应该如何创新，以适应大企业的需求呢？在吉果看来，最关键的是企业需想清楚要解决什么样的问题。

“我们过去接触过的很多企业，他们在乎的是自己可以生产什么，而不是能够解决什么问题，他们往往很少考虑市场真正有什么需求，市场和痛点在哪里。但是现在，我们看到，越来越多的中国材料企业慢慢地成熟起来，开始思考自己究竟要解决什么问题。”吉果说，“其实在材料领域创业，要成功就一定要找出下游应用的痛点，针对下游痛点来开发，提出解决方案。当能够把自身最能解决的问题描述清楚的时候，企业才会迎来真正光明的未来。”

在大中小企业融通发展方面，吉果特别希望我国能够给予材料产业多种支持性政策。

因为，一方面，新材料是制造业和武器装备高质量发展的前提条件，是催生战略性新兴产业的物质先导，更是当前补齐我国科技短板的重要着力点，已成为决定国家竞争力的关键领域和核心技术。另一方面，材料领域的创业企业要想获得成功需要花费很长的时间。

吉果将材料创业企业与互联网创业企业进行了比较。他说，一家互联网企业或是一家电子商务企业从 0 到 1，再到上市，可能只需要两三年的时间；而材料企业从 0 到 1，再到上市，可能需要 10 年甚至 20 年的时间。“所以，国家在政策方面怎样支持材料领域的创业企业渡过难关，这是非常重要的。”

“材料企业在早期实现盈利是很困难的。而且，单一材料的产值很多都并不大，有些做单一材料的企业做得再好也很难实现上市。”因此，吉果认为，科创板的面世，为创新型的材料企业提供了一种融资渠道，让他们看到了未来发展的希望。

（崔彩凤 / 文）

聚焦科技创新　助力企业成长

访助力资本创始人及管理合伙人邱玉芳

在第八届中国创新创业大赛新材料行业总决赛评委席里，她是唯一一名女性；她是一名评委，同时也是一位久经沙场的创业者。她就是助力资本创始人及管理合伙人邱玉芳。

其实在中国创新创业大赛上，邱玉芳的身影出现了很多次，而通过多年的评委工作，邱玉芳也看到了我国新材料行业所取得的进步。

重视技术创新

“目前汽车行业竞争很激烈，您公司的这个材料在汽车企业认证周期是多长？”

“航空航天应用市场门槛非常高，您的公司团队为什么会选择在这个方向创业？”

“该材料与其他同类材料相比有何优势？该材料的使用寿命有多长？”

……

在总决赛现场，邱玉芳本着“赛马场上选骏马”的原则，向选手抛出一个又一个犀利又精准的问题。

对于所有参赛企业，邱玉芳看重的是其技术是否为原创、有无经过认证、有无知识产权冲突等。对于能够促进国家科技产业发展的基础性技术，邱玉芳也会给予特别关注。

这是因为，新材料是制造业和武器装备高质量发展的前提条件，是催生战略性新兴产业的物质先导，更是当前补齐我国科技短板的重要着力点，已成为决定国家竞争力的关键领域和核心技术。中国在核心技术上不能受

制于人已成共识。

“中国经济发展到了这个阶段，整个政、产、学、研、用界都有深切的感受，在科技创新方面和产业创新方面，新材料产业领域涌动着很强烈的愿望。”多次作为专业评委参与中国创新创业大赛新材料行业总决赛，邱玉芳表示“国赛”的趋势有“三高”：参赛企业的项目质量非常高，自主创新的质量越来越高，科研人员参与创新的热情也越来越高。邱玉芳认为，此次新材料行业总决赛一大亮点就是：源头创新占比逐渐增大，出现了很多突破性的基础性材料。

据介绍，第八届中国创新创业大赛共有 30 287 家企业参赛。其中，新材料行业参赛企业 2365 家，在 37 个地方赛事的逐层评选下，最终有 193 家企业入围本届新材料行业总决赛，严过百里挑一。

此次新材料行业总决赛云集了半导体级湿电子化学品材料、电池高端隔膜材料、高强度碳纤维 PDCPD 复合新材料、混纺甲壳素纤维生物材料、耐高温超绝热复合材料、多级结构硅铝核壳纳米材料、石墨烯基复合散热材料、Ti(C,N) 基金属陶瓷材料等科技成果。

关注企业产品聚焦性

决赛期间，邱玉芳将其手中的创业导师邀约卡发给了初创组企业宁波艾菲博（宁波）光电科技有限责任公司（简称“艾菲博”）和成长组企业福建德尔科技有限公司（简称“德尔公司”）。

在邱玉芳看来，光纤是通信领域材料的创新性应用，艾菲博团队是科学家创业团队，在这一领域精心研发多年，做得非常扎实，她相信光纤通信未来是非常有前景的行业，也看好艾菲博未来的发展潜力。

在评价另一家公司时，她说，德尔公司从事的是电子化学品的生产，这也是我国半导体芯片制造当中不可或缺的材料，而且这部分一直都是国外遥遥领先，我国能有这样的企业发展出来实属不易。另外，从趋势来讲，电子化学品国产化率一定会提升，德尔公司非常有梦想，相信它会成为一个国际化的企业。

通过多次参与新材料行业总决赛，邱玉芳明显感受到了新材料行业创业人员的变化：越来越多的年轻人选择创业、越来越多的海归回国创业、越来越多的科研人员投入创业大潮。这些高科技创业人才正在引领着新材料产业迈向高质量发展阶段。

作为大赛评委，邱玉芳非常希望能够借助自己的经验帮助这些创业企业成长，将其技术成果进行产业转化等。

但是邱玉芳非常清楚：新材料产业转化不是一件能够一蹴而就的事情。

“材料应用有一个试错的过程，很多应用不能操之过急。”

“所以，我其实更关心创业企业产品方向的选择。”邱玉芳进一步解释说，新材料行业内企业一定不要觉得什么都能做、试图什么都要做，企业在把基础材料或产品突破了以后，一定要聚焦到某一应用领域，提出最好的解决方案。如果试图什么都要做，很可能什么都做不好。

陪伴早期技术企业共同成长

邱玉芳是一个很有情怀的投资人。她创办助力资本的初衷只是想将其做成一个实实在在、有专业厚度、能够和创业者一起成长的精品基金；而助力资本的目标也很简单，那就是“聚焦科技创新，助力企业成长”。

企业投后增值服务是考验早期投资人的关键。在创办助力资本之前，邱玉芳曾任美国中经合集团合伙人、中国经济开发信托投资公司国际金融部总经理，并在财政部从事多年的宏观经济研究。在智能制造、新材料、新能源、信息科技等领域倾力投入多年，邱玉芳成功投资多个国内外科技项目，包括鸿纳科技、神力科技、万创科技、创新工场、信威集团、乐友、DiVx(NASDAQ ROVI)、SemiLEDS(NASDAQ LEDS)、理邦仪器、海默科技、天常股份、麦迪科技、云洲智能、华恒生物、埃提斯科技等。

而做核心技术型早期项目投资，需要强大的内心、专注力和定力。因为技术类项目增值速度不如互联网及模式创新类项目，需要较长的培育期，考验投资人的耐心。

对于技术投资的挑战，创业之前，邱玉芳也曾仔细考虑过，但是真正做起来，没有想到早期技术投资这么难。

但邱玉芳还是要坚持。在她看来，技术投资领域更需要资本投入。所以，在投资圈的主流仍然以模式创新和互联网类型的项目为主的时候，助力资本就专注投资国家创新产业的硬科技投资。“我们觉得专业的技术投资更能帮助创业者，也是创业领域的痛点，所以后来我们全都专注在技术方向投资。”

“我们一直坚持做技术驱动型的早期项目投资，相比其他投资方式及机会，我们的路途远且长，但我们乐此不疲。”邱玉芳相信，相比模式创新，产品和技术创新能为社会带来更恒久的价值，而那些押注在产品和技术领域的VC也更有机会成为受人尊敬的顶级VC。

（崔彩凤/文）

创业要切中市场　在自己立足的领域坚守

访软银中国资本管理合伙人宋安澜

“产品是否有很大市场、创业团队如何及用户销售数据情况等，这几点是评委们在打分时重点关注的。”在第八届中国创新创业大赛互联网行业总决赛现场，首次担任大赛评委的软银中国资本管理合伙人宋安澜透露了他的打分标准。

宋安澜认为，互联网企业如果只做技术并不行，应该关注互联网与其他应用的结合。初创企业应该多修炼内功，将团队、技术都打磨得更好，不要一味地追“风口”，必须在自己立足的领域坚守。

希望找到可以投资的企业

“这是我第一次担任中国创新创业大赛的评委，我感觉参赛企业的项目质量相当高。我的评分标准，跟我在做投资时的打分标准是非常接近的。”宋安澜表示，第一就是看创业团队。第二是看技术。这个技术指的不是纯技术，而是看这个技术能否转化成产品，看这个产品有多大的市场。第三是看现在的销售情况，利润怎么样。

宋安澜说：“在比赛中，有人说得很好，有人说得一般，我通常不完全看选手说的，而是看他所讲的背后真正的东西。比如，他说这个技术好，那这个技术的门槛在哪里？为什么别人做不了？这个技术的知识产权保护怎么样？要看这些实质的东西。另外，选手在讲述项目的时候逻辑要清楚，讲技术也好，讲商业模式也罢，都应该非常有逻辑地体现出来。”

“作为评委，对整个行业的判断还是需要的。刚才比赛的几个项目，我对软件行业的那几个项目评分都很高，有点超出高线了，但这是我真实的

打分。举个例子，做建筑行业质量控制的那个项目，它在原来的研发基础上，把后来的创新模式结合起来，满足了当前国家和社会的需求，是一个非常好的项目。另外，我们在判断一个行业时非常注重市场需求，就是从需求出发，看这个项目是不是解决问题了，是不是切中市场痛点。我们更看重切中市场问题的项目，而不是锦上添花的项目。”宋安澜说。

互联网的出现不但催生出很多新兴产业，而且与传统行业互融互通，极大地改变了社会经济的发展。浙江互联网产业较为发达，电子商务企业在业内具有龙头地位，创新创业氛围特别浓厚，2019年已是浙江第5次举办互联网行业总决赛。宋安澜表示，自己是浙江人，所以对浙江企业特别关注。“从今天的大赛现场可以看出，浙江企业创新能力较强，总体体现出了较高的创新素质，我很期待浙江企业的表现。”

而浙江企业的表现也颇为亮眼，共有6家企业进入总决赛，最终4家企业获奖，体现出浙江在互联网领域的深厚积累。

“作为投资人，希望在赛场上可以找到我们能投资的企业。作为评委，希望通过此次大赛能够选出未来10年互联网领域的头部企业。”宋安澜表示，这也是评委的责任。

“互联网+”赋能产业

“此次互联网行业总决赛中进入决赛的这些初创企业，从早期的发展来看都是很不错的。”宋安澜认为，互联网领域的创新，应该要和其他技术结合赋能产业，以及“互联网 +”其他应用，这可能更重要，而不是为做互联网而做互联网。

“举个例子，比如厦门市怡园鑫科技有限公司做的番茄大爆炸新农业综合体项目很有意思，聚焦番茄细分领域，把一个农业项目连接到互联网行业，我觉得它的这个概念很好，模式也很好，通过 AIoT 连接农户与市场，实现智能化管理，把一个传统的农业项目通过互联网与有刚需的市场结合起来。”宋安澜表示，“这个是我非常看好的一点，就是互联网也好，移动互联网也好，人工智能也好，加上其他应用赋能产业才是好项目。如果互联网企业只是做技术，就会显得不接地气。”

“互联网领域创新层出不穷，新的技术、新的应用不断出现。作为投资人，我们持续关注互联网领域的发展，新的技术、新的应用出现后我们自己先去学习，学习完了马上进行布局。”宋安澜表示，一些比较超前的技术是需要提前布局的，因为将来这些超前的技术可能对互联网产生巨大影响。

“初创企业最重要的还是要练好内功，不要去追‘风口’。”在宋安澜看来，“风口”当然是机会，是一个大的潮流，但如果没有练好内功，当风向变化时，企业会跌得比较惨。

“练好内功要注重几个方面。首先，做好团队建设，重视团队的协作、平衡。其次，要守得住。所谓守得住就是要有自己的独门技巧，有专利或者门槛别人不能做。如果没有门槛别人一哄而上，你的发展就会受到很大的冲击，最终很可能会失败。”宋安澜表示，“另外，创业者一定要找好领域进入，这个领域一定要是朝阳产业，有巨大的需求，这一点非常重要。”

融资需要周密计划

创业企业要想发展壮大，离不开资本的支持。如何融资对于企业来说是一个永恒的话题。

“有好项目融资肯定容易一些，但实际上沟通也特别重要。对于创业团队来说，不能说我这个项目非常好，好酒不怕巷子深，实际上融资不光是融到钱的问题，还有投资者带来的其他资源，这些资源对于提升创业成功率的作用是很大的。”宋安澜建议，企业融资的时候，一定要从团队里找出一个表达能力很好，又有一些人脉关系的人来做融资。

在宋安澜看来，融资时有两点需要注意。一是多去参加创新创业大赛等各种创业比赛，通过参赛能够接触到各个层面的信息，也能找到更多与资本对接的机会。二是需要找一些专业机构作为融资顾问，制订完善的融资计划。“投资人首先会看企业的商业计划书。很多项目的商业计划书一看就是不完整的，而投资人的耐心是有限的，一看你的商业计划书不符合他的胃口可能就会扔到一边。因此，找到一个好的融资顾问，帮助你把重点、要点都说清楚，把你的优势、潜力展现出来，这样投资人会更愿意看你的商业计划书，成功率也会更高。”

作为风投机构，软银中国的投资原则是什么？什么样的企业和项目能够进入他们的“法眼”？

宋安澜介绍，与追赶“风口”的方式不同，软银中国的投资团队通常进入一个领域时，会对该领域的市场和技术发展做深入的研究，有时会跟踪一个时期，在合适的时候，才择机切入。

“我们做的是风险投资，是相对比较长期的一种投资，所以我们比较容易押宝在那些稍微早期一点的项目上，这也是我们基金的特点。”宋安澜表示，“我们现在投项目的标准比以前更高了，至少在技术方面的项目，控制更加严格。”

“现在整个资本层面还是非常紧的，根据相关统计，2019年的投融资额下跌非常大。”宋安澜说，“我对创业企业的忠告就是，在当前情况下一定不要盲目扩张，只有必须要做的事才去做。如果扩张也一定要做好详细计划，手里大概需要有12～18个月的资金，这时可以往前推进，假定钱没那么多，那就应该收缩。现在资本市场的基本面需要多长时间改善无法预测，宁可小心为上。”

人工智能将是下一波热潮

宋安澜拥有19年的投资行业经验，在业内以“技术咖”著称。在他眼中，互联网领域有哪些新的趋势值得关注？

“下一个10年的热潮将是人工智能（AI）。”宋安澜对AI产业的未来非常乐观，“从总体看，2000年PC互联网兴起，10年以后移动互联网接棒，现在差不多又过去10年，人工智能将会是下一波的大潮。”

“AI发展到现在这个时候实际上已经是非常适合赋能其他行业，并且已经产生了很明显的效果。AI与传统产业结合后会带来效率大幅提升，使产业的可扩张性大大增强，实现从1到*N*的跃进。”宋安澜表示，数字化本身是AI大显身手的一个重要基础，在国内很多有数字化基础的传统产业中AI一定会发挥非常大的作用。

宋安澜认为，中国发展AI的优势在于领先的数字化基础、优秀的理工科人才和政策大力支持，但在顶尖人才引进、芯片等硬件研发、基础算法及开放平台的建设上，中国仍有差距，政府有关部门应该加大相关引导力度。

“AI行业对风投来说是兵家必争之地。”宋安澜表示，“我们会在人工智能方面花很多的精力来挖掘项目，现在已经投了不少人工智能项目，包括做算法的、做应用的。人工智能与医疗、新零售、纺织业相结合，也出现一些新的应用，我们都在关注。”

（李辉／文）

投资人想的永远是未来　投的是成长

访毅达资本总裁、创始合伙人尤劲柏

“今天站到总决赛赛场上进行巅峰对决的选手，无论你们最后是否捧得金灿灿的奖杯，也无论你们是否收到了来自评委的邀约卡，你们都是这个时代的无畏的创业英雄!”在第八届中国创新创业大赛新能源及节能环保行业全国总决赛现场，作为总决赛7位评委之一，毅达资本总裁、创始合伙人尤劲柏在专业点评和严肃打分之外，为创业竞技场上的每一位选手，注入了一针“强心剂”。

“本届大赛有这么多位优秀的参赛选手，遗憾的是我手中的邀约卡十分有限。”权衡再三，最终他决定把手中仅有的两张邀约卡颁给了初创组企业浙江锋源氢能科技有限公司（简称“锋源氢能”）和成长组企业苏州丰倍生物科技有限公司（简称“丰倍生物”）。

获得总决赛评委的邀约，意味着锋源氢能和丰倍生物在接下来的企业发展中，将会有机会与尤劲柏来一次“面对面”的促膝长谈，合作机会或许就隐藏在这一次的洽谈中。

其实，像这样的企业邀约，已经连续担任了7届中国创新创业大赛评委的尤劲柏每年都会发出。而与他进行过深入洽谈的参赛企业更是不在少数，更有数家企业最终获得了毅达资本的实际投资，成为“毅家人”。

投资就是投成长、投团队

毅达资本由老牌知名投资机构——江苏高科技投资集团内部混合所有制改革组建，在行业研究能力、资产管理规模、投资专业化程度等方面稳居行业前列，是国内最具影响力的创业投资机构之一。截至2019年11月，累

计管理资本规模1066亿元，累计投资支持800多家创业企业，助推其中175家企业成功登陆境内外资本市场。

一直以来，毅达资本坚持在高成长行业中寻找高成长企业。什么是高成长行业？尤劲柏解释道："那一定是代表未来发展方向的行业，有科技含量的行业。比如中国创新创业大赛设立的六大行业赛，都是代表未来产业发展方向的高成长性行业，也是我们密切关注的领域。"

20年前，一度风靡全球的畅销书《谁动了我的奶酪》，生动地阐述了"变是唯一的不变"的真谛：我们都生活在一个迷宫里，奶酪是我们要追寻的东西。当储量丰富的奶酪仓库发生"变化"的时候，我们必须适应变化。就投资行业而言，就是要立足产业研究、前瞻产业变迁、校准投资方向，抓住并培育未来的产业热点。

尤劲柏认为，面对纷繁复杂且不断变幻的投资环境，投资行业唯有坚定不移地坚持最基本的投资理念，以不变应万变，才能到达成功的彼岸。毅达资本能够取得今天的成绩，总结下来主要就是坚持了两点：一是"适应产业变迁，不断修正投资方向"；二是"价值投资"。

具体而言，首先要评估行业方向，看是否符合行业发展的大方向，高成长行业中的创业项目一般会得到投资机构的青睐；其次评估创业团队，对于优秀的团队，评价的维度比较多，例如，创业者在这个领域有没有一些创业的经验，有没有破釜沉舟的创业决心，有没有坚韧不拔的毅力，是否具有很好的组织协调能力，是否具有凝聚优秀团队与其一同创业的号召力；最后要评估技术，例如，企业在技术研发方面的投入，技术门槛的高低，自己树立的技术"护城河"到底有多宽多深，这个也是我们关注的重点。

“投资就是投成长、投团队”。尤劲柏如是说。

私募股权投资的获利由两个部分组成，一是不同市场之间流动性差异带来的估值差；二是企业成长带来的增值。我们当前面临的情况是：一、二级市场价差越来越小（一些风口行业、风口企业出现了市盈率倒挂的现象，甚至有些企业采取招标竞价的方式来私募融资），流动性套利空间缩窄，因此，深度行业研究，前瞻性锁定案源，并伴随其成长，赚成长性的钱成为唯一选择。

投资行业内有句老话：“宁投一流团队二流项目，不投二流团队一流项目”，说的就是投入的重要性。

例如，毅达资本投资的艾科瑞思，致力于成为高速、高精准、更智能的半导体封装设备生产商，主要从事IC装片机、二极管自动焊接生产线的研发和生产。

2015年，在中国创新创业大赛总决赛赛场，技术出身的浙江大学、香港科技大学的高才生王敕引起了尤劲柏的注意。“他出场次序比较靠后，经过了大半天的评审，评委们都有些困顿，但王敕的出场让大家眼前一亮，因为他是唯一一位身着公司工作服来参赛的选手，这种本色出演，是企业家对自己专业专注与自信的一种表现，那天他表现得非常棒。”

赛后尤劲柏就找到了他，并安排同事对企业展开尽调。“随着进一步的深入，我们深深感到他不仅专业、专注，身上还具有一股坚韧不拔的毅力和不服输的精神，以及清醒的自我认知和成就大事的心胸。他深刻地认识到自己的短板在管理和营销，因此在2014年找到了有20多年制造业经营管理经验的苏洁，请他担任公司的总经理。”尤劲柏说。

王敕非常幸运，第一次就找对了人，双方磨合得非常顺利，配合很默契，能力互补，技术研发和运营管理双管齐下，取得了显著成效。

目前，王敕所在的艾科瑞思的多款产品实现了国内唯一，设备性能与国际品牌等同，有些指标甚至已经实现反超，但是价格只有这些品牌的六到七成，不仅提升了国内半导体封装技术水准，还大幅降低了客户获取成本。2017年营业收入突破4000万元，并实现盈利；2018年营业收入突破7000

万元，行业影响力快速提升，各项订单纷至沓来。而在毅达资本实施投资前，艾科瑞思的营业收入只有几百万元。

目前，艾科瑞思的设备打破了外资企业在芯片封装设备上的垄断，改变了我国芯片封测企业在设备价格、供应上受制于国外的局面，助推我国半导体晶圆从 8 寸到 12 寸转变，显著提高了我国芯片封测行业的全球竞争力。

“很多事情都是可以计量的，如盈利模型、用户数据，但企业创始人的成长潜力不可估量，优秀的团队往往能够给投资人带来意外的惊喜。”

绿色创新创业关键还是提高技术含金量

集聚绿色科技成果，开展绿色创新创业。新能源及节能行业一直是中国创新创业大赛打造科技竞赛的主要赛道之一。“每一届的大赛，我们都会发掘出一些具有投资潜力的优质项目，比如，2017 年中国创新创业大赛新能源及节能环保专场，我们就跟踪洽谈了一家做电源监测设备的合肥企业科威尔，并于 2018 年年底投资了它。目前，这家企业业绩成长非常快，发展后劲十足。”尤劲柏说。

谈及此次第八届中国创新创业大赛新能源及节能环保专场，尤劲柏表示：“许多优秀的创业者带来的项目科技含量都比较高，不乏一些符合现阶段及未来国家产业发展方向的亮眼项目。汽车的电动化是未来汽车行业的发展方向，随着近年来补贴退坡，新能源汽车行业优胜劣汰的步伐进一步加快，这也对技术提出了更高要求。新能源汽车企业只有在技术创新、性能提升、降低成本等方面下功夫，才能够在激烈的行业竞争中占据有利地位。希望参赛企业能够提升技术含金量，往更高的附加值方向上去努力、去发展。”

新能源汽车市场强者愈强，尚需经过时间和市场的考验。

“比如说电池这块，未来攫取市场大蛋糕的是锂电池还是氢燃料电池或者是其他类型电池，目前来看还不明朗。假以时日，氢燃料电池有可能跑出领先地位。浙江锋源氢能科技有限公司的氢燃料电池总体上在国内是比较领先的。”尤劲柏说，这也是他把邀约卡颁给锋源氢能的重要原因。

丰倍生物是一家利用油脂加工副产品、废弃油脂资源生产新型绿色环保生物新材料，并为客户提供整体解决方案的高新技术企业，已申请国家专利80余件，获得授权专利26件。其中，核心技术为国际首创，填补了油脂副产品深加工与资源化综合利用及其在农业化工绿色环保助剂上的技术空白。

“丰倍生物立足油脂综合利用打造的闭环式可持续发展产业链，实现了从油脂精炼产出的废白土到复合肥包裹料、脂肪酸甲酯、微生物有机肥的无废化生产，用市场的手段从根本上堵住了地沟油回流餐桌的渠道。这个项目未来会产生非常好的社会效益，也会创造出非常可观的经济效益，所以我把邀约卡送给了他们。”尤劲柏说。

同时，他坦言，“从第二届中国创新创业大赛担任评委以来，7年时间，项目质量一届比一届值得期待，我想大赛组委会也是有压力的，因为本身站在高起点上的参赛项目，如何实现新的突破，是需要下一番功夫的。”

资金是投资机构的最大弹药。2018年整个一级市场新募资金量同比下降超过30%，募集基金出现了普遍性的难度加大。2019年进一步下滑，很多中小投资机构都出现了募资难的情况，“资本寒冬”似乎还远远没有结束。对此，尤劲柏却显得相当乐观，他认为，“整个宏观经济下行的周期，也是产业结构转型升级、经济增长新旧动能转换的一个关键时期，更是我们加大投资布局的好机会。”

“毅达资本有丰富的基金投资产品布局，从天使基金、VC基金、PE基金到并购基金，全周期覆盖企业不同发展阶段，我们愿意陪同创业大赛企业一路走下去。”尤劲柏说。

无疑，这是一个最好的时代，也是一个最坏的时代。人们面前一无所有，而创业路上应有尽有。

（李洋/文）

大赛“马拉松” 我“陪跑”了八年

访青域基金高级合伙人李阳

从地方赛初赛、复赛、决赛，再到全国半决赛、总决赛，从草长莺飞的春天，到烈日炎炎的夏日，再到果实累累的金秋，参赛选手跑完整个中国创新创业大赛“马拉松”大约需要半年的时间。而作为第八届中国创新创业大赛新能源与节能环保行业总决赛评委的青域基金高级合伙人李阳则陪大赛跑了整整 8 年。

“从 2012 年第一届中国创新创业大赛开始，我就担任大赛的评委。每一届中国创新创业大赛的举办，对于作为评委的我来说，都是一次开拓前沿技术视野、了解最新政策趋势、把握最新市场动向、感受最燃创业精神

的宝贵机会。8 年走来，令我感受最深的是，每一届的参赛项目数量和质量都会比往年有一个提升，更有不少往届的参赛项目获得了新发展。参与中国创新创业大赛，十分有意义。”李阳说。

项目筛选有一种方法论

中国创新创业大赛行业总决赛评委推荐标准规定，行业总决赛评委候选人需要具备 10 年以上的创业投资经验或企业运营管理经验，对参赛企业的行业领域、市场、商业模式、管理、技术、财务等方面具备扎实的专业知识和丰富的评判经验；现场参加过 3 次以上的地方赛区决赛评审工作，且工作评价良好。

对于投资人李阳来说，高规格、高水平的大赛无疑是集中遴选投资标的的理想实践战场。

李阳所在的青域基金是业界公认的国内生态环境投资的开拓者、创新者和领导者，曾连续多年获得国内知名行业榜单（清科、投资中国、融资中国、中国风险投资研究院等）评选的“最佳节能环保投资机构”“最佳新能源投资机构”“最佳回报投资机构”等荣誉。

2000 年互联网泡沫破灭之后，美国的 VC 们豪赌了两大产业，其中就包括清洁技术。然而结局是，连很顶级的 VC 都投失败了。而反观国内，在大多数 VC/PE 不看好的情况下，青域基金并未受到外界干扰。

2010 年投资大气治理、脱硫脱硝企业；2013 年正式布局新能源汽车产业链；2016 年投资固废、危废处置；2019 年进入土壤修复领域……在每一条发展起伏的产业线上，青域基金的研究详细到哪个部分是甜的，哪个部分是酸的。目前，青域基金管理资金规模达数十亿元，获得众多主流母基金的持续支持。扎根生态环境产业 10 年的青域基金，正逐渐从幕后走向前台。

作为青域基金高级合伙人，李阳经常出席各类与环保相关的投资峰会和创业大赛，洞察行业风向，并寻找合适的项目。

“对于初创项目，我们更关心它的技术或模式的领先性及其落地的可行性，因为只有能落地的技术或模式，才能扎下根来往前发展。”李阳坦言，初创项目的判断难点在于有时候创新技术或模式的领先性可能真的比较超前，一时缺乏可对比的参照物，这时候就只有依靠过往经验，以及后续的密切观察来补充了解。

李阳认为，风投机构是否考虑一个初创项目，很大程度上是看其是否具有“天时地利人和”。所谓“天时”是指项目创立的时间，即处于产业发展生命周期的哪个阶段；“地利”是指创立的地点，即该区域的产业政策、产业环境是否能更好匹配项目未来的发展；“人和”则是指创始团队，即团队结构是否完备、核心成员能力是否互补、创业决心是否坚定等。

而对于成长项目来说，由于技术或模式已经经历了一定的市场检验，团队磨合也积累了一定经验，正在往更加商业化的方向成长，“更适合用商业化成功的指标去考察成长项目。”李阳说。

李阳表示，在筛选成长性项目时，外围主要是看它所在行业及市场的天花板、供需关系的格局、同行业竞争的势态；内部看它的经营业绩规模及成长、下游客户是否优质并稳定、供应链配套是否完善充足、核心技术或模式的优势能否持续保持等。

“对于成长性企业来说，团队仍然很重要，企业成长也一定是人的成长，带头人或带头团队是不是有意识地在不断提升自身的业务水准、积累

更多的行业资源、拥抱更新的治理理念，是不是有能力、有愿景持续引领企业的发展，这些都很重要。”李阳说。

比赛之外创业“情怀”更值得感动

在同中国创新创业大赛携手走过的 8 年间，李阳对于大赛有着特殊的情结。

李阳回忆道，中国创新创业大赛的设立非常具有前瞻性，首届大赛启动于 2012 年，而“大众创业、万众创新”首次提出是在 2014 年夏季达沃斯论坛上。

“这 8 年来，大赛很好地坚持了创新与创业两个基本标准，在全国范围内鼓励、引导符合这两个标准的中小企业或创业团队积极参加比赛。我感觉在大赛这个平台上，无论是政府与企业之间、产业与资本之间、不同的创新技术之间、不同的创业团队之间，都得到非常充分高效的交流与沟通。”李阳说。

“总决赛评委为项目打分时，评判的标准是多维度的。首先是项目所处的行业环境如何，因为企业的发展离不开行业的发展，行业的发展趋势及产业周期处于一个什么样的阶段，这个是需要评委考虑的。其次是企业在行业内处于一个什么位置，有哪些竞争优势，企业内部的核心研发能力、制造或运营能力、市场推广能力及管理能力等处于什么水平也是评委关心的主要问题。最后，作为一个财务投资人，企业最终的盈利能力是必须要考虑的。”李阳说。

李阳认为，近年来，中国创新创业大赛按照高标准、严要求来举办，无论从制度、流程还是结果，都力求公平公正和不断优化。例如，本届大赛增设了网络实时公布环节，将比赛的评审信息实时公开化、透明化，是一个非常好的尝试。

在资本的世界中，冷冰冰的数字意味着商业价值，是投资人最为关心和考虑的事情。而在中国创新创业大赛的现场，除了创新与创业，还有一种叫作“情怀”的暖流在人们心中激荡。

这种情怀来自参赛选手不畏艰难险阻、一直行走在创业路上的勇气，也来自现场评委及在场投资人对于潜力项目的鼓励与扶持。

李阳说，青域基金深怀“青至善，域无限”的绿色价值观，致力于发现胸怀梦想并脚踏实地的企业家，而历届大赛中涌现出的不少优质项目和实干创业者都给她留下了深刻印象。

在第八届中国创新创业大赛

新能源及节能环保专场，有一位王海峰博士，在年轻有为、风华正茂的年纪，毅然放弃了世界500强跨国公司和知名民企的高薪职位，决定自主创业进入氢能行业，并选择了行业里最难啃的一块硬骨头——氢燃料电池作为创业和创新的方向。

“对于氢能行业的发展，目前仍然存在较多争议，无论产业最后发展到哪一步，相信过程都是比较曲折而漫长的，不会一蹴而就，这样就要求这个领域的创业者保持耐力及决心，坚持下去。王海峰博士坚持多年踏踏实实、埋头苦干，一直在坚持做技术上的创新尝试，目前他所创立的浙江锋源氢能科技有限公司在氢燃料电池的几个核心材料及部件（催化剂、膜电极、双极板）上都拥有了自主技术，并在核心性能方面（能量密度、运行稳定性等）取得了一定领先性，应当为他点赞！”最终，李阳把手中的邀约卡发给了锋源氢能。

不只是锋源氢能，在总决赛当日，李阳还把手中的邀约卡发给了一家成长组企业——广州微芯生物科技有限公司。

微芯生物的创始人束文圣教授和公司首席科学家周集中教授均是国内微生物界的一流学者，原本他们可以在安身立命的象牙塔里“学术报国”，但在创新创业大潮的号召下选择在知天命之年投身商海，从零做起，将科学知识转化为产业力量，实现“产业报国”。“我们欣喜地看到，近年来，微芯生物已经将微生物技术成功应用于环境、医疗、农业等国计民生领域，企业获得了良好的发展。办企业与做科研不同，教授能把企业办好，相信也是付出了非常多的努力，我们也非常乐见更多的优秀学者加入产业界，成为优秀的企业家。”李阳说。

“大赛的项目整体特点非常鲜明，那就是必须符合创新与创业的‘双创’标准，因此它们往往是技术的革新者、模式的创新者、企业家圈层的新进入者。正因为带着这么多的‘新’元素，使得‘双创’企业的发展伴随着更多的不确定性。有可能尝试创新之后是失败，也有可能坚持创新之后收获巨大的成功。或许，这正是大赛吸引人的地方。”李阳说。

大赛“马拉松”，李阳“陪跑”了8年。走过青葱岁月的懵懂，不少曾经登上大赛舞台的参赛企业已经成长为行业内的佼佼者，这其中有不少成功跻身资本市场、登陆A股。作为8届大赛评委的李阳感到无比的自豪，“希望它们会激励更多的创业者投身到‘双创’的洪流中。”

在感慨之余，李阳也明白，现实中还有更多的仍在路上尚未达成目标、依旧奋力前行的创业者，需要圈内人指点迷津。“‘双创’之路并非一帆风顺，创业者应该怀着敬畏之心坚定目标，提高自身素质与能力，才能走得更久、更远。”李阳说。

（李洋／文）

第三章

创业服务篇

医药英才论剑羊城
“双创”之光闪耀广州高新区

第八届中国创新创业大赛生物医药行业总决赛纪实

2019年10月14—18日，第八届中国创新创业大赛生物医药行业总决赛作为首场全国总决赛，在广州率先开赛。经过层层突围，最终，奇点医药科技（广州）有限公司（简称“奇点医药”）和德琪（浙江）医药科技有限公司（简称“德琪医药”）从230余家入围全国决赛圈的企业中胜出，分别获得初创组和成长组一等奖。此外，99家企业荣获“中国创新创业大赛优秀企业”。

“当今的中国，创新创业已经汇成一股壮阔的时代潮流，寄托了无数青年的人生梦想。”科技部火炬中心党委书记张卫星表示，希望通过此次行业

赛集聚更多的生物医药创新资源，发掘更多优秀的创新创业人才，促进更多更高水平的科技创新成果落地转化，造福百姓，带动广东和广州生物医药产业加快发展，有力助推粤港澳大湾区国际科创中心的建设。

层层突围　优秀选手论剑羊城

经过半决赛，有14家成长企业和6家初创企业成功突围晋级决赛。此次决赛共邀请7位业内知名企业家、投资人担纲评委，从技术和产品、商业模式及实施方案、行业及市场、团队、财务分析对企业进行专业评判。从现场发放创业导师邀约卡这一环节可见，评委手中唯一的邀约名额让选择变得十分困难。优秀企业同台竞赛，虽有“分数”上的输赢，却获得了评委们的一致赞誉。

作为此次总决赛评委之一，启明创投主管合伙人胡旭波表示：“本届大赛的参赛企业质量很高，不管是在研究领域方面，还是在团队整体素质方面，我感觉这届企业都很有特色，而且都对准了国内很多还没有被满足的需求，团队也大多很有经验，雄心勃勃，投入很大。”

据了解，登上决赛舞台的6家初创企业和14家成长企业，是从全国近3700家生物医药行业参赛企业中胜出的科技新星。他们从2019年6月开始，通过地方赛的层层角逐论剑羊城。

同样作为此次总决赛的评委之一，歌礼生物创始人、董事长吴劲梓也大为感叹决赛20强参赛企业的优秀。他历任两届评委，认为参与大赛是绝好的学习机会，从此次参赛企业和其他评委身上，不光学到了先进技术，也学到了不怕困难和永远向前的精神。

“为生命健康服务”“研究几个中国患者临床上没有的药”“让创新科技守护人类心脏健康”“医者无疆，创新永续”，这些从科技创新者口中说出的话，道出了他们的创业初心。用科技守护生命健康，是这群人活跃在我国创新创业大舞台上的信念支撑。

“您这个研究有跟随者吗?”“这项技术可以应用在很多领域，此次参赛为什么会选择应用在乳腺癌的筛查方面?”“您在生产中是怎样保证产品质量的?”决赛现场，评委抛出一个又一个的问题，犀利又精准，选手对答如流，十分精彩。

通过激烈比拼，最终，奇点医药科技（广州）有限公司和德琪（浙江）医药科技有限公司分别获得初创组和成长组一等奖；上海赞荣医药科技有限公司和宁波健世生物科技有限公司、常州乐奥医疗科技股份有限公司分别获得初创组和成长组（2家）二等奖；杭州泰泊医药科技有限公司和深圳帧观德芯科技有限公司、深圳晶泰科技有限公司、深圳艾欣达伟医药科技有限公司分别获得初创组和成长组（3家）三等奖。

科技型创业特点凸显　推动中国创造走向世界前台

“与往年相比，本届大赛参赛的生物医药企业的项目研究方向比较尖端，科技型创新创业的特点更加明显。”谈及大赛与往年相比有何变化时，科技部火炬中心基金受理处副处长闫天羽介绍说，本届参赛项目科技含量总体上升，参赛企业拥有知识产权占比较高。

“任何一个行业的强大都需要一个好的创新氛围，需要一批企业的强大。我们生物医药行业有太多的创新工作要做，有很多的技术需要共享。中国创新创业大赛为我们提供一个很好的学习交流平台。”吴劲梓感叹，本届大赛与往年相比，参赛企业除了传统的创新药和医疗器械研发两类，还出现了结合云计算、人工智能等新兴技术的医疗企业。“这样的企业加入，一定会加快缩短中国的生物医药产业与国际的差距。”

在现场可以看到，总决赛项目涉及器官定向研究与治疗设备产业化、面阵型量子计数乳腺机产业化、全球首个作用于TORC1/2双靶点的肝癌I类新药ATG-008的临床开发及产业化、基于新抗原靶点的疫苗及细胞治疗等科研领域，代表了我国生物医药领域的科技创新成果。

决赛中，来自广州高新区的奇点医药是一家2018年成立的初创型企业，致力于“多器官维护”核心技术开发，研制出了全球首台多器官维护系统，完成了“不中断血流”器官移植理念的成功实践，可替代人体为离体器官供血供氧，可长时间保持离体器官活力与生理功能。奇点医药CTO赵强在发表获奖感言时表示：“初创企业的特点就是坚持原创，我们的目标要立足未来，要有世界最为领先的技术和产业，要让世界对我们刮目相看，这是我们对未来的期望。”

还有来自浙江的德琪医药，该公司专注于开发针对中国患者的创新药，在研新药针对肝癌、血液癌、胃癌、抗病毒等多个领域。该公司在研的ATG-008具有全新的靶点和化合物构成，是全球首款作用于TORC1/2双靶点的小分子肝癌靶向药，获得“十三五”国家科技重大专项立项支持。该公司董事长梅建明博士在赛后感叹：“感觉这个奖杯很有分量，深感责任重大。我们希望跟所有创业同人一起，为中国患者打造更多、更好的新药，把中国从一个用药大国变成创药大国。”

中国创造，正逐步走向世界前台。有企业参赛代表感言，这些创新创业者过去的顶级经历、近年来所取得的成就、引领的颠覆性科技、服务人类的兴奋感和期待，让国人备受鼓舞。期待有朝一日，自身也能将手中的项目逐步完善，进而服务人类、创造未来。

聚焦全产业链服务　广州高新区擦亮双创“金名片”

作为东道主，广州高新区已经连续两年举办中国创新创业大赛生物医药行业总决赛，生物医药是广州高新区这颗粤港澳大湾区“湾顶明珠”上的璀璨光芒。据悉，此次入围全国总决赛的广州企业共有 14 家，广州高新区内企业独占其中 13 个席位。初创组一等奖获奖企业奇点医药便来自广州高新区。

中国创新创业大赛作为全国最大的众创空间和最强的众扶平台，是企业创新价值发现的重要渠道。大赛期间，“走进广州高新区”参观考察、主旨演讲、大企业对接会、公益大讲堂、科创板培训、参赛企业风采展等活动精彩举行，共同打造了一场资源融合、有序竞争、分享展示、孵化未来的

科技创新创业盛会。

广州高新区生物医药产业规模壮大，集聚效应明显，发展特色鲜明。作为东道主，广州高新区以此次大赛为契机，着力构建广阔的“资源池”，赋能参赛企业。

总决赛期间，广州高新区举行了多项活动，为参赛企业提供了一场广州特色的科技金融服务大餐。大湾区科技创新服务中心联合广州创投学院、广州开发区科技金融服务中心、火石创造、环球科创资源中心在总决赛现场设立创业咨询台，为参赛企业提供专业的创业服务。通过介绍粤港澳大湾区的创业环境、创业政策、对接资源等内容，让科技企业感受广州高新区及大湾区的创新创业氛围，吸引更多优质的科技企业落户广州高新区，落户粤港澳大湾区，共同参与到粤港澳大湾区的创新创业事业中来。

当前，广州高新区拥有完善的科技、产业、人才、金融和知识产权政策体系。2018 年，该区发布了“IAB”主导产业专项扶持政策，叠加 2017 年出台的“金镶玉”系列政策，形成了一条较为完整、有机的政策链。

据了解，广州高新区着力推动企业利用多层次资本市场，加强上市奖励和资本市场融资奖励政策扶持，其中鼓励生物医药企业并购重组最高奖励达1000万元。针对生物医药企业研发资金需求大、研发周期长的特点，通过引入优质天使投资、风投创投机构，培育、扶持一批有潜力、有爆发力的生物科技企业快速成长。

在奖励政策方面，对广州高新区内企业获得上级科技部门奖励（含中国创新创业大赛）的予以配套奖励，对国家级奖励，给予100%的配套奖励，最高500万元。此外，“风投10条”和“知识产权10条”等政策对创新创业项目落户发展者给予有力支持；“青创10条”对参与创新创业大赛获奖并落户的港澳青年初创项目，给予最高20万元创业启动资助。

作为广州市发展实体经济和科技创新的主战场，广州高新区在围绕创业孵化、平台搭建、科技金融、创新激励等方面密集释放普惠政策。以生物医药为例，广州高新区已构建起“研发创新—孵化加速—高端制造—产业服务”的全产业链承载空间，拥有一批世界级企业、世界级人才、世界级研发机构、世界级平台，形成以广州国际生物岛、广州科学城、广州知识城为核心的生物医药集聚区，集聚企业超过1000家，2018年实现营业规模超过785亿元，约占广州市生物医药产业总营业规模的60%，已经跻身国内第一梯队，形成了医药制造、医疗器械、干细胞与再生医学、精准医疗、体外诊断、检验检测六大核心产业。

在生物医药大放异彩的同时，广州高新区不断强化源头创新，建设“黄埔实验室”，支持布局重大科技基础设施，着力建设面向行业关键共性技术、促进成果转化的研发和转化高水平创新平台。据统计，园区目前拥有生物医药领域重点实验室、工程中心、技术中心等省级以上研发机构 96 家。建设有广州市再生医学与健康广东省实验室、中国科学院广州生物医药与健康研究院、华南生物医药研究院、粤港澳大湾区高性能医疗器械创新中心、粤港澳大湾区高端科学仪器创新中心等重点科技创新平台。

创新创业土壤肥沃，广州高新区生物医药人才呈现世界顶尖人才多、海外归国人才多、行业领军人才多的“三多”局面。目前，该园区集聚生物医药领域院士工作站 6 家、国家级研发机构 9 家、细分领域单项冠军超过 30 家、基因测序及诊疗领域企业 96 家、干细胞及再生医学领军企业及研发机构超过 30 家，形成全国第一梯队的研发机构、全国第一方阵的领军企业。拥有院士、海外归国等高层次人员 300 余人，生物医药从业人员近 5 万人。

深厚的产业根基，加之贴心的全产业链服务，直击企业发展中的痛点，正是因为这样，广州高新区才能诞生奇点医药这样具有颠覆性创新特点的初创企业，而这，也是奇点医药能够一路披荆斩棘、英勇夺冠背后的深层次原因。

（罗晓燕 / 文）

八方英才“逐鹿”鹏城
科技创新筑梦中国“芯”

第八届中国创新创业大赛电子信息行业总决赛纪实

科技创新，成就大业。2019 年 10 月 31 日，第八届中国创新创业大赛电子信息行业总决赛在深圳宝安迎来巅峰对决。经过层层选拔，来自全国各地的电子信息行业的“双创”精英汇聚一堂、同台竞技，最终深圳市灵明光子科技有限公司和浙江赛思电子科技有限公司从 289 家入围全国决赛的企业中脱颖而出，分别获得初创组和成长组一等奖。此外，还有 115 家企业荣获“中国创新创业大赛优秀企业”。

开幕式上，科技部火炬中心副主任张木在讲话中表示，中国创新创业大

赛作为落实党中央、国务院有关“双创”升级要求的重要举措，已连续举办8届。8年来，大赛每年都会吸引大批优秀项目前来参赛，全国累计参赛企业和团队已达18万余家，形成了具有影响力的“双创”工作品牌。“通过行业总决赛的举办，能够为深圳电子信息产业带来更多的创新资源，也必将激发出更加强劲的创新活力，助推中国特色社会主义先行示范区的建设和发展。”

22家企业巅峰决战　激荡双创“头脑风暴”

搭设科技竞赛场，放飞“双创”梦想。

第八届中国创新创业大赛共有30 287家企业参赛。其中，电子信息行业参赛企业近7500家，相较2018年增长了400多家，在37个地方赛事的逐层评选下，最终有289家企业入围本届电子信息行业总决赛。经过半决赛的比拼，有14家成长企业和6家初创企业成功突围晋级总决赛，同台打擂、巅峰对决。

据了解，此次大赛邀请了7位业内知名专家、投资人担纲决赛评委，从技术、市场、团队、财务等方面对决赛项目进行专业评判。总决赛比赛采

用“8+7”模式，即参赛选手陈述8分钟，评委提问7分钟，7位评委以此判断并进行评分，现场公布最终得分。

台上一分钟，台下十年功。赛场上群英荟萃、各显神通；比赛现场气氛紧张热烈，火药味十足。参赛选手意气风发、侃侃而谈，围绕技术创新、竞争对手、商业模式、财务预测、团队优势、市场前景、融资需求等展开演讲，以最精练的语句系统而全面地向大家展示项目的创新性、前瞻性及发展前景，以独特的视角阐释项目的特色，用切实的可行性方案向评委们呈现出一个又一个充满发展前景的“新科技”。

答辩环节，评委们犀利点评，开启追问模式。评委们针对创业项目的关键技术、核心团队、市场前景、商业模式等频频发问——“项目的核心技术在哪里?”“与同类产品相比，你们的竞争优势在哪里?”“市场空间有多大?”“客户集中度怎么样?”“毛利率为多少?”“核心团队是怎么组成的?”……针对评委们接二连三抛出的问题，选手们自信满满、沉着应对、妙语连连，其中不乏令人耳目一新、精彩动人的作答，赢得了评委们的点赞和观众的喝彩声。

经过紧张而又激烈的决赛比拼，最终，深圳市灵明光子科技有限公司和浙江赛思电子科技有限公司分别获得初创组和成长组一等奖；欧勒姆电气（惠州）有限公司和荣湃半导体（上海）有限公司、上海云轴信息科技有限公司分别获得初创组和成长组（2家）二等奖；广州技象科技有限公司和江苏鲁汶仪器有限公司、上海艾麒信息科技有限公司、北京忆芯科技有限公司分别获得初创组和成长组（3家）三等奖。

硬核科技炫酷登场　尽展中国“双创”实力

电子信息，用“芯”预见未来。

晋级决赛的企业中，芯片项目居多。涉及GNSS双通道宽带射频芯片、CMOS毫米波芯片、时钟时间同步SOC芯片、柔性AMOLED驱动芯片、STAR 1000P企业级SSD主控芯片、多通道数字隔离芯片、多模物联网通信 SoC 系列芯片、高性能单光子探测器芯片、高端光芯片等项目。此外，还有主攻存储系统、虚拟仿真、电子元器件、传感器、卫星网络、物联网、云计算的科技创新企业，覆盖智能教育、信息安全、图像处理、运维排障、热成像、电子通信等行业。

这些优秀的科技创新力量，皆是时代进步的推动者，他们有冲击国际标准的雄心，亦有智创美好生活的科技利器。中兴合创董事长、大赛评审专家丁明峰表示：“此次晋级决赛的企业以芯片类居多，创新人员也以海归为主，项目质量也越来越高。此次参赛项目种类、质量反映整个社会创新创业的状态，是更加注重前沿科技与高质量。”宽带资本合伙人、大赛评审专家周耘也表示：“此次参加决赛的项目既有前沿技术，也有明确的商业模式，整体质量都非常高。”

来自深圳本土并获得初创组一等奖的深圳市灵明光子科技有限公司致力于应用国际领先的单光子探测器技术，研发及制造高性能光电传感器芯片。主要产品包括硅光子倍增管、单光子成像传感器芯片等，主要应用在激光雷达和其他高性能深度传感系统上，能帮助智能硬件实现三维感知能力的飞跃。公司首席执行官贾捷阳表示，希望用自己手上纳米级的核心技术帮助解决激光雷达克服千米级的问题，并实现更加丰富多彩的应用，为未来创造“慧眼”。

获得成长组二等奖的企业荣湃半导体（上海）有限公司，是一家致力于打造高性能模拟集成电路产品的提供商，希望通过自身努力改变世界的连接方式。该公司汇聚了一批来自美国高通公司、美国芯科实验室公司和美国德州仪器公司等世界领先的模拟集成电路技术公司的 IC 设计师。公司创始

人董志伟表示，其参赛项目多通道数字隔离芯片（≥ 3 通道），很好地解决了传统隔离器受到工作温度范围、噪声干扰和产品寿命等的极大限制的问题，具有抗干扰性强、耐高温高压、低功耗、寿命长等特点，广泛应用于工业、新能源行业。

“双创”活动亮点纷呈　共筑创新创业梦

中国创新创业大赛是由科技部、财政部、教育部、中央网信办和全国工商联共同指导，共青团中央、致公党中央、招商银行共同支持的全国性创新创业赛事，是全国优质“双创”资源的高效整合平台，已经成为推动大众创业、万众创新的重要抓手，也是中国最大的众创空间和最强众扶平台。

“双创”活动丰富多彩、精彩纷呈。在此次大赛总决赛期间，还举办了大企业创新需求发布会、大企业对接会、宝安区电子信息产业环境参观、公益大讲堂、创业云服务、融资路演沙盘演练、电子信息产业配套资源展、电子信息行业参赛企业展等丰富多彩的“双创”活动，以模拟路演、资本对接、人才培养、政策解读、创业辅导等形式，为企业免费提供培训辅导、融资路演、展览展示、大企业对接等多元化服务，为众多创业者提供了融资、培训、对接、展示方面的支持，助力参赛企业创新发展，真正体现了大赛的“众扶”机制。

其中，大企业对接会邀请美亚柏科、三星、科沃斯、西门子、上海电气、洲明科技、欣旺达电子、华润集团、京东集团等科技强企，组成广阔的创新资源平台和精准的创业服务窗口，与参赛企业进行精准对接，以大中小企业融通的方式，帮助小企业技术创新、大企业产业升级，助推创新创业高质量发展。

宝安区电子信息产业环境参观活动，通过安排参赛企业参观宝安区电子信息行业龙头企业、优秀园区、孵化器，为选手提供“零距离”接触宝安区知名企业、优秀园区和孵化器的机会，了解知名企业发展状况，学习先进的管理理念。

公益大讲堂活动，邀请深圳证券交易所深圳区域经理向珣、罗科仕科技（北京）股份有限公司业务总监陈植红、中国太平洋财产保险股份有限公司相关负责人张丞宇分别围绕“深圳多层次资本市场与IPO审核动态”“探索·数字经济下产业人才发展新路径”“赋能电子信息行业发展，为中小企业保驾护航——政策保险补贴解析”等话题进行演讲，对创业者进行了专题培训。

融资路演沙盘演练活动，特邀天使投资机构、VC/PE投资机构的嘉宾进行主题演讲，为参赛企业提供现场模拟演讲及金融对接服务。同时，深度对接深圳本地资本市场，以帮助企业解决在不同发展阶段的资金需求和融资障碍。此外，帮助参赛企业模拟路演环境，提早发现问题、解决问题，以最好的状态参加比赛。

创业加油站活动，围绕创业企业的多元化需求和痛点问题，大赛组委会集聚金融、创业投资、保险经济、企业管理咨询等多方创业服务机构，在比赛会场设置咨询展位，为参赛企业提供创业咨询服务。

对此，参赛选手纷纷表示收获颇丰。浙江赛思电子科技有限公司董事长许文表示：“通过参加大赛，更多的投资机构了解了我们的技术、创业团队等，可以帮助我们发展得更好。”

以赛为媒　助创业者成就梦想

第八届中国创新创业大赛电子信息行业总决赛举办地——深圳，已经是第3次承办中国创新创业大赛电子信息行业总决赛。深圳以大赛为契机，不断深化创新驱动发展战略，聚合大企业、孵化机构、银行创投、产业基金、产业政策等各类资源，打造更加优越的电子信息产业生态，更加优质的科技型企业“双创”服务，助推经济和产业的高质量发展，为粤港澳大湾区实现全球智创集群贡献力量。

为推动“双创”事业持续蓬勃发展，深圳不断优化“双创”环境。2019年，深圳对科技计划管理进行改革，推出深圳科改22条举措，其中对创新

创业及企业的研发投入进行大幅改革，加大对企业研发投入支持力度，2017年科技研发专项资金是65亿元，2018年达到90多亿元，2019年是129亿元。同时，电子信息已经成为深圳市支柱型行业。2018年，深圳电子信息行业完成产值2.1万亿元，同比增长13.8%。

“电子信息行业总决赛放在深圳举办也是非常合适的，与深圳产业发展的契合度很高。”深圳市科技创新委员会副主任黄臻表示，“选择宝安作为电子信息行业总决赛的承办地，就是因为宝安产业配套齐全、产业发展环境良好、产业基础雄厚。”

近年来，宝安区坚持把创新作为发展的第一动力，人才是第一资源，大力营造创新创业环境，着力激发全社会“双创”活力，出台了以优化营商环境为核心的“1+5+7+*N*”产业政策体系，“1”即《宝安区关于优化提升营商环境的若干措施》，“5”就是5个配套文件，“7”就是7个扶持政策，“*N*”就是*N*个稳工业、降租金等的辅助政策，大气魄支持企业落地，大手笔扶持企业做强，为企业的创新发展提供坚强后盾。

同时，为加快创新产业空间拓展，提升宝安营商环境，宝安以“科技桃花源”为品牌，打造创新载体，为落地宝安的高质量企业提供更优、更美、更适宜创业的空间环境。目前，宝安拥有7个国家级孵化器、8个国家级众创空间、64个科技创新园区。对于进驻区级科技创新园和众创空间的科技企业，宝安还通过发行科技创新券来给予房租补贴，具体标准是连续3年、每年租金的50%、最高10万元的补贴。

此外，近年来，宝安大力推动政务服务模式改革，完善服务链条，努力提升服务效率。网上办事大厅借鉴互联网“O2O”理念，构筑便民服务网络，行政审批服务实现100%网上申报、100%网上审批“两个100%”，审批服务事项“一门一窗一网一号”全天候通办，政府行政服务效率全国领先。建立宝安“金融超市”，搭建企业与金融服务机构的交流合作。建设“海归岛”，专门为留学归国人员到宝安创业就业提供一站式精准服务。

深圳市宝安区副区长娄岩峰表示，2019年是中国创新创业大赛电子信息行业总决赛第3次在宝安区举行，宝安区借助大赛，引进和培养了一批电子信息方面的专业人才，培养了一批电子信息行业的创新企业。“值得一提的是，宝安区为参加本届全国行业总决赛的参赛企业制定了丰厚的政策‘红包’，将对获奖企业落地宝安后最高奖励100万元。宝安更期待大家筑巢宝安、扎根宝安。”

（叶伟/文）

多路英才齐聚洛阳　赋能“制造强国”

第八届中国创新创业大赛先进制造行业总决赛纪实

2019 年 11 月 7 日，为期 4 天的第八届中国创新创业大赛先进制造行业总决赛在千年古都洛阳落下帷幕。从 272 家参赛企业中脱颖而出的 22 家企业经过一天的激烈角逐，最终，广东康云多维视觉智能科技有限公司夺得成长组第一名、蓝箭航天技术有限公司摘得初创组桂冠。

“今年参赛企业数量再次突破 3 万家，其中，有效期内高新技术企业和今年入库科技型中小企业总数占 38%，成长组达到了 47%，科技创新创业特征更加明显。”科技部火炬中心副主任盛延林在此次总决赛开幕式致辞时介绍说，自 2012 年以来，科技部已牵头连续举办了 8 届中国创新创业大赛。8 年来，中国创新创业大赛吸引了 18 万家创业企业报名参赛，形成了覆盖全国、上下联动、具有影响力的“双创”工作品牌，使大赛成为各级科技部门携手推动“双创”工作的有效举措。8 年来，广大参赛企业在中国创新创业大赛的舞台上展示了创业风采，众多企业被市场发现了价值，得到了数以百亿元的投融资，使大赛成为高效的创业融资服务平台。

丰富多彩办赛事　为“制造强国”赋能

制造业是立国之本、兴国之器、强国之基，自 18 世纪中期开启工业文明以来，西方国家的兴衰史和中华民族的奋斗史一再表明，没有强大的制造业就没有国家和民族的强盛，打造具有国际竞争力的制造业，是提升综合国力、保障国家安全、建设世界强国的必由之路。为使这届中国创新创业大赛先进制造行业总决赛办得有声有色，大赛组委会在大赛期间还举行了“科技赋能，智造未来”系列主题演讲、大企业需求发布、赛前培训、公益大讲堂、大企业对接会等活动。

在系列演讲环节，华中科技大学教授、博士生导师，国家数控系统工程技术研究中心主任陈吉红为参赛企业和与会嘉宾带来了“制造装备智能化转型升级的实践”主题演讲；宝钢股份智慧制造推进办公室副主任邹玉贤分享了“转型·钢铁业发展的新机遇”；郑州机械研究所总工程师、新型钎焊材料与技术国家重点实验室主任龙伟民“制造强国的路径与实践”的演讲赢得台下参赛企业和与会嘉宾的阵阵掌声。

而大企业对接活动则邀请京东集团、上海电气、西门子、中信重工、宝武钢铁等龙头企业，与参赛企业进行“一对一”深度对接，以帮助实现小企业技术创新，助力大企业产业升级。龙头大企业发布的创新需求主要分布在智能装备、精密仪器、质量检测、工业安防、视频图像处理等和人工智能紧密结合的智慧技术。其中，中信重工特别关注小功率轮毂电机、比例电磁铁制动器、裸眼3D等技术领域的创新。上海电气将为参赛企业打造合作研发、合资合作、创业投资等合作方式，他们的创新需求更为广泛，在高端医疗、节能环保、物联网、智慧交通、新能源汽车等领域均有多项合作诉求。

此外，近年来，河南制造业取得了非凡成就。此次赛事在邀请了西门子、上海电气、中信重工、京东集团、宝武钢铁5家龙头企业参与融通对接的同时，还释放了一大批河南制造名企和高校、科研院所的科技创新需求。“5+N”的资源对接形式，让大赛变成了先进制造行业的“科技大市场”，极大地凝聚了先进制造行业的发展合力，打造了产业链上游、中游、下游的连接纽带，促进了产学研用的协同创新。

另外，赛事还采用线上线下同步互动对接平台，极大地拓宽了对接渠道和空间，为全国各地的参赛企业带来更多的合作机会。网上互动对接平台还有融资、政策、孵化、赛事等对接信息，让创业服务更全面、更便捷。

在为科创企业提供帮扶平台的同时，此次赛事还让普通民众感知了先进制造对美好生活的全面助益。“先进制造、智慧生活”科普展成为普通民众了解大赛、了解科技创新、了解先进制造的通道。在展览上，全国优秀参赛项目，以及智能硬件、互联网、机器人、人工智能、文化创意等领域的高新技术产品得到了展示，为民众带来了一场科普盛宴。

从“东方红”到“北玻”　感受“共和国制造”

“新时代是创新创业的黄金时代。中国创新创业大赛先进制造行业总决赛连续4次花开洛阳，结出了累累硕果。”洛阳市市长刘宛康在开幕式上表示。经统计，通过大赛落户洛阳的企业数量突破40家，50余名博士、硕士等纷纷来洛阳落户创业。其中，经大赛落户洛阳的拓博尔铁路设备入围当地“河洛英才计划”，获得了1000万元的洛阳市财政支持；第五届中国创新创业大赛先进制造行业总决赛团队组第一名的清科激光团队，也已在洛阳成立公司，成功融资2000万元。洛阳一系列的科技创新政策“红包”也已在本届大赛中备足。

为使广大参赛企业近距离感受洛阳“共和国制造”，大赛期间，200余名参赛企业代表分成两路，参观了东方红农耕博物馆、中国一拖集团有限

公司、洛阳北方玻璃技术股份有限公司，以及中国船舶重工集团公司第七二五研究所等单位，亲身感受洛阳当地优秀先进制造企业的创新创业文化和古都洛阳城市文化带给他们的强烈震撼。

拥有中国驰名商标“东方红”的中国一拖集团有限公司，作为中国特大型机械制造企业，是毛泽东主席亲自敲定的厂址、周恩来总理亲自任命厂长的工厂，也是中国第一台拖拉机、第一台压路机和第一台军用越野汽车的诞生地。尤其是“东方红”这个响亮的名字，反映了新中国翻身农民的喜悦心情。如今，经过50多年的发展，中国一拖公司已成为以农业装备、工程机械、动力机械、汽车和零部件制造为主要业务的大型综合性装备制造企业集团。在中国一拖生产线，参赛企业感受到了中国一拖不断融合信息技术与互联网、变制造为“智造”的发展巨变。

从中国第一代履带拖拉机、中国第一代水旱两用轮式拖拉机、中国第一代小型轮式拖拉机、中国第一代大功率轮式拖拉机，到如今的“东方红”400马力无级变速拖拉机、无人驾驶拖拉机……东方红农耕博物馆可谓是一幅再现农耕发展的历史画卷。来自全国各地的参赛企业代表们，被一台台展车深深地吸引，感受着“共和国制造”及背后的创新精神。

而众所周知的“北玻”，也是洛阳的一张靓丽名片。作为玻璃深加工装备制造行业的龙头，洛阳北方玻璃技术股份有限公司是集玻璃深加工设备设计、制造、销售和高端深加工玻璃产品生产、销售为一体的高新技术企业。主要产品为玻璃钢化设备、镀膜设备、高端深加工玻璃等核心产品及风机产品及工业节能大风扇、玻璃深加工自动化连线、玻璃切割设备、仓储系统、切掰磨钻自动线等产业，截至2019年12月，拥有产品品类300多种型号。

此次参赛代表们观看了应用在北京鸟巢、新加坡机场等国内外标志性建筑上的洛阳北方玻璃技术股份有限公司特制玻璃产品，尤其是展出的世界最大弧长弯钢玻璃等系列产品，更是引人注目。据了解，自主研发、创下世界纪录的弯钢玻璃：整块玻璃弧长4500 mm、高2200 mm、厚17.5 mm。截至2019年12月，北玻股份天津玻璃公司加工的世界最大弯钢弧长已达到 8000 mm；最大版面可做到 17 500 mm。“整块玻璃其实由两块超白弯钢玻璃组成，但从外表看起来这两块玻璃严丝合缝，吻合度非常高。”洛阳北玻工作人员介绍说。在洛阳北玻生产车间，最吸引人的还有 Low-E 镀膜玻璃生产线，据工作人员介绍，这是北玻自主研发、国内首创、具有独立自主知识产权的商用生产线。

“之前真不知道玻璃怎么造出来，没想到也需要这么多工序。”近距离感受了玻璃的制造过程，一位企业代表感慨地说。

随后，参赛代表们又来到中国船舶重工集团公司第七二五研究所，该所隶属于中国船舶重工集团有限公司，是专业从事舰船材料与工艺及应用性研究的军工科研事业单位。主要产品有金属波纹管膨胀节、特种材料压力容器、管道和桥梁支座、金属爆炸复合材料、海绵钛、防腐防污产品、风电叶片、船舶压载水系统、海水淡化系统等。

（晁毓山 / 文）

“真材实料”滨城争霸　引领产业新风向

第八届中国创新创业大赛新材料行业总决赛纪实

新材料是制造业和武器装备高质量发展的前提条件，是催生战略性新兴产业的物质先导，更是当前补齐我国科技短板的重要着力点，已成为决定国家竞争力的关键领域和核心技术。2019 年 11 月 12 日，为期 4 天的第八届中国创新创业大赛新材料行业总决赛在滨城大连迎来巅峰决战。18 家入围最终决赛的企业经过一整天的同台竞技、激烈比拼，最终，安徽科昂纳米科技有限公司、湖北航泰科技有限公司分别获得初创组和成长组一等奖。科技部火炬中心副主任盛延林、大连市政府副秘书长于志龙等出席颁奖典礼，并为获奖企业颁奖。

“中国好材料”同场竞技展风采

“材料是国民经济的先导产业，新材料是各国必争的战略性新兴产业，新材料领域科技创新日新月异。”在新材料行业总决赛开幕式上，盛延林寄语参赛企业能够借助大赛服务，在创新创业道路上不断取得新成绩，为我国新材料发展做出积极贡献。

据悉，本届大赛有 2365 家企业在新材料行业竞赛，入围全国新材料行业总决赛的企业有 193 家，经过半决赛的激烈角逐，共有 18 家企业成功晋级最终决赛，82 家企业荣获“中国创新创业大赛优秀企业”。

在 11 月 12 日举行的最终决赛现场，站上总决赛巅峰之战舞台的“全国 18 强”，在万众瞩目中，接受 7 位评委的考验。

“你们所做的产品应用市场门槛非常高，为什么会选择在这个方向去创业?”“跟其他企业相比，你们的项目工艺在性价比上有什么优势?”“今年已

经到手的订单有多少?""你们在专利方面有哪些布局?"……

评委席上的7位专家本着"赛马场上选骏马"的原则，提问尖锐而犀利，点评一针见血、直击问题要害。而参赛选手妙语连珠、沉着应对，不时赢得台下观众的阵阵掌声。

最终，安徽科昂纳米科技有限公司、湖北航泰科技有限公司分别获得初创组和成长组一等奖；艾菲博（宁波）光电科技有限责任公司获得初创组二等奖，长春海谱润斯科技有限公司、福建德尔科技有限公司获得成长组二等奖；江苏图研新材料科技有限公司获得初创组三等奖，无锡蕾明视康科技有限公司、南阳裕泰隆粉体材料有限公司、深圳市矩阵多元科技有限公司获得成长组三等奖。

当前，材料制备与应用向低维化、微纳化、人工结构发展，材料结构功能一体化、功能材料智能化、材料与器件集成化、制备及应用过程绿色化成为材料研发的重要方向。此次新材料行业总决赛印证了这一发展方向，成为我国新材料最新科技成果集中展示的大平台。

此次获得初创组一等奖的安徽科昂纳米科技有限公司，是一家专业从事气凝胶纳米新材料研发、生产与销售的高科技企业。“环保型气凝胶新材料，让世界更加节能。”该公司创始人张尚权在赛场道出了该项目的特色。

浙江省创业投资集团总裁胡永祥认为，气凝胶的保温隔热效果非常好，行业应用已慢慢被市场接受。在气凝胶应用场景上，胡永祥对其在消费类电子应用中，如何应对电子产品不断降价而导致利润空间不断缩小提出质疑。而张尚权在比赛中表示，公司独创的环保型气凝胶新材料生产技术，在保证气凝胶环保、清洁生产的同时，可大大降低气凝胶的制备成本。

胡永祥十分看好该项目，认为中国制造需要这种高效、无污染、附加值高的材料，并将创业导师邀约卡给了张尚权。

获得成长组一等奖的湖北航泰科技有限公司，以高性能特种功能材料和装备为突破口，聚焦航天动力与材料领域，重点发展火箭发动机高性能的特种材料制品和器件。

"用创新之材打造飞天之'舟'!"航泰科技创始人廖俊在比赛中无比自信,"我们 20 多人的团队奋斗在航天发射第一线,科技成果将在近期用于新一轮火箭发动机的研制。"

廖俊表示,该行业准入门槛高、投入大、周期长、风险大,一般企业很难进入。航泰科技凭借高技术壁垒,预计未来 5 年内产品市场规模将达百亿级规模。由于属于结构功能一体化的纤维增强复合材料制品,公司产品还可应用到其他很多领域。廖俊说,下一步的市场策略将采取降维"打击",开拓民用高端市场。

多举措拓宽众创众扶空间　孵化培育新材料"隐形冠军"

在新材料行业总决赛开幕式上,赛丰新材料产业园和中国技术创业协会知识产权服务联盟揭牌,中国创新创业大赛组委会办公室和中国国际专利技术与产品交易会组委会办公室合作意向、国家级新材料大数据中心战略合作协议等签约仪式同期举行。一系列活动,将为我国新材料产业发展提供新平台支撑,并拓宽服务科创企业的众创众扶空间。

不仅如此,赛事期间,高峰论坛、大企业对接、公益大讲堂、创业英雄汇、"创新滨城行"参观考察、"大连之夜"等特色活动异彩纷呈,赢得了参赛企业的声声赞誉,真正体现了大赛多层次、全方位、立体化的众扶机制。

其中,在高峰论坛上,中国工程院院士干勇、中国工程院院士蹇锡高、中车集团副总裁王军分别以《制造强国基础要素及基础能力提升》《高性能、功能性高分子材料发展趋势分析与实践》《高铁产业的材料与发展》为主题进行了精彩分享。

干勇认为,我们要围绕重大需求,依据国家专项"大、专"属性要求,重点研发先进钢铁材料、高品质高温合金、高性能纤维与先进复合材料、稀土功能材料、先进微电子与光电子材料、新型显示材料、绿色能源材料、军用新材料等。蹇锡高表示,高技术发展需求推动高分子材料的高性能化、功能化,生产原料多元化趋势明显,绿色低碳促使高分子材料回收利用迫在眉睫。王军表示，未来，高速动车组围绕着智能、环保、高效和舒适的发展需求，将更加关注镁合金、石墨烯、气凝胶、碳纳米管、非晶合金等新材料的发展和应用。

接连不断的主题演讲带给参赛企业一场“头脑风暴”，前瞻的产业热点和权威资讯，极大地拓宽了参赛企业的视野。

建设大中小企业融通发展平台是我国大力促进“双创”平台服务升级的主要内容。中国创新创业大赛作为全国最大的“众创空间”，一直致力于平台升级，促进大中小企业创新创业价值链的打造。此次赛事吸引了上海电气、沙特基础工业、陶氏化学、索尔维投资、科思创、巴斯夫、立时集团、三星、大连船舶重工9家龙头企业参与大企业对接活动，在大赛中“寻材问料”，与科技型创新创业企业进行深入的合作对接。

上海电气中央研究院创新中心总监肖庆亮梳理了上海电气的创新需求，主要涵盖新能源汽车、综合能源储能、智慧交通、智能制造、物联网、人工智能、高端医疗、环保、高端装备9个方面，每个领域都与材料息息相关。

谈及与中小企业对接的原因，陶氏化学亚太区投资经理吉果表示，陶氏虽然是一家世界500强企业，但很难完成所有的创新，陶氏希望能够在功能性材料和涂料、工业设施、塑料和包装领域与中小企业合作，发挥各自的长处，共同完成创新。

为了精准高效地完成对接，大赛将大企业的技术和产品需求同入围行业总决赛的优质项目进行匹配，在活动现场设立私密对接室，为拥有高新技术的中小微企业与行业龙头企业进行“一对一”精准对接，帮助小企业技术创新、大企业产业升级。

“我们公司在聚乙烯醇（PVA）、聚乳酸（PLA）、淀粉（PSM）、聚酯类（PBS/PBAT/PBSA）等生物基材料方面有着领先的研发技术。”刚刚参加完大企业需求发布会的安徽鼎洋生物基材料有限公司的参赛选手，迫不及待地来到了沙特基础工业私密对接室。在等待对接的间隙，他向记者展示了其自主研发的湿垃圾专用袋——一张软软的略带淡淡“酸味”的样品。

"因为它是由聚乙烯醇和淀粉制作而成，所以闻起来味道略带酸味，可以在热水中自行溶解，也可以在环境作用下自行降解。"该参赛选手介绍说，"听完大企业需求发布会，感觉我们的产品和这家大企业发展循环经济的需求是较为契合的。"

"陶氏、立时都是我们的意向大企业，真是不知道该先对接哪一个!"泛亚秦皇岛环保科技有限公司总经理宋振杰感叹道，"我们致力于从事环保材料、墙体壁材、室内装饰和室内空气净化等系列产品的研发、生产、销售，尤其是在环保功能材料方面有自己的配方，想借助大企业的力量尽快把产品推向市场。"

这些活动以比赛为契机，丰富了企业的参与方式，进而为创业者提供融资、培训、对接、展示等服务内容，旨在推动大众创新创业健康发展，孵化培育"隐形冠军"。

大赛首次落地大连　开启滨城新材料产业新未来

作为此次活动承办地的大连，历史上曾创造了第一艘导弹驱逐舰等多项全国第一，为我国制造业体系建立和发展做出了积极贡献。特别是2016年国家实施新一轮东北振兴战略和党的十八大以来，大连以建设现代工业产业体系为目标，加强产业结构调整，加快产业转型优化升级，第一艘航母、第一只大型船用柴油机曲轴、第一台核反应堆压力容器、第一台海上钻井平台等均出自大连，大连实现了新能源汽车、核电装备、风电装备等新兴产业从无到有，船舶、机车、制冷设备产业从小到大，数控机床、高端轴承从弱到强的历史性转变。

截至2019年12月，大连拥有30多所高校和大连化物所等100多所市级院所，各类国家级平台53家，全市拥有各类专业技术人员已达78万人，高层次人才达到2000人，两院院士30人，为推动大连高质量发展提供了强大的智力支持。同时，大连充分发挥国家自主创新示范区和国家自贸区叠加优势，着力推进双自联动发展，聚集了大量来自国内外的创投群体和创新创业机构。2018年大连市共有规模以上新材料企业300多家，在新能源材料、半导体材料、高分子材料、纳米材料和膜材料领域形成一批龙头企业和重点产品，为国民经济和国防建设做出了巨大贡献。

此次新材料行业总决赛首次落地大连，为大连积极推动“双创”工作和发展新材料产业注入了新动能。大连市副市长张志宏在大赛开幕式上表示：“新材料行业总决赛在大连举办，为大连提升区域创新创业水平，建设东北亚创新创业创投中心，提供了重要的平台支撑。”大赛平台表现出的资

源集聚能力，为大连营建了浓厚的对接合作、学习提升、交流分享、创新融合的"双创"氛围。人才、技术、资本在滨城争相集聚，以大赛为契机成立国家级新材料大数据中心等一系列新举措，为大连实现新材料产业的高质量发展带来了新平台、新气象、新未来。

据悉，此次大赛中，来自大连的企业大连科天新材料有限公司、大连金泰正新科技有限公司成功入围"成长组"优秀企业名单。在"创新滨城行"活动中，160 余名参赛企业代表、投资人和媒体代表参观了大连化学物理研究所、大连理工大学、大连船舶重工集团有限公司，亲身感受大连当地科研院所、高校和先进企业的科研成果和创新技术。

其中，在"创新滨城行"活动首站——大连船舶重工集团有限公司，这里见证了中国造船史上的 80 多个第一：中国第一艘万吨轮、第一艘出口船、第一艘导弹潜艇、第一艘导弹驱逐舰、第一艘 VLCC、第一座 3000 m 深水半潜式钻井平台、第一艘航空母舰……

在"大船之魂"展示厅内，来自全国各地的参赛企业代表零距离观看了一件件"大国重器"，领略了创新驱动、国内领先、世界一流的船舶重工领军企业的风采，深切地感受到"中国制造"及背后的创新精神。

"大船集团的创新能力让人叹服，中国和大连的科技进步让人振奋。国之重器离不开新材料作为基础和支撑。"苏州涂冠镀膜科技有限公司总经理陈君说，希望以后能够和大船集团有合作机会，共同推动中国科技发展。

（李洋 / 文）

群英荟萃展风采　万物“互联”真英雄

第八届中国创新创业大赛互联网行业总决赛纪实

科技创新，成就大业。2019 年 11 月 21 日，第八届中国创新创业大赛互联网行业总决赛在杭州未来科技城学术交流中心落下帷幕，中安云服智能技术有限公司和上海卫莎网络科技有限公司从 248 家入围企业中胜出，分别获得初创组和成长组一等奖。

此次互联网行业总决赛是 2019 年全国赛的第五场行业总决赛，共设立了 37 个省级赛区，吸引了 7747 家互联网企业参赛，248 家企业入围总决赛。经过 3 天激烈角逐，诞生了初创组一、二、三等奖各 1 名，成长组一等奖 1 名、二等奖 2 名、三等奖 3 名。100 家企业获得优秀奖。

展现行业发展新趋势

科技部火炬中心副主任张木在开幕式致辞中表示，从互联网到移动互联网，再到数字经济，互联网已经影响到社会方方面面。张木寄语创业者，通过参与大赛能够亲身体验杭州互联网创新创业的浓厚氛围，进一步激发创新创业的热情和动力。

作为聚众智、汇众力的平台，中国创新创业大赛互联网行业总决赛的舞台上，思维碰撞异常活跃，体现了互联网人锐意创新、分享融通、迭代进取的创业特质。张木表示，“互联网 +”已深度融合于经济、社会各个领域之中。互联网行业一直是“双创”中最为活跃的部分，从历年大赛的参赛情况看，互联网行业参赛企业的数量最多。

据大赛组织方介绍，第八届中国创新创业大赛共有 30 287 家企业参赛。其中，互联网行业参赛企业 7747 家，为六大行业中参赛企业最多。在 37 个

地方赛事的逐层评选下，最终有 248 家企业入围本届互联网行业总决赛。

当前，“互联网 +”为各行各业带来了升级转型的契机。信息在网络中的轻松传递，让市场、技术、资本等资源的开拓、迭代、融通更显张力。在科技创新突飞猛进的今天，创业者已由获取互联网流量红利的模式创新中逐渐走出，底层技术的创新走向前台。从本届入围参赛项目来看，互联网的科技含量增色不少，拥有 5G 冷存储服务器 & 芯片模块技术、嵌入式操作系统 Relaper OS、基于区块链的分布式文件存储系统 UDFS、工业设备预测性维护系统、ADAS 二代主动安全独立设备等科技创新成果。智慧工厂、共享平台、全生命周期管理、供应链管理等技术创新，为工业互联网的发展带来新鲜血液。经过半决赛的激烈比拼，最终有 20 家企业站上了总决赛的舞台，进行终极角逐。

“传感器无法对数据背后的内容进行整体发现，这是目前市场上的痛点。SEnWELL 智能诊断云盒可以通过多个传感器的融合深度，挖掘背后的数据，进行故障的诊断。”决赛现场上，杭州中安云服智能技术有限公司联

合创始人张轩明从分析技术、数据技术、平台技术等多方面介绍了旗下产品“SEnWELL智能诊断云盒”的核心技术。“整个智能诊断云盒在核心技术分为三个方面：分析技术、数据技术、平台技术。数据技术方面，我们团队致力于整体的数据技术研究，通过把传感器的数据进行多维的算法分析之后，可以让特种车辆的故障在事前发现，同时服务工业和航天领域。”

据了解，中安云服研发团队在安防和工业预测性维护领域拥有5～10年的技术积累。基于其“数据指纹”技术的多维感知（安防）系统，杭州中安成功获得中石油西气东输管道一期金额达3700万元的订单，这也成为国内首个将“数据指纹”技术规模应用于安防领域的案例。

除了夺得初创组冠军外，张轩明及其团队还获得了大赛评委颁发的首张“邀约卡”。有了这张邀约卡，意味着这个年轻的初创团队在日后的创业过程中，有了更多与行业大咖面对面交流的机会。

“今年互联网行业总决赛的比拼异常激烈，平均每12.4个参赛企业中只有1名能够脱颖而出，进入最终的决赛赛场。”大赛组委会相关负责人表示，尽管每一名参赛选手都承受着非常大的压力，但从他们身上却传递着永不言败、积极开拓的“双创”精神。

赛场之外更精彩

作为国内最大的众服平台，中国创新创业大赛旨在推进我国“双创”事业更好发展。比赛间隙，还组织了走进大企业、大企业创新需求发布、大企业“一对一”对接会、公益大讲堂、创业诊断等一系列活动，从科技金融、分享培训、资源融合、创业咨询等方向，立体化、全方位、多层次助力参赛企业创新发展。

在中国（杭州）人工智能小镇，参赛选手走进展厅听取创新平台发展历程，体验前沿的人工智能技术应用。中国（杭州）人工智能小镇地处杭州城西科创大走廊核心区域，依托城西科创大走廊人才、产业、资本等优势，借助浙江大学、阿里巴巴、海创园、梦想小镇等各类平台优势实现人工智能领域高端要素的集聚，目标在 3 年内建设成为国内顶尖、国际一流的人工智能产业集聚高地。

“都说杭州是互联网之都，这次实地参观，让我们更加深入感受了杭州的创新氛围，如果有机会，一定会到杭州创业。”不少参赛选手在参观后纷纷表示说。

在创新创业过程中，大企业能以资源助力，快速引领中小企业正确发展；反之，中小企业也能给大企业注入关键的创新活力。在大企业创新需求发布和对接会活动现场，200 余家参赛企业与诸多大企业进行了“一对一”精准对接。

大赛主办方介绍，大小企业融通发展是近几年大赛服务的重要内容和目标，举办大企业

对接会，希望能帮助参赛企业深入行业、对接产业，在市场、技术、资本等方面获得产业资源。

对接会上，京东、宝马、正元智慧、同花顺等企业相继发布了最新合作需求。2019年，大企业们为中小企业开放了越来越多的合作方式和渠道。

“京东云致力于成为数字经济时代最具产业属性的云智能厂商。”京东集团云计算事业部负责人赵勇介绍，此次京东云需求发布主要有三点：入驻京东云的生态共同成长，新零售、物流等方向的合作和入驻京东云数字经济产业园。“在入驻数字经济产业园后，京东还将为企业提供高达销售额或产值2%的资源补贴。”

宝马公司的工作重点将投入自动化、互联化、电动化、共享服务化四大领域。此次需求发布，以开放创新为议题，希望将来能在电动汽车、智能驾驶、自动驾驶等新领域进行不同的科技型合作。

同花顺于2009年上市，今后将布局数据、智能层面，从科技转向人工智能，发布的创新需求集中于金融、智能医疗、智能助理、智能机械臂、智能楼宇等领域。

各企业的需求体现了当今互联网行业的高端科技需求浪潮，在需求发布后，在场的参赛选手们与企业进行了“一对一”对接，以期进行更深入合作。

例如，来自桂林旭研机电科技有限公司的技术负责人贠明辉与华润集团进行了“一对一”深入对接。“目前，我们正致力于智能养殖，拥有供水系统自净、将养殖从江河湖海‘解放’出来等新农业改革技术。对谈中，华润给我们找到了一个很好的合作契合点，将我们的技术和超市货架结合，创造品牌效应以带来更大的市场。这也正是我们目前缺乏的资源。”贠明辉说。

打造创新“梦工厂”

“‘互联网+’是浙江近年来致力打造的两大科创高地之一。”浙江省科技厅副厅长章一文表示，浙江省将加快建设国家数字经济示范省为支撑，为引领浙江经济提质升级注入源源不断地新动能，涌现了一大批互联网创

新创业企业，互联网产业基础雄厚，创业氛围浓厚，汇聚全社会创新创业的滚滚洪流，为稳就业、促创新增动力提供了有力支撑。“中国创新创业大赛互联网行业总决赛连续 5 年在浙江举办，对浙江互联网行业产生重大促进作用。”

互联网深刻地影响着每一位浙江人。这里不仅是世界互联网大会的永久举办地，诞生了阿里巴巴等一批互联网企业。更重要的是，浙江省最新发布的“科技新政 50 条”提出了重点打造以城市大脑为标志的“互联网 +”科技创新高地的全新目标。浙江省在互联网产业相关的布局与发展已经达到了前所未有的广度与速度。

2019 年以来，浙江省更是全面布局将数字经济作为“一号工程”来打造，激发出迈向高质量发展的澎湃动力，涌现出一大批优秀的互联网产业创新项目。例如，在此次晋级企业中，有致力于打造“互联网 + 教育”的潘哒教育、有深耕医用耗材云服务产品的爱怡康科技、有专注于数字化精准营销的生彩网络，其中，潘哒教育更是第六届浙江省“火炬杯”创新创业大赛一等奖获得者。

作为此次互联网行业总决赛的举办地，杭州城西科创大走廊始终牢牢抓住科技创新这一“牛鼻子”，做强做大科创“基因”，有效提升了区域内科技创新能力。

目前，杭州城西科创大走廊已形成了“基础创新—种子仓—孵化器—加速器—中试基地—产业园”创新创业生态链。通过探索被动服务向主动服务、普惠服务向精准服务、后顾服务向前瞻服务的转变，大走廊成为浙江省创新创业的首选之地。

“创新要素集聚推动创新人才汇聚，完善的政策和创新载体则是留住人才的关键。对于大赛获奖且有意向落地的项目，杭州城西科创大走廊也将给予相应政策支持。”杭州市政府党组成员，杭州城西科创产业集聚区党工委书记、管委会主任李玲介绍，杭州城西科创大走廊整合完善了浙江省、杭州市、余杭区支持企业创新的政策支持体系，推动出台大走廊创新发展专项资金管理办法，按照创新链、产业链、人才链、资金链、政策链“五

链”集成，构建廊带 5 km 创新圈，实现创新与创业相结合、线上与线下相结合、孵化与投资相结合。

“杭州城西科创大走廊是杭州打造全国数字经济的枢纽。当前，数字产业化、产业数字化、城市数字化正在杭州迸发出“双创”活力。未来，大杭州城西科创走廊一定能成为互联网技术创新的起源地、全球创业的‘梦工厂’。”李玲说。

（于大勇 / 文）

群雄汇聚亚洲锂都　共绘秀美绿色画卷

第八届中国创新创业大赛新能源及节能环保行业总决赛纪实

“双创”精英齐聚宜春，科技环保共绘绿意。2019 年 11 月 28 日，第八届中国创新创业大赛新能源及节能环保行业总决赛在“亚洲锂都”宜春迎来巅峰决战。这也是本届中国创新创业大赛的“收官之战”。经过激烈比拼，最终，浙江锋源氢能科技有限公司获得初创组一等奖、宁夏神耀科技有限责任公司获得成长组一等奖。科技部火炬中心四级职员段俊虎，江西省科技厅一级巡视员赵金城，宜春市委常委、组织部部长余正琨等领导出席颁奖典礼，并为获奖企业颁奖。

开幕式上，段俊虎表示，2019 年的第八届中国创新创业大赛，从参赛企业数据看，全国各地参赛企业“双创”热情高涨，参赛企业数量突破 3 万家，参赛企业科技型“双创”特点更加突出，高新技术企业或科技型中小企业总计 10 789 家，占比 35.6%。知识产权总量达 17.9 万余项，总数比上届多出了 2.5 万余项。作为首次举办中国创新创业大赛行业总决赛的宜春市，近年来依托产业资源优势，在锂电池全产业链构建、绿色环保产业发展方面做了大量工作。同时，作为一座正在崛起的产业新城，在创新创业环境建设／配套资源凝聚方面具有一定的基础、特色和优势。“希望宜春通过举办行业总决赛，能够为锂电新能源产业带来更多的创新资源，激发出更加强劲的创新活力。”

202 家企业在宜春上演巅峰对决

据悉，本届大赛新能源及节能环保行业参赛企业有 3390 家，通过全国 37 个地方赛区的选拔推荐，202 家企业入围本届大赛新能源及节能环保行业

总决赛。经过半决赛角逐，最终 18 家企业成功拿到终极对决的“入场券”。此外，86 家企业荣获“中国创新创业大赛优秀企业”。

在大赛“巅峰之战”现场，参赛选手摩拳擦掌，力求以最好的状态迎接比赛。他们利用仅有的 8 分钟项目展示时间，就各自项目的商业模式、技术说明、发展现状、未来规划、创意亮点和财务分析等内容进行逐一介绍。时间虽短，但干货满满。而随后的 7 分钟提问环节，更是高潮迭起、精彩不断。

“你们产品的核心竞争力在哪里?”“技术壁垒怎么评估?”“主要竞争对手有哪些?”“公司创始人关联的企业比较多，请问您是如何分配个人的精力和资源的?”“你们目标客户有哪些?”……

评委的提问直击要害，点评一步到位，而参赛企业代表沉着应对，对答如流，将新时代创新创业者的专业精神表现得淋漓尽致。参赛选手纷纷表示，答辩过程中，评委的点评和意见为公司下一步发展提供了宝贵的思路。

智慧高倍率异形聚合物锂离子电池、高强韧铝合金汽车轻量化、高热值高含盐废液焚烧炉、工业循环水冷却发电系统、微生物组技术的环境应用、智能可穿戴设备用体温发电芯片……晋级最终决赛的18家企业瞄准材料制备、先进工艺、智慧芯片、“互联网+”、智能制造等技术方向，共同推进新能源及节能环保行业的高质量发展。

最终，除了浙江锋源氢能科技有限公司、宁夏神耀科技有限责任公司分别获得初创组、成长组一等奖外，钦州绿传科技有限公司获得初创组二等奖，广州微芯生物科技有限公司、江苏瑞鼎环境工程有限公司获得成长组二等奖；无锡中惠天泽环保科技有限公司获得初创组三等奖，惠州市纬世新能源有限公司、苏州丰倍生物科技有限公司、沃克福德环境科技（深圳）有限责任公司获得成长组三等奖。

据了解，锋源氢能致力于使用氢燃料电池以零排放、低成本、可持续的方式解决人类能源需求，构建可持续发展社会。该公司产品主要性能指标已达到国际领先，作为市场上在燃料电池及其核心部件等“全部件领域”具备“全国产化”和“全面成本可控”的公司之一，截至2019年12月，已经实现占电池80%成本零部件自主化，成功完成申请或拥有专利技术超过60项，并不断提出新的专利申请。

锋源氢能董事长王海峰在谈到参赛目的时表示：“来到大赛平台主要是为了展示企业，让更多的投资人、潜在客户知道我们在做什么事情，让创业之路不再那么孤单。大赛评委给我们企业自身发展中遇到的管理、战略等问题提出了很好的建

议。企业发展主要靠做业务、产品迭代、市场开拓，希望通过大赛得到市场的认可，得到投资圈的关注。”

越是欠发达地区，越需要创新驱动发展。来自宁夏的企业神耀科技，为西部地区夺得最高荣耀，成为全场焦点。该公司致力于开发气／热／电联产气流床气化技术气化炉，利用煤炭生产洁净的高温合成气（$CO+H_2$）的同时，采用高效的废锅流程换热系统回收高温合成气和熔渣的显热，副产高压饱和蒸汽。

神耀科技副总经理刘崇国在赛后表示：“在短短两年时间里，神耀科技在技术研发、成果转化、团队建设方面取得了骄人成绩。能够在大赛中获奖，是对我们极大的激励和鼓舞。我们将坚定信心，在行业领域争做排头兵，为新能源及节能环保领域做出更大贡献。”

此外，不少参赛企业还收获现场评委发放的邀约卡，并与之交换了名片。“每届大赛都会有不少让人眼前一亮的好项目，今天的参赛选手表现都很优秀，他们是这个时代的创业英雄。”担任此次大赛总决赛评委的毅达资本创始合伙人尤劲柏感慨道。

汇聚创新创业资源　奏响众创众扶最强音

作为全国最大的众创空间和最强的众扶平台，中国创新创业大赛围绕企业多样化需求和痛点问题，聚集金融、创业投资、知识产权、政府服务、创业培训及股改上市等资源，意在帮助创业者健康快速成长。大赛期间通过举办主题演讲、大企业创新需求发布、大企业对接会（“一对一”私密对接）、公益大讲堂、创业英雄汇、宜春新能源产业创新成果展等一系列丰富多彩的配套活动，为参赛企业创新发展提供了积极的帮助。

在主旨演讲环节，中国科学院院士、中国科学技术大学教授、博士生导师钱逸泰围绕水系储能电池领域的科技创新，为参赛企业代表做了精彩分享。钱逸泰表示，大规模储能系统尤其是液流电池具有巨大的市场应用前景。通过储能系统可以调节电网峰值电量供给；通过削峰填谷来降低峰值电费；还可以通过对电网补充间歇性电源，增加可再生能源在电网中比例。目前，该应用市场正在高速成长。

开放式、共享式的智能汽车操作系统，将成为重构汽车生态链的重要模式。浙江合众新能源汽车有限公司董事长方运舟表示，智能汽车操作系统的发展，将会提供很多创新创业机会。以操作系统为核心的未来汽车电子产业，将面临更加复杂的生态环境，从事能源环保行业的创业者均有机会参与到新的生态建设当中，第三方应用程序、车联网服务、软件平台、核心芯片技术等都是创业者需要重新思考的问题。

此外，此次赛事还吸引上海电气、京东、海尔、格林美、赣锋锂业 5 家龙头企业在大赛中寻求融通发展，为参赛企业精准对接大企业资源，形成数据共享、技术支持、商业采购、加速孵化、市场合作、天使投资、股权投资、产业并购等提供机会。

海尔开放创新平台行业拓展总监宋健不仅现场发布了在家电领域使用到的储能技术、储电技术、恒温控制技术和低成本金属空气电池方案，还参与了“一对一”私密对接环节。

“此次大赛参与项目的质量大大超出预期，每个参赛企业都有自己的技术特点。”宋健告诉记者，在“一对一”私密对接环节中，已经初步找到 5 个具备潜在合作可能的项目。“如果项目资质评审通过，我们将推荐这些项目与海尔产业或者海尔创新生态的大企业进行对接，由技术需求方与项目方进行合作，完成项目的产业化落地。”

“我们在和参赛企业的交流过程中，发现中国创新之火正在熊熊燃烧，大批有实力、有情怀的科技工作者和企业家正在用他们的实际行动为祖国的科技事业添

砖加瓦。我们相信参赛企业在不远的将来一定会和海尔创新生态进行进一步的汇合融入，共同为祖国的科技事业做出更大的贡献。”宋健说。

大企业需求发布还没结束，参赛企业代表中昆虫业湖北生物科技公司董事长秦明轩就已早早地来到格林美“一对一”私密对接室门口等待。“相对于传统有机垃圾处理方式，昆虫处理时间短，投入小，无二次污染，同时产出高附加值产品。格林美主要是做新能源的后端——废弃物新能源锂电池的拆卸和处理，他们处理的是无机垃圾，而我们处理的是有机垃圾，我就是过来问一下格林美这边有没有兴趣涉足有机垃圾这个领域。”秦明轩说。

据了解，此次报名参与“一对一”私密对接的参赛选手、企业代表，不远万里来到宜春，目的就是向同行“取经”。俄罗斯小伙吉玛在黑龙江省赛中获得了优秀企业称号，“经省内推荐，我们很荣幸参加今天的配套活动，我申请了与上海电气进行对接。”吉玛对记者说，“在哈尔滨工业大学读博期间，我的专业主要方向是能源改造、煤炭清洁利用、生物质气化等，在哈尔滨工业大学创业园成立哈尔滨俄拉诺特科技有限公司，希望有机会与同领域的大企业沟通合作。”

“锂”想追梦人：“宜”常来 “春”常在

作为此次大赛的承办地，宜春不仅是风景秀美，也储藏着世界最大的锂云母矿，这里已探明可用氧化锂储量 260 万 t，约占全国 1/3，被称为“亚洲锂都”。

宜春市委书记颜赣辉在开幕式致辞时说：“宜春锂电新能源产业从 2009 年起步，依托可开采氧化锂矿产资源，形成了动力电池制造、核心材料生产加工、新能源汽车制造等一条覆盖上下游的全产业链，一批国家级锂电研发检验中心、锂电新能源产业金融平台相继落户，打造了全国唯一的国家级锂电新能源高新技术产业化基地。”

近年来，宜春市紧紧围绕建设区域中心城市的目标定位，大力实施产业兴市、工业强市战略，全力以赴做强园区、做靓城区、做旺景区、做活县域经济，努力把中心城区打造成“三个中心、一个基地”（赣西地区的文体教育中心、休闲旅游度假商贸中心、医疗健康养生中心，以及新材料、新能源、电子信息、医药器械等先进制造业基地）。2019年1—10月，该市财政总收入完成358.6亿元、同比增长4.2%，规模以上工业增加值增长8.6%，经济保持持续健康发展。特别是通过大力实施创新驱动发展战略，宜春“双创”事业发展迈出了坚实步伐，拥有国家高新技术产业园区1个、国家农业科技园区2个、国家高新技术产业化基地2个、国家级国际科技合作基地1个、国家众创空间2个。截至2019年12月，该市拥有高新技术企业为536家，入库国家科技型中小企业472家，高新技术产业增加值占规模以上工业增加值比重达到34.64%。

“随着关键技术不断突破、应用领域不断深入和市场需求不断扩大，宜春市锂电新能源产业已进入前所未有的发展黄金期，‘亚洲锂都’名片日益明亮。”颜赣辉表示，中国创新创业大赛行业总决赛首次在江西宜春举办，

不仅为宜春提供了十分难得的学习机会、非常宝贵的合作平台，也为宜春打开了链接国内外创新资源的窗口。宜春市将全力办好大赛各项活动，为广大参赛者提供优质高效的服务保障，努力把大赛办得富有成效、更有特色，让“‘双创’之花”在宜春精彩绽放。

据悉，为了支持参加大赛参赛企业落地，2019 年宜春市专门为获奖企业准备了一系列创新“福利”，出台了系列优惠政策，对参加此次新能源及节能环保行业总决赛结束 1 年内落户宜春的企业（自注册之日起跟踪 1 年）给予相关支持，包括将项目列入市级科技计划项目，对符合宜春市科技计划项目申报要求的，给予不超过 50 万元科技计划项目经费补助；对落户企业在高新技术企业认定、科技项目申报、创新平台创建、科技人才引进等方面优先推荐，积极争取上级支持；给予科技金融补助支持，优先给予科贷通贷款支持，对获得科贷通贷款的，按照其贷款额的 1% 予以贴息支持，贴息支持期限不超过 3 年，旨在以最优的营商环境支持获奖企业落户本地创新创业，为宜春市乃至江西省新能源及节能环保产业的转型升级和创新发展提供有力支撑。

此次赛事，是 2019 年度 6 场全国行业总决赛的最后一场，为第八届中国创新创业大赛的全面收官画上了圆满句号。一整年的赛事进程，为社会各界呈现出了我国科技创新的最新成果和大众创新创业的繁荣景象，大赛将用高质量的服务企业能力，助推我国“双创”升级，为科技型创新创业打造更加强劲的助推引擎、营造更加优良的企业成长环境。

（李洋 / 文）

营造浓厚“双创”氛围　诠释企业高质量发展

第八届中国创新创业大赛广东赛区纪实

2019年10月18日，在广州高新区举办的第八届中国创新创业大赛生物医药行业总决赛上，奇点医药科技（广州）有限公司获初创组一等奖；2019年10月31日，在深圳举办的第八届中国创新创业大赛电子信息行业总决赛上，深圳市灵明光子科技有限公司摘得初创组桂冠；2019年11月7日，在洛阳举办的第八届中国创新创业大赛先进制造行业总决赛上，广东康云多维视觉智能科技有限公司获得成长组第一名。

这仅仅是2019年第八届中国创新创业大赛广东赛区取得良好成绩的一个缩影。据了解，在第八届中国创新创业大赛中，广东赛区在赛事过程中，通过赛前培训、双盲评审、赛后辅导、融资对接等方式，遴选出一批优质企业，在国家行业总决赛中凭借出色的表现频频在国赛折桂，在参赛企业获奖数量、获得名次数量、一等奖数量等方面均排名全国第一，行业总决赛成绩取得新的突破，获奖质、量双齐升，“双创”成效显著。同时在营造“双创”氛围、服务民营科技企业，促进科技成果转化和产业化，发展壮大实体经济等方面取得了良好成效。

据悉，中国创新创业大赛是由科技部、财政部、教育部、国家网信办、全国工商联共同指导举办的一项以“科技创新，成就大业”为主题的全国性创新创业大赛。第八届中国创新创业大赛广东赛区由广东省科技厅主办，广东省生产力促进中心承办。

参赛企业频频折桂

在2019年10月18日举办的第八届中国创新创业大赛生物医药行业总

决赛上，“奇点医药”备受众多评委关注。这家来自广州的2018年新晋成立的初创型企业，致力于“多器官维护”核心技术开发，研制出了全球首台多器官维护系统，完成了“不中断血流”器官移植理念的成功实践，可替代人体为离体器官供血供氧，可长时间保持离体器官活力与生理功能。

最终，奇点医药科技（广州）有限公司获得初创组一等奖。“奇点医药”CTO赵强在发表获奖感言时表示，初创企业的特点就是坚持原创，我们的目标要立足未来，要有世界领先的技术和产业，要让世界对我们刮目相看，这是我们对未来的期望。

2019年11月7日，在洛阳举办的第八届中国创新创业大赛先进制造行业总决赛上，广东康云多维视觉智能科技有限公司摘得成长组桂冠。

“我已经是第二次来洛阳，去年我作为初创组参与先进制造行业总决赛，今年能拿到成长组第一名，非常开心。”广东康云多维视觉智能科技有限公司创始人说道，康云多维视觉致力于人工智能三维数字化自动建模技术的应用与实践。企业运用AI+3D深度学习神经网络构建3D超高精度模型，大幅降低三维模型的建模时间，解决了传统3D模型的制作成本高昂、

3D内容体积大、不方便传播等痛点。产品和技术广泛应用于电力、文博、警务、政务、水利、云上城市、智能制造等，让内容展示更加形象化、智能化、三维化和可视化。

2019年10月31日，在深圳，一场电子信息的科技竞赛，激起了我国在芯片领域的科技创新热潮。

在初创组比赛中，来自深圳本土的“灵明光子”致力于应用国际领先的单光子探测器技术，研发及制造高性能光电传感器芯片。主要产品包括硅光子倍增管、单光子成像传感器芯片等，主要应用在激光雷达和其他高性能深度传感系统上，能帮助智能硬件实现三维感知能力的飞跃。该项目希望用自己手上纳米级的核心技术帮助激光雷达克服千米级的问题，并实现更加丰富多彩的应用，为未来创造慧眼。最终，深圳市灵明光子科技有限公司摘得第八届中国创新创业大赛电子信息行业初创组桂冠。

欧勒姆电气（惠州）有限公司（简称“欧勒姆”）以“新一代光学VOC传感器及应用”获得了第八届中国创新创业大赛电子信息行业初创组第二名。

欧勒姆是惠州仲恺高新区新引进的企业，专注于工业级检测等领域，在工业级检测领域已取得4项打破国外技术垄断的专利技术，打破了国外在气

体、液体检测领域数十年对华的技术封锁和产品垄断，成功开发出首个由中国自主研发，自主生产的分子光谱传感器芯片。自主研发的全球首款便携式物联网气体检测仪将于2020年正式投入市场，目前已与多家世界500强及行业龙头企业达成技术合作意向，签订意向采购协议。

据了解，2019年广东省共推荐了176个优质项目参加第八届中国创新创业大赛全国六大行业总决赛，有121家企业获奖，获奖数量居全国之首（上海90家、江苏62家、浙江30家分别排名第二、第三和第四），获奖比例高达68.75%，获奖比例排名全国第二（北京75.9%、江苏68.1%、浙江60%）。广东共有14家企业获得名次，数量居全国首位（江苏、浙江、上海紧跟其后，分别有8家、8家、6家），其中，广东参赛企业在生物医药、先进制造、电子信息行业3个组别摘得桂冠，一等奖数量占全国四分之一强，真正诠释了广东科技企业的高质量。

营造浓厚“双创”氛围

自2019年4月第八届中国创新创业大赛启动以来，赛事组织单位积极宣传发动，企业参赛热情高涨，广东省共有7031家企业报名，参赛规模位居全国第一（上海6601家），占全国报名数的五分之一，凸显了浓厚的创新创业氛围。广东赛区共设立12个分赛区，采用现场答辩和当场亮分方式，在互联网、先进制造、电子信息、新材料、生物医药、新能源及节能环保6个行业领域遴选出176家优质项目参加大赛的全国行业总决赛。

大赛不仅催生了广东康云科技、奇点医药科技（广州）、欧勒姆电气（惠州）、广州技象科技等一批高成长性的科技型企业，还集聚了一批高水平的创新创业人才，也促进了一批优质科技成果转化落地，大赛成为优质科技企业的创新人才的孵化平台。

统计显示，大赛参赛企业核心团队人数共计28 124人，平均年龄38岁。核心团队成员中，博士3483名、硕士5283名、本科11 808名，有留学经历2928名、两院院士72名。

为进一步优化发展布局，提高区域发展平衡性和协调性，强力实施乡村振兴战略实施，大赛新增了现代农业领域的省级专业赛，帮助现代农业项目近距离接触金融资本市场，挖掘和培养一批优秀的现代农业项目典型，让“双创”进一步激发农业农村发展新动能、新活力。2019 年广东全省共有 150 多个现代农业项目积极报名参赛，经过地市科技部门资格审核、初赛和决赛评审，最终在全省遴选出现代农业领域 24 强。

同时，大赛更是吸引了多方资源支持创新创业。据了解，2019 年大赛从报名开始，便获得了创投机构、孵化园区、银行机构等社会各方创新创业主体的广泛关注，迎来空前火爆的“参与热”。一是参与大赛评审的创投专家和技术专家历年最多。大赛评审共邀请了粤科金融、深创投、达晨创投等 481 家广东省内知名投资机构，邀请的创投专家 10 623 人次、技术专家 2514 人次。二是组织活动场次历年最多。2019 年广东省围绕大赛初赛、地方赛和行业决赛共组织 280 场次活动，活动参与人数达到 12 779 人。三是发挥地市产业优势开展对接服务。广东拓思软件科学园、中山市科学技术局、清远高新区管委会等大赛行业决赛承办单位积极发挥地市产业优势、创新载体优势，现场为参赛企业开展政策宣讲、创业孵化、产学研需求等对接服务，并组织参赛企业参观当地相关行业的龙头企业。

一批民营科技企业也通过大赛发展壮大。据了解，大赛期间，为参赛企业开展线上、线下路演，多渠道融资对接，先后共进行了 10 多场线上直播路演，开展了 10 多场“中国创新创业大赛科技金融暖企对接活动”，赛后在广州、中山等地举办了 40 多场投融资对接活动，并同步为线上 3000 多家投资机构实时了解参赛企业情况，提供种子轮、天使轮、A 轮、B 轮等前期融资对接服务。举办广州创投周、中银投贷联动直通车、中银科技金融精准面对面、高校科技成果转化、创投会客厅、大咖面对面、粤港澳大湾区创投 50 人交流会等一系列品牌活动，超过千家企业、500 家机构参与现场对接。

据不完全统计，2019 年大赛创投实际投资的企业数量 21 家，创投实际投资企业总额达 7.4 亿元；获得银行贷款授信企业数量 311 家，银行授信总额 26.8 亿元，大赛有力支持了民营科技企业融资发展壮大。

此外，广东赛区利用“广东科技”公众号、“广东省科技金融综合服务中心”公众号、《南方日报》、腾讯网、网易新闻、今日头条等媒体矩阵，对赛事全流程工作进行同步跟进报道，通过现场采访、新闻报道、图文直播

等方式，全程记录参赛企业精彩瞬间，报道参赛企业的创新创业故事。与佛山电视台合作，重点策划升级《创新创业之路》节目，宣传了“敢为人先、务实创新”的创新创业文化。在大赛期间，媒体宣传频次 3863 次，媒体参与数量高达 377 家。另外，先后进行了互联网、先进制造、电子信息、新材料、生物医药、新能源及节能环保 6 个行业 9 场决赛赛事实时直播，累计观看人次达到 350 多万，并在美国、日本、新加坡、中国香港和澳门及内地北上广深等近 50 个城市同步进行网上直播。“东西南北中，创新创业到广东”浓厚“双创”氛围扑面而来。

不负韶华　再铸辉煌

2019 年已经成为过去，一切光辉成绩皆为序章。广东赛区将在过去经验的基础上，2020 年继续做好赛事组织工作。继续率队前往地市开展调研活动，了解地方分赛区和获奖企业代表的服务需求，更深入研究分析赛事流程合理科学性，积极探索完善 2020 年大赛组织工作方案，做好赛事组织工作。试水现代农业省级农业专业赛“以赛代评”，创新财政资金使用方式，将农业领域创新专题与创新创业大赛深度融合，探索“赛马场上选骏马”的市场化评选机制。

同时，将大赛报名业务纳入阳光政务平台管理。据了解，广东赛区与科技部火炬中心沟通，同意开放大赛报名系统端口，支持广东省将大赛报名业务纳入阳光政务平台管理。一是广东省“数字政府”改革建设需求、对接财厅项目库需要。二是广东省科技业务信息化管理平台建设和应用较成熟，有很成功的与国家相关系统互联互通和对接经验，能很好地处理系统对接工作。三是纳入阳光政务平台统一管理，有利于科技管理项目在全厅范围内的查重，提高科研项目投入产出率。

推进创新创业导师队伍建设。广东赛区在2019年组建的第一批专家服务团队的基础上，继续在各地市遴选聘任一支优秀工作者、企业家、投资人等多层次专家服务团队伍定向服务参赛企业，为参赛企业提供培训、投融资、尽职调查、资源对接等方面的服务，了解大赛对企业成长与发展的影响，了解企业对融资及其他相关服务的需求，着实解决企业存在的融资及其他发展难题。

建立赛后的跟踪对接机制。大赛举办至今已积攒了大量的创新创业企业，创新创业是一个长期沉淀的过程，创新点的发现与后期的引导、培育同样重要，在后续的组织工作中，梳理创新创业链条上各个环节的服务资源，做好参赛企业后续跟进和服务。2020年广东赛区将继续围绕大赛获奖企业展开深层次的服务，联合投资机构、银行、券商对大赛优质企业进行走访对接，实现科技信贷全覆盖、投融资对接全覆盖、企业需求全征集，深度了解并解决企业需求，打造标杆企业、行业龙头企业，促进大赛成果落地。

此外，举办大赛特色活动和服务。积极聚合大企业、孵化机构、银行创投、产业基金、产业政策等各类资源，为有效实现创新链、产业链、人才链、成果链和资金链的对接，2020年将探索举办广东创投季、组织专家座谈会、主题沙龙、优胜企业回访调研、创新创业集训营、投融资对接、技术与市场对接等系列活动和服务。

（李争粉 / 文）

“苏”写高质量　奋斗新时代

第八届中国创新创业大赛江苏赛区暨第七届“创业江苏”科技创业大赛纪实

“苏”写高质量，奋斗新时代。2019年9月11—12日，第八届中国创新创业大赛江苏赛区暨第七届“创业江苏”科技创业大赛总决赛在南京江北新区成功举行。来自江苏省内及海外赛区的52个创业团队和企业激烈角逐，基因测序平台、硅基微显示芯片、固态激光雷达……一批高科技项目亮相。选手们通过现场答辩、评委互动等环节，阐述创业项目，展示创业风采，彰显了江苏创新创业的崭新成果。

“双创”大潮风起云涌

第八届中国创新创业大赛江苏赛区暨第七届“创业江苏”科技创业大赛自2019年4月份正式启动以来，得到了社会各界的高度关注和热情参与，吸引了海内外4600个创业团队和企业报名参赛，报名数位居第八届中国创新创业大赛地方赛区前列。北美、欧洲、大洋洲3个海外赛区，吸引了美国、加拿大、法国、德国、澳大利亚等10多个国家287个创业团队报名参赛。

经过江苏全省13场地方赛，共遴选出283个创业团队和企业晋级江苏省行业赛，这些项目在新材料、先进制造、生物医药、电子信息、互联网、新能源及节能环保六大行业领域比赛中进行比拼。最终，42个创业团队和企业脱颖而出，并与海外赛区遴选的10个创业团队，共同晋级江苏赛区总决赛。

第八届中国创新创业大赛江苏赛区暨第七届“创业江苏”科技创业大赛

共邀请了银行、创投机构、高校、科研院所、创业服务机构的300余位专家参与赛事评审及辅导等工作，比赛期间还组织了国内知名投融资机构80余人到现场与项目进行对接。总决赛由7位国内知名创业导师和25位投融资及技术专家组成权威的评审团，他们共同为参赛选手评分。选手们通过现场答辩、评委互动等环节，阐述创业项目，展示创业风采。基因测序平台、硅基微显示芯片、固态激光雷达……一批高科技项目闪亮登场，彰显着江苏创新创业的崭新成果。

这52个获奖创业团队和企业中，高新技术企业达15家，大学生创业企业为3家，拥有授权专利348项（其中，发明专利140项）。创业团队平均年龄38岁，最小19岁，团队核心成员中具有博士学位79人、硕士学位83人。这些获奖者，既有离开科研院所投身创业的科技专家，也有初生牛犊不怕虎的大学生创业者；既有回国创业的海外高层次人才，也有巾帼不让须眉的女性创业者……在他们的身上体现出年轻化、高水平、高层次的特点。

为了让创业者专心创新创业，江苏省一如既往对大赛获奖项目给予支持。根据相关政策，江苏省科技厅对总决赛获奖的企业及团队项目，符合江苏省级科技计划管理规定的，在下年度相关科技计划中给予后补助支持。江苏银行则对参赛企业提供20亿元的授信额度，专门用于支持本届大赛优秀企业的创新发展。

据了解，江苏赛区自2013年启动以来已连续举办了7届。7年来，累计吸引了近2.5万个创业团队和企业报名参赛，其中，61个项目在中国创新创业大赛全国总决赛上获奖，参赛数与获奖数均位居全国前列。7年来，江苏省科技厅累计对185个大赛获奖项目给予了1.1亿元的科技计划经费资助，中央财政累计给予200个江苏企业6600万元的经费资助；江苏银行为参赛企业提供了超过140亿元的授信额度，江苏省高投等创投机构对获奖企业投融资超过55亿元，20余家获奖企业赛后在科创板等上市，大赛已成为江苏最大的众创空间和最强的众扶平台。

永不落幕的创业平台

创新是经济发展的新引擎。江苏省采取了更加有效的措施把创新引擎全

速发动起来。大赛主办方及各指导单位希望大赛能够成为江苏省永不落幕的创业平台，常态化聚集和整合创新创业要素，搭建推进科技成果转化、扶持科技企业成长、促进新兴产业发展的舞台，积极营造科技创业氛围，弘扬科技创业文化，全力打造江苏省"双创"升级版，为"强富美高"新江苏和创新型省份建设注入磅礴的科技动力，共同谱写江苏省高质量发展的崭新篇章。

2019 年，第八届中国创新创业大赛江苏赛区暨第七届"创业江苏"科技创业大赛组委会在做好赛事组织的同时，在优质项目遴选、科技金融结合、项目落地转化等方面加大工作力度，并取得了一定成效。

项目征集再创新高，获奖总数居首位。第八届中国创新创业大赛江苏赛区暨第七届"创业江苏"科技创业大赛得到了社会各界的高度关注和积极参与，企业报名数位居全国第二，较上届前进一位。3 个海外赛区吸引了美国、加拿大、法国、德国、澳大利亚等 10 多个国家 287 个创业团队报名参赛，海外影响力与日俱增。2019 年，江苏省共有 10 家企业在国家大赛上获奖，获奖总数居全国首位，较上届前进一位。66 家企业获得"优秀企业"称号，优秀数位居全国第二，较上届前进一位。

加强科技与金融结合，解决企业融资难问题。2019 年，结合全省科技金融进孵化器行动，江苏省在邀请创投机构为主进行赛事评审的同时，更加注重优质项目和资本的精准对接。一是组织创投机构走进比赛赛场。面向省内外知名创投机构发布通知，组织有投资意愿的创投机构走进大赛现场，充分利用比赛契机，为优质项目与资本对接搭建更加广阔的平台。二是赛后组织融资专场路演活动。与江苏省高投等机构合作，共同举办了江苏人才创新创业路演科创大赛专场，邀请获奖企业集中路演并与投资人进行面对面交流。三是组织创投机构走进企业进行调研。带领创投机构深入企业一线开展调查走访，直击企业发展的核心关键要素，用资本的力量帮助企业解决融资问题。

常态跟踪优质项目，持续推进项目落地。2019 年，江苏省更加聚焦"项目征集、项目遴选、项目落地"的关键环节，重点在项目落地方面发力，取

得显著成效。一方面，聚焦本届大赛团队项目，做好落地跟踪服务。面向海外及江苏省内团队项目，通过信息化手段了解落地意向，组织团队项目走进南京江北新区、南京鼓楼高新区等园区考察，围绕团队个性化需求，针对性开展落地对接服务，吸引新项目在江苏落地发展。另一方面，常态跟踪往届大赛优质项目，做好团队落地及企业转移孵化等服务。联合南京、无锡、苏州、南通等地高新区、科技园区、地方政府等，面向历届优质团队及企业积极开展园区考察、新型研发机构建设、人才项目申报、以赛促创、辅导培训等服务，实现多个项目与创业载体成功对接，促成历届精英项目在江苏落地生根、焕发经济新活力。

特色活动丰富多彩

第八届中国创新创业大赛江苏赛区暨第七届“创业江苏”科技创业大赛期间，江苏省举办了一系列特色活动，强化赛事品牌传播。在大赛工作规范逐步成熟的基础上，进一步推出系列特色活动，提高大赛影响力。

例如，开展了4个"7"特色活动。省地联动，在办好全年主体赛事的同时举办了7场大赛专场宣讲会、7场行业论坛、7场资本对接活动、7场辅导培训活动。开发大赛卡通吉祥物"苏小创"衍生产品。围绕"苏小创"形象，开发了"苏小创"微信表情包、手拎袋、钥匙扣、卡通人偶等一系列的衍生产品，进一步扩大赛事的品牌影响力。开展全链条深度服务。行业赛前，集中举办创业训练营，为参赛选手开展PPT制作、现场答辩、如何获得投资人青睐等培训；比赛期间邀请专家深度解读技术和产业的前沿动态；总决赛期间，围绕PPT和答辩技巧为70余家企业开展"一对一"精准培训。

对于参赛者来说，项目路演环节关系到自身企业能否在众多优秀选手中脱颖而出。因此，如何在短短的8分钟内把项目完整清晰地阐述出来，从而吸引投资人和评委的目光至关重要。创业导师、助力资本合伙人郭荣为参赛者上了一堂非常实用的项目路演课程。怎样写好一份相对完美的计划书，评委关注的要点在哪里，答辩的时候要注意些什么……郭荣细致地教

参赛者如何有效地突出项目最显著的竞争优势，如何论证行业的市场发展前景及团队优势等，让即将走向大赛“考场”的选手们受益匪浅。

什么才是“投资人眼中的好项目”，毅达资本合伙人厉永兴相当具有发言权。他给选手们深入解析了自己是如何从市场、竞争、门槛及团队4个方面初步分析项目价值，从而挑选出值得关注和投资的好项目的。

创业听上去很美，但实际走下去的道路荆棘遍布，华创互动教育研究院院长郑旭则为选手们带来了一堂主题为《科技企业如何突破发展瓶颈》的实战研讨课，引人深思。“科技创业者最大的挑战是自己”“成功的道路各有不同，失败的模式高度相似”“科技企业发展瓶颈来自组织无效性”，郑旭频频抛出金句，并用一个个真实的企业用人失败案例，引导所有参赛选手交流探讨团队建设中如何正确用人、如何建设团队。

（于大勇 / 文）

以高质量发展为宗旨
打造“双创”生态“升级版”

第八届中国创新创业大赛上海赛区纪实

当前，我国经济已由高速增长阶段转向高质量发展阶段，对推动大众创业、万众创新提出了新的更高要求。作为“双创”重镇，上海强基础、增活力、优服务，创新带动创业、创业促进创新的格局逐步显现。

近年来，为进一步激发上海市创新创业活力，打响“上海服务”品牌，上海市积极对接中国创新创业大赛，由上海市科委牵头举办“创业在上海”创新创业大赛——中国创新创业大赛上海赛区，通过做精做细做强“创业在上海”赛事品牌，成为上海市培育壮大新动能、加快发展新经济的重要力量。

2019“创业在上海”国际创新创业大赛吸引了7255个项目参与角逐，最后共遴选出215家企业代表上海参加第八届中国创新创业大赛行业赛。通过与上海市创新资金对接，大赛共为1675家科技型中小企业提供近3.35亿元财政资金支持；通过与上海市科技小巨人工程对接，有179家企业获得立项支持。

大赛报名总数再创新高　创扶平台效益日益凸显

2019“创业在上海”国际创新创业大赛对标“全球视野、国际标准”，以“开放、融合、提升”为理念，以各区为重要承接主体，以汇聚上海市、全国乃至全球的优质创新创业资源为着力点，为来自世界各地的创新创业者打造实现梦想的舞台，体现出上海作为“国际化大都市”的文化基因。

大赛历时6个多月，全市共设立16个赛区，联动76家分赛点，294家

金融投资机构、1935 人次的评审专家。大赛期间共举办各类创业活动 638 场；邀请 200 余家科技创业服务机构驻场为企业提供服务，共服务企业 1.3 万余家，活动参与人数达 1.7 万余人。

与往年相比，2019“创业在上海”国际创新创业大赛取得了明显成效。据大赛组委会相关负责人介绍，2019 大赛报名总数再创新高，创扶平台效益日益凸显。

从 2019 年大赛报名数量来看，上海市创业者的“双创”热情不减反增，短短 19 天的报名时间内共成功报名提交 7255家企业，日均报名数达 381.8 家，报名数量较 2018 年增长 11.26%，报名总数与增长幅度均创历史新高。该负责人表示，2019 年大赛有 6601 家企业入选中国创新创业大赛报名，相较 2018 年多出近 800 家，数量是第二位江苏省的 2.5 倍，继续稳居全国各省市之首。

通过参赛企业的成立时间来看，成立 2 ~ 5 年的成长期企业依然是大赛主力军，占比达到 60% 以上；首次报名参赛企业 4050 家，占比达到 56% 以上。

从参赛企业经历来看，首次参赛企业仍旧超过一半以上，占比 56%；从参赛企业规模来看，八成以上参赛企业注册资本规模在千万级以下，中小微型科技企业占比持续扩大。2019 年大赛继续与创新资金对接，共为 1675 家科技型中小企业提供了 3.35 亿元财政资金支持。每家企业可以获得市区两级 20 万元的无偿财政资助，对于 90% 以上之前未获得过政府政策支持的初创型企业而言，起到了重要的“雪中送炭”之用。

通过对参赛企业的专利、研发投入等分析，可以发现，2019“创业在上海”国际创新创业大赛参赛企业科技特色不断提升，国际竞争意识逐步增强。

大赛组委会相关负责人介绍，2019 年参赛企业中，电子信息、先进制造、新材料、生物医药等硬科技领域占比进一步提升，总占比达到 75.5%，较 2018 年增长 7%。企业自主知识产权数量全面增长，各参赛企业拥有知识产权总量达 3.6 万余项，其中，专利 14 721 项，比 2018 年分别增长了 33.4% 和 18.36%，企业科技属性不断增强，自主创新能力进一步提升。

从企业研发强度来看，受到全球经济下行及国际贸易风险等多重因素影响，2019 年参赛企业营业收入水平整体下滑，各企业 2018 年度平均营业收入 416.32 万元，与 2017 年相比减少了 11.93%。然而企业研发投入不降反升，2018 年度平均投入研发费用 157.06 万元，相比 2017 年增长了 6.22%。企业平均研发强度更是从 31.24% 增长至 37.73%。

这说明在经济大环境不稳定的情况下，企业更加注重自身研发能力，通过创新获得核心竞争力成为科技型企业生存发展的本色。

平台、服务再升级　企业获得感持续上升

在大力鼓励大众创业、万众创新背景下，创新创业大赛已成为上海引领创新创业热潮、营造创新创业氛围的标志性活动之一。随着近年来大赛举办经验的不断积累，“创业在上海”的品牌优势进一步提升，大赛所提供的创新创业平台得到全面升级。

据悉，2019年大赛围绕“推动创新创业高质量发展，打造上海科技创新创业生态‘升级版’”这一主线，协同各类创新资源，重点促进创新创业服务、创新创业平台、创新创业发展动力升级，持续完善大赛服务体系。一方面，大赛继续发挥“创业在上海”品牌优势，深化线上线下服务深度。在升级改造“创业在上海”官网平台功能的基础上，充分利用微信公众号、微博等新媒体，持续更新大赛最新消息，分享参赛者创赛故事，进一步激发全民创新创业热情。此外，各分赛点还根据自身产业集聚优势举办了各类卓有成效的特色活动，如宝山区吴淞创意园在为中小企业答疑解惑的同时，还联合毕马威等国际知名咨询机构，开展“一对一”式的科创板政策咨询与辅导上市服务。而上海市生物医药科技产业促进中心作为上海市生物医药领域科技项目管理中心，每年都会制作产业政策汇编，免费提供给参赛企业。

作为引领创新创业热潮、营造创新创业氛围的标志性活动之一，大赛创新创业服务也更趋完备。

据悉，2019年大赛报名参赛的企业中，总资产规模小于1000万元的中小企业占比达到80.52%，且超7成以上企业2018年度营业收入小于等于500万元，参赛企业2018年度平均营业收入（425.57万元），与2018年参赛企业（716.31万元）相比减少了40.59%。这说明在当前经济形势下，科技型中小企业的创业难度与风险进一步提升，亟待政府引导的创新扶持政策给予帮助与支持。

2019年大赛在原有服务基础上，推出了“创业学堂”“创孵学院”“梦想沙龙”“未来之星”四大品牌服务，从“赛前—赛中—赛后”为参赛企业免费提供赛事培训、政策培训、科技金融、专业技术和企业能力提升等专业化服务，进一步增强参赛企业的创新能力，提升科技人才水平，强化企业内部管理体制机制建设，并在资金、市场和技术等方面给予企业必要的帮助，助力企业在当前的风险与挑战中砥砺前行，突破发展。

通过这些平台、服务升级措施，大赛正成为具有国际影响力、高能级的创新服务综合体和创新资源配置枢纽，参赛企业获得感持续上升。而通过大赛，上海市创新创业资源也实现深度融合。

上海市各众创空间作为大赛现场路演环节承接的重要载体，是服务参赛企业的第一窗口。据大赛组委会相关负责人介绍，2019 年大赛分赛点从上海市“三化”培育及培育引导众创空间中遴选，鼓励众创空间提供优质、多元的创业服务。在做好常规赛事培训服务的基础上，深度开发服务内容，探索结合线上视频、直播等方式打造精品线上课程，推动赛事服务向常态化、专业化、精品化发展。同时结合自身孵化资源优势，帮助参赛企业开展投融资、大企业技术需求对接等“双创”资源服务，让大赛真正发挥搭平台、集众智、汇资源的深入融合作用。

大赛引导作用显现　企业自主创新能力逐步增强

随着创新创业的深入推进，如今上海科技型中小企业的创新切入点也正从模式创新和集成创新走向技术创新和自主创新。

据悉，2019 年报名参赛的企业中，硬科技领域占比进一步提升，占比达到 75.5%。从报名企业区域分布情况来看，浦东新区、闵行区、杨浦区、嘉定区及奉贤区依然是创新创业者的集聚热土，涵盖了 60% 以上的参赛企业。而各区报名企业的所属领域也充分体现了各区产业创新功能定位，如浦东新区在人工智能、生物医药等领域企业集聚优势明显，嘉定区在汽车智能化方面独具优势。

近年来，随着我国生产技术水平的不断提升，不少高科技含量产品已经获得了国际市场的广泛认可。进一步对标国际标准，提升核心技术竞争力，是推动制造强国建设的重要措施。

从 2019“创业在上海”国际创新创业大赛报名情况来看，2019 年参赛项目中，有 843 个项目采用国际标准，占参赛项目总数的 11.6%，较 2018 年增长 0.8%，更多参赛企业聚焦国际前沿技术，项目标准能级进一步提升。半导体芯片、机器人、5G 应用等产业核心技术项目数量也较 2018 年有不同程度的提升，分别由 2018 年的 53 项、154 项和 6 项，增长至 85 项、

218项和20项。

另据统计，2019年报名参赛的高新技术企业915家，占比达到12.62%，较2018年增长0.36%。企业自主创新能力进一步加强，拥有自主知识产权企业占比从2018年的75.5%上升至2019年的79.7%，拥有平均拥有知识产权数量从4.22项（2018年）增长至5.07项。

“这说明核心技术国产化的发展趋势正在大赛的舞台中生根发芽，同时企业对研发成果的保护意识日益增强，更加注重技术创新的知识产权储备与转化。尤其是生物医药、先进制造等价值链上游领域，平均拥有发明专利数量分别为1.61项和0.88项，高于参赛企业平均数0.7项，充分体现出相关领域在上海市的集聚优势。”大赛组委会相关负责人表示。

据悉，此次大赛中获得初创组二等奖的赞荣医药，就是一家注重自主创新能力的企业。公司专注于抗肿瘤小分子药物的自主研发，其核心竞争力是开发有差异化的新一代创新药。赞荣医药目前在研的几个项目是临床上已被验证的靶点，通过有差异化的视角或设计，针对临床阶段中由于药物代谢动力学问题而导致开发受阻的产品，设计成有自主知识产权的药性更佳化合物。此次参赛项目所涉及的ZN–A–1041是赞荣医药开发的拥有自主知识产权的可进脑的抗HER2小分子，已有研究结果表明，ZN–A–1041与现阶段上市或处于临床开发阶段的抗HER2靶向药相比，具备明显的可以透过血脑屏障的优势，对颅内及外周的肿瘤均产生药效。ZN–A–1041有望成为世界上首个研发成功的可进脑的抗HER2小分子药物。

值得注意的是，2019年大赛参赛企业的人才队伍呈现出多元化趋势，创业人群从专业化高学历精英群体逐步发展为中高端群体跨领域创新。

从核心团队学历结构来看，博士学历人群占比为10.52%，较2018年度增长了0.78%，而本科及以下学历成员占比也有所提升，占比从2018年的10.52%上升至2019年的11.05%。核心团队中，半数以上成员所学专业并非企业所属行业，海归创业、白领创业、草根创业的占比均比2018年有所上升。

从企业人才队伍规模来看，一方面无论是核心团队还是企业员工总数，都呈现下降趋势，平均每家企业核心成员减少0.02名，平均拥有员工数量减少3.1名；另一方面，企业从事研发工作的科研人员数量进一步上升，占比从2018年的51.49%上升至2019年的53.16%。

此外，2019年参赛企业的核心队伍平均年龄在37岁，且创业经验在2次及以上的“创业老兵”占比进一步增多。这也显示出上海市“双创”生力军正处于事业黄金发展期，能力、创业经验、创业活力得到进一步有机融合。

“在国家‘双创’以及上海建设具有全球影响力的科创中心战略背景下，‘创业在上海’国际创新创业大赛的作用日趋明显，上海市创新创业环境整体有较大提升。”大赛组委会相关负责人表示，下一步，大赛将在总结以往办赛经验的基础上，继续做好做深上海市创业服务工作，将“创业在上海”真正打造成具有国际影响力的创业大赛品牌。

（崔彩凤 / 文）

创新创业潮涌之江

第八届中国创新创业大赛浙江赛区纪实

从草长莺飞的4月，到果实累累的9月，2019年第八届中国创新创业大赛浙江赛区暨第六届浙江省“火炬杯”创新创业大赛一路走来，共收到1209家企业报名，其中，初创组454家、成长组755家。最终经过层层突围，2019年浙江赛区共选拔出初创组一等奖1名、二等奖2名、三等奖4名、优胜奖35名；成长组一等奖2名、二等奖4名、三等奖8名、优胜奖56名。

而在这些代表浙江赛区出征中国创新创业大赛全国总决赛的“浙企军团”中，不少企业凭借惊人的实力再次取得佳绩。据统计，2019年来自浙江赛区的9家企业跻身第八届中国创新创业大赛总决赛一、二、三等奖（其中，5个一等奖，约占全国全部12个一等奖的41.67%），占全国六大行业总决赛获一、二、三等奖企业数的16.68%，共计31家企业获得优秀企业称号，获奖企业数在全国各省、市（区）赛区中名列前茅。

地方选拔　彰显“浙江‘双创’印记”

2019年第八届中国创新创业大赛浙江赛区共设置生物医药、电子信息、互联网、先进制造、新材料、新能源及节能环保6个行业赛和人工智能行业1个独立赛，分别在杭州钱塘新区、绍兴科创大走廊、杭州上城区、诸暨经济开发区、浙江建德功能性新材料省级高新园区、嘉兴秀洲国家高新区、杭州萧山七大各具特色的高新园区（集聚区）举行。

为激发创业者参赛积极性，地方赛事举办期间，大赛主办方还组织开展了一系列的特色服务活动。例如，组织开展大赛宣讲活动。由大赛组委会组成的大赛宣讲团，选择绍兴市、萧山区、建德市、义乌市、杭州市高新区海创园等多地开展大赛宣讲。

组织开展行业主题论坛和参观考察活动。在七大行业（人工智能作为浙江省独立行业赛）行业总决赛期间，独立举办行业主题论坛，并与当地的“双创”活动相结合。确定论坛主题，邀请相关行业知名企业家、国内知名创投机构负责人、知名技术专家作专题报告，并进行圆桌讨论。同时当地承办单位组织总决赛企业参观考察相关特色园区，与当地企业进行深入交流，碰撞火花。

组织开展创赛训练营活动。邀请浙江省内知名企业家担纲创业导师，参赛企业自愿报名并按行业领域进行小班制创业培训，组织相应的导师分享会、专题讨论会、行业沙龙、走进导师企业等活动。

组织开展投融资对接活动。在行业赛半决赛、行业总决赛路演评审过程中，每场活动邀请30家左右相关行业创投机构、券商、银行组成投融资对接团，通过现场举牌要求“一对一”洽谈的模式，将投融资对接搬到比赛现场。

据浙江省科技厅相关负责人介绍，举办丰富多彩的活动，意在推动创业

者、资本走进举办地的高新园区（集聚区），对接高新园区（集聚区），并与当地的“双创”活动相结合，既实现产业、资本与高新园区（集聚区）的对接，又为高新园区（集聚区）提供宣传、展示的平台。

在此基础上，大赛吸引了一批高层次创业团队的加入。据统计，2019年报名参赛的1209家企业中，海外归国留学人员创办企业占到40.03%，核心团队包含中科院院士17名、工程院院士12名，拥有省部级研发机构3个。此外，参赛企业在其核心领域技术不断突破，拥有一大批自主知识产权。2019年参赛企业拥有发明专利数量近853项，实用新型专利达1166项，软件著作权658项。

最终，经过层层角逐，2019年浙江赛区选拔出初创组一等奖1名、二等奖2名、三等奖4名、优胜奖35名；成长组一等奖2名、二等奖4名、三等奖8名、优胜奖56名。整个比赛过程中，7个行业（人工智能作为浙江省独立行业赛）由7个各具特色产业的地方、集聚区或园区（小镇）承办，343名投资机构大佬、上市公司老总、银行、券商等组成的首席评委及专业评委，200多家投融资机构的240多位投资总监、投资经理参与现场与参赛企业的对接，比赛异常激烈、精彩纷呈。

获得浙江赛区成长组一等奖的德琪医药，聚焦抗肿瘤药物的早期发现、临床研发和市场销售，专注于通过解决亚太地区未被满足的医疗需求，为中国及亚太地区的患者提供最领先的抗肿瘤创新药物。最终该公司的项目获得2019年中国创新创业大赛生物医药行业总决赛成长组一等奖。

浙江赛区成长组二等奖获得者、代表浙江赛区出战电子信息行业总决赛的浙江赛思电子科技有限公司最终凭借着迸发出的创“芯”光芒从众多参赛企业中脱颖而出，斩获2019年第八届中国创新创业大赛电子信息行业总决赛成长组一等奖。专注于时间和频率系统解决方案设计的浙江赛思电子科技有限公司总部坐落于浙江省嘉兴市科技城，是由浙江省政府重点引进的高科技企业，也是科技部重点扶持的中小型创新企业。公司专注于时间和频率系统解决方案设计，是国际上5家最领先的时钟系统公司之一，已建设国内第一个时频一体化（IEEE 1588）商用同步网络，并实现全球首次轨道交通 LTE 网络 IEEE 1588 时钟同步方案商用案例，已完成国家电网公司、南方电网公司、白俄罗斯国家电网等国家级骨干频率同步网。

民营火箭，一飞冲天。位于浙江省湖州市南太湖新区的蓝箭航天技术有限公司，是一家专注于从事中型液体运载火箭开发的民营公司，开创了中国民营火箭的先河的企业。该企业带来的“80 吨液氧甲烷发动机及低成本中型液体火箭研制项目”在浙江赛区脱颖而出，获得成长组二等奖，并最终以 96.15 的高分斩获中国创新创业大赛先进制造行业总决赛初创组一等奖。

据悉，蓝箭此次获奖的“天鹊”80 吨液氧甲烷发动机（TQ-12）是继美国 SpaceX 的猛禽发动机、蓝色起源的 BE-4 发动机之后，世界第 3 台完成全系统试车考核的大推力液氧甲烷火箭发动机。拥有多次启动、可重复使用、同轴双低温高性能涡轮泵等关键技术。

厚植“互联网”产业基因　连续 5 年承办国赛

在新一轮科技革命和产业变革中，数字经济已成为引领创新和驱动转型的先导力量，正在加速重构全球经济新版图，也成为中国经济转型增长的重要一极。近年来，浙江省将数字经济作为“一号工程”，着力推进数字产业化、产业数字化。

鉴于在互联网行业的独特优势，2019 年，浙江省连续第 5 年承办中国创新创业大赛互联网行业总决赛。高规格的赛事品牌、周全细致的组织服务，为来自全国互联网创业者精英们提供了精彩绝伦的互联网创业盛宴，为参赛者搭建了充分展示创新创业风采的舞台。

2019 年 11 月 18—21 日，2019 年第八届中国创新创业大赛互联网行业总决赛在杭州举办。大赛共吸引 7747 家互联网企业参赛，经过各省级赛区选拔最终有 248 家企业入围总决赛，展示互联网行业最新技术与应用成果。

作为互联网创新高地，在第八届互联网行业总决赛中“浙江军团”表现尤为亮眼。除杭州中安云服智能技术有限公司获中国创新创业大赛互联网行业总决赛初创组一等奖外，杭州潘哒教育科技有限公司获中国创新创业

大赛互联网行业总决赛成长组二等奖，杭州弧途科技有限公司和杭州生彩网络科技有限公司获得中国创新创业大赛互联网行业总决赛成长组三等奖。

致力于将“数据指纹”技术规模应用于安防领域的中安云服成立于 2018 年，中安云服此次带来的参赛项目是基于数据指纹技术的多维感知（安防）系统（算法平台），作为唯一一家通过中石油测试的项目，该项目成功获得了中石油西气东输管道一期 3700 万的订单。而在宁夏中石油项目的落地，进一步让中安云服成为国内首个将数据指纹技术规模应用在安防领域的案例。据介绍，该公司参与制定的中石油周界入侵测试标准，直接推动了中石油未来 3 年 43 亿元（软件 + 硬件）的周界防护预算。此外，基于数据指纹技术的多维感知（安防）系统成功导入海康销售体系，通过海康的营销体系已经完成 410 万元的确认销售收入。

成立于 2017 年的潘哒教育是一家来自浙大系的创业公司，该团队以 AI 为驱动，创新打造少儿思维课程 Air Course（AC）与专业小班课程 Panda

ABC（PD）相结合的完整英语教育体系，是国内领先的智能少儿英语教育平台。成立伊始就获得飞速成长，于 2018 年 7 月获得小米创始人雷军旗下的顺为资本领投，国内其他两家一线知名基金险峰长青、钟鼎创投跟投的 1 亿元 A 轮投资。截至 2019 年 12 月，该项目单月营收超过 2000 万元。

作为国内最大的众服平台，中国创新创业大赛互联网总决赛比赛间隙，大赛组委会还组织了走进大企业、大企业创新需求发布、大企业“一对一”对接会、公益大讲堂、创业诊断等一系列活动，通过举办“互联网＋人工智能”高峰论坛、“感知未来、拥抱互联”参观之旅［参观考察包括阿里巴巴、同花顺、顺网科技、涂鸦智能等企业及中国（杭州）人工智能小镇］、大企业创新需求对接会、公益大讲堂、创业空间、创业英雄汇等一系列活动，在立体化、全方位、多层次助力参赛企业创新发展的同时，也将进一步吸引更多来自全国各地的优秀互联网参赛企业落户浙江，为浙江打造“互联网＋”科技创新高地做出积极贡献。

浙江省科技厅相关负责人表示，浙江省把发展以互联网为核心的数字经济作为重中之重，以阿里巴巴、网易（杭州）、海康威视、蚂蚁金服为代表的一大批互联网企业的快速发展，具有较好的互联网创新创业环境，浙江省承办中国创新创业大赛互联网行业总决赛具有得天独厚的优势和条件。“希望将中国创新创业大赛互联网行业总决赛永久落户浙江，进一步助力浙江省数字经济创新高地建设，吸引越来越多的互联网创新资源集聚浙江，助力打造完善的互联网创新创业生态体系，促进以互联网为核心的数字经济健康快速发展。”

孕育创新种子　“浙”里风景独好

自 2013 年作为独立赛区承办中国创新创业大赛以来，浙江省见证、发掘并培育了许许多多还处于萌芽期的创业企业在“浙”成长为参天大树。例如，荣获 2014 年第三届中国创新创业大赛浙江赛区一等奖及国赛互联网行业总决赛一等奖的每日互动 2019 年 3 月在创业板上市；荣获 2014 年第三届中国创新创业大赛浙江赛区一等奖及国赛生物医药行业总决赛一等奖的杭州启明医疗于2019年12月在港交所上市；获得2016年第五届中国创新创业大赛获奖企业之一的嘉楠耘智，成为估值超过10亿美元的“独角兽”企业，也于2019年在美国纳斯达克交易所上市。此外，还有贝达药业、和仁科技、歌礼生物、思创医慧、电魂网络等一批企业成功上市，诺尔康、华澜微等数十家高成长科技企业从大赛的舞台上成长起飞，正在筹备走向资本市场……

相关数据显示，在2013—2019年连续7届的中国创新创业大赛中，浙江省先后已有8400多家企业参赛，共促成创业投资60多亿元，银行贷款70多亿元。以2019年的大赛为例，343名浙江省内外知名投融资机构高管作为首席评委及专业评委服务大赛，200多家投融资机构的投资经理参在现场与参赛企业直接举牌和对接。据初步统计，210家晋级7个行业决赛的企业中，已获得股权投资的58家，投资额15.13亿元，通过大赛提出股权投资的153家，投资需求额达70.99亿元。大赛以来，投资机构有投资意向并正在洽谈的参赛企业有100多家，招商银行、南京银行和浦发银行等银行明确承诺，在所有参加行业决赛的210家企业中将有一半以上的企业可提供信用贷款。大赛已成为参赛企业与投融资机构对接的有效平台。

自2013年作为独立赛区承办中国创新创业大赛以来，7届大赛的全国赛中，浙江省企业累计荣获优秀奖以上275家，其中，一、二、三等奖企业64家，获奖数居名列全国前茅，连续4年蝉联互联网行业国赛总冠军，连续4年蝉联生物医药行业国赛总冠军，连续3年荣获新能源及节能环保行业国赛总冠军，充分展现了浙江省良好的创新创业环境及企业的创新创业能力。

“如今，中国创新创业大赛正逐渐成为浙江省推进大众创业、万众创新，补齐科技创新‘第一短板’的强有力抓手和良好机制，成为浙江省最大的‘众创空间’和最强的‘众扶平台’，助力浙江打造成全球创新创业的新高地，为浙江经济发展铸就新篇章提供新的动能。”浙江省相关负责人表示，站在新的发展阶段，浙江赛区将进一步扩大大赛影响力，持续推动创新创业生态系统的优化，具体表现在以下几个方面。

一是加大对省内各大市、经济大县（市）、国家级（省级）高新区、国家级（省级）孵化器等相关主管单位的发动和赛事衔接，在赛事发动阶段，由浙江省科技厅主导，大赛组委会负责向各大市、经济大县、高新区及孵化器等进行巡回演讲发动，积极组织各行业、各地域企业踊跃参赛。

二是建立历年参赛企业库和项目成果库，每年安排多次企业对接会或创业经验交流会。

三是加大对大赛企业的支持和培育力度，除了对一、二、三等奖给予奖励外，省财政对获得优秀奖以上的企业也给予适当资金支持，以激励更多的企业参赛，发掘和培育更多的优秀企业。

四是七大行业（人工智能作为浙江省独立行业赛）专场结合地方产业特色进一步开展深度赛事合作，在地方承办行业总决赛的基础上，开展大企业对接、企业上下游服务、科技市场服务、产业并购等多方面、全视角的服务合作，扩大大赛对地方和企业的影响力。

（李洋 / 文）

让港澳台创业企业在粤港澳大湾区落地生根

第八届中国创新创业大赛港澳台赛纪实

科技创新，成就大业。2019 年 12 月 14 日，第八届中国创新创业大赛港澳台赛颁奖活动在佛山圆满举行，标志着第八届中国创新创业大赛港澳台赛正式收官。

在科技部火炬中心、广东省科技厅的指导和支持下，第八届中国创新创业大赛港澳台赛扩大布局粤港澳大湾区，依托各地市的优势产业资源，分别在佛山、江门、惠州举办行业赛。本次港澳台赛有效参赛项目总数达 413 项，同比增长 46%。

科技部火炬中心副主任盛延林表示，在当前建设粤港澳大湾区的大潮下，2019 年的港澳台赛也有不少喜人的变化，在海峡两岸的知名度越来越高，来自港澳台参赛的精英创客们越来越多。港澳台赛深度结合广东各地方产业，并进行有针对性的布局，先后在广东省内多地市举办，吸引了港澳台企业纷纷到广东落的发展，成为促进港澳台创客与广东各地创新发展紧密结合的重要桥梁。广东持续举办中国创新创业大赛广东赛区、深圳赛区和港澳台赛，不断优化创新创业生态，有力推动了广东科技企业和经济的高质量发展。

群英荟萃　三大行业赛轮番上演

根据各地市的产业发展方向，第八届中国创新创业大赛港澳台赛首次采用“行业赛 + 地方主导产业”模式，分别在佛山举办先进制造及人工智能、“互联网 +”、综合组行业赛，在江门举办新材料、生物医药及大健康行业赛，在惠州举办电子信息行业赛。通过引导各行业领域的项目在相关地市

举办，为对标的产业项目落地提供了更丰富的场景和配套。

其中，2019 年 11 月 4 日，第八届中国创新创业大赛港澳台赛新材料、生物医药及大健康行业决赛在江门新会正式落下帷幕。来自香港赛区的两家企业——江门市蓬江区轻绿包装有限公司和开平市齐裕胶粘制品科技有限公司分别获得新材料行业赛初创组一等奖、成长组一等奖；来自香港的企业 Hygeatec Company Limited 和来自台湾的企业玉医科技有限公司分别获得生物医药及大健康行业赛初创组一等奖、成长组一等奖。

2019 年港澳台赛首次落地江门，旨在借助江门新会重点发展新材料、生物医药及大健康产业，为港澳台企业的落地提供更广阔的场景，同时助力新会深度对接港澳台创业企业及资源，开展市场化合作以赛事集聚资源，拓展江门与港澳台多维度的合作交流，释放更强大的创新活力。

2019 年 11 月 28 日，第八届中国创新创业大赛港澳台赛电子信息行业决赛暨颁奖活动在惠州仲恺高新区举行。13 家港澳台电子信息行业的创新企业同台竞技。经过激烈的比拼，深圳旺凌科技有限公司（台资）和深圳芯视微系统科技有限公司（港资）分别获得电子信息成长组和初创组一等奖，深圳芯视微系统科技有限公司（港资）获得“最具投资价值奖”。

惠州仲恺高新区管委会副主任刘勇辉表示，近两年来，惠州仲恺高新区主动融入粤港澳大湾区、广深港澳科技创新走廊建设，积极推动惠港科技合作区建设，依托仲恺海峡两岸青年创业基地、仲恺港澳青年创业基地、惠港工商大楼等载体，加强与香港科技大学等科研院所合作，全力打造粤港澳大湾区科技成果转化高地。2019年，港澳台赛电子信息行业赛首次落户惠州仲恺高新区，为惠州仲恺高新区和港澳台创新资源搭建交流、创业发展的重要桥梁和平台，成功举办港澳台赛电子信息行业赛，无疑更加坚定了惠州仲恺高新区打造惠州万亿级电子信息产业集群核心引擎的决心和信心。

2019年12月13日，第八届中国创新创业大赛港澳台赛先进制造及人工智能、“互联网+”、文化创意、综合行业决赛在佛山高新区举行，38家港澳台企业展开最终角逐。其中，珠海莲鸿科技有限公司的参赛项目获得港澳台赛“互联网+”初创组一等奖。

佛山市委常委、市政府副市长蔡家华表示，港澳台赛对佛山加快对接广深港澳科技创新走廊、引进港澳台人才团队、推动实现高质量发展起到了非常重要的作用。目前佛山正在积极为港澳台青年打造创新创业的温暖港湾，取消港澳台人员在佛山就业创业的门槛，把港澳台居民纳入佛山就业创业管理服务体系，以及提供公共就业创业服务并发放就业创业补贴等。

大赛为地方产业转型注入新动能

国家对于粤港澳大湾区的发展部署，特别是2019年2月发布的《粤港澳大湾区发展规划纲要》，令广东省打造粤港澳大湾区创新的环境优势尤其明显，吸引越来越多港澳台青年来粤创业。

2014年，中国创新创业大赛组委会设立港澳台赛并落户广东。截至目前，港澳台赛已汇聚超过3000个优质项目，据不完全统计，大赛已促进约200家港澳台企业落地广州、深圳、佛山、东莞、江门、惠州等地市，为粤港澳大湾区科技创新发展注入了强大动力。

广东省科技厅党组书记、厅长王瑞军表示，港澳台赛深度结合广东各地市产业优势，深度挖掘产业共性需求，有效吸引了港澳台企业落地发展。

赛事期间，港澳台赛组委会通过组织引导参赛企业走访考察，积极配合惠州仲恺高新区的项目落地服务，最终促成Fortissimo Consulting Service Company Limited（港企）、深圳曦华科技有限公司（港资）、深圳芯视微系统科技有限公司（港资）、威尔动力股份有限公司（台企）、香港研品师有限公司（港资）、米菲多媒体股份有限公司（台企）6家获奖企业与惠州仲恺高新区签订意向落地协议。

此外，2019年港澳台赛促进6家企业在佛山落地。颁奖活动上，佛山中国发明成果转化研究院与红火安全科技有限公司、深圳爱尚有为科技有限公司、圆波传动国际有限公司、比绿设计有限公司、欧视机器视觉科技有限公司、Hygeatec Company Limited 6家企业共同签署落地协议。

“对创新创业者来说，广东尤其是深圳有全球最好的创业生态、制造生态、融资生态和人才生态。”深圳易视智瞳科技有限公司首席执行官黄卜夫说道。该公司作为2016年中国创新创业大赛港澳台赛的获奖者，在广东省发展势头迅猛。

深圳易视智瞳科技有限公司是一家高科技精密设备制造及方案提供商，总部设在深圳，东莞设厂，拥有44个专利。该公司作为2016年港澳台赛的获奖者，在广东省发展势头迅猛。截至目前，公司已获得4轮投融资。“我们更看重资金以外带来的产业支持。”黄卜夫说，华南区拥有全世界最旺盛的智能制造基地，在这里可快速获得生产、组装的能力。

港澳台赛打造服务升级2.0版

自2014年以来，中国创新创业大赛组委会设立港澳台赛并落户广东，现已发展成为粤港澳台创客精英参与多、项目水平高、影响力大的赛事品牌。

港澳台赛是中国创业创业大赛体系中唯一一个面向港澳台地区的专业赛事。历届的港澳台赛均积极完善大赛服务，构建“赛事＋产业＋服务”的服务链条；通过打造“深耕实业”＋“创业投资”的模式，吸引创投界知名机构及投资人加入；针对性提供匹配服务，推进创业项目和市场紧密融合。

值得一提的是，随着粤港澳大湾区建设推进及“双创”升级，第八届中国创新创业大赛港澳台赛的服务进入“赛事平台＋资源配套”的“2.0版本”。

“大赛为年轻创业者提供了展示和交流的平台，对我们将企业和产品推向市场很有帮助。”珠海莲鸿科技有限公司总经理何子峰说。

港澳台赛设立“命题挑战赛”，以产业合作、战略投资、天使投资等方式，推动龙头企业以需求引导创新、产业上下游更精准对接。本届港澳台赛还创新发布技术需求命题的模式。即由海尔、中兴、三星、京东云、联邦、维尚家居等200多家企业通过大赛发布命题，让创业者可以对照揭榜。2019年，港澳台赛组委会举办了首场“粤港澳台协同创新中心科技成果推介会暨大企业命题发布会”，邀请佛山两家“世界500强”企业——碧桂园

集团和美的集团现场发布需求命题，港澳台企业现场推介项目产品对接，使得技术和产品供需更为明确，既破解了小团队进入市场难的困局，也解决了大企业技术难题。2019 年，共有 27 个行业龙头企业发布 175 个产业需求命题。

中国创新创业大赛港澳台赛聚集和整合了各方创新创业资源，高效促进了大量科技成果与资本的成功对接，已成为粤港澳大湾区及海峡两岸创新创业者的向往之地，创投机构发掘创新科技项目的独特平台，地方政府推动大众创业、万众创新的重要抓手。

（罗晓燕 / 文）

点沙成“金” 唱响绿色发展好声音

第八届中国创新创业大赛沙产业大赛纪实

科技创新、成就大业，生态优先、绿色发展。2019 年 9 月 29 日，第八届中国创新创业大赛沙产业大赛总决赛在内蒙古自治区阿拉善盟举行。历经初赛、复赛、决赛等环节的激烈比拼，历时近两个月，最终，鄂尔多斯市华林沙柳科技有限公司的“沙柳重组木关键技术及装备研发”项目和阿拉善尚容源生物科技有限公司的“阿拉善肉苁蓉产品创新与市场拓展”项目分别摘得此次大赛的初创组和成长组桂冠。

据了解，自 2019 年 4 月 2 日，科技部火炬中心将沙产业大赛正式纳入国赛专业赛序列以来，大赛展现了我国沙产业创新创业和多元化发展的最新成果，挖掘了沙产业科技创新潜力，为沙产业发展搭建起了集聚高端技术、集中专家经验、深化交流合作的重要平台，实现了全国性沙产业技术、人才、资金等要素的整合聚集，向全国乃至全世界进一步宣介推广了沙产业。

参赛项目高端智慧 共谋绿色发展

九月的阿拉善，秋风送爽、硕果累累。第八届中国创新创业大赛沙产业大赛总决赛在阿拉善盟迎来了巅峰对决。此次大赛共有来自北京市、天津市、安徽省、陕西省、甘肃省、吉林省等全国 19 个省（区、市）的 153 家企业报名参赛，经过初赛专家评审，最终 12 个参赛企业项目晋级决赛。

比赛分初创组和成长组进行，采取“现场答辩、当场亮分”的方式，通过 3 分钟项目路演、5 分钟团队答辩，各参赛选手可谓“尽其所能”，在有限的时间里充分展示项目的技术和产品、商业模式及实施方案、行业及市场、团队、财务分析等5个方面的内容，展示着自己产品的优势与潜力。同时，由2位技术专家和7位创投专家组成评委，对参赛企业项目进行评分，对其优势、不足进行解析，为项目发展出谋划策，为参赛选手提出宝贵意见和建议。

经过巅峰对决，最终鄂尔多斯市华林沙柳科技有限公司的“沙柳重组木关键技术及装备研发”项目和阿拉善尚容源生物科技有限公司的“阿拉善肉苁蓉产品创新与市场拓展”项目分别获得初创组和成长组第一名，内蒙古沁沙林草农业科技有限公司的“种植革命·援梦北疆”项目、内蒙古惠百农菊芋产业发展有限公司的“沙漠菊芋种植及产业化落地”项目和阿拉善盟绿圣生态沙产业科技有限公司的“降雨量控制下的飞播种子丸粒化技术”项目、港中旅（宁夏）沙坡头旅游景区有限责任公司的“沙漠鸣沙修复技术及其拓展旅游”项目分别获得初创组和成长组二等奖，榆林市榆阳区培植农牧业有限公司的“沙地种植苜蓿丰产技术与应用”项目、榆林市康农优品食品科技有限公司的“泽蒙花研制开发”项目、内蒙古百合生态科技有限公司的“柽

柳植物新品种鲁柽1号种植接种肉苁蓉”项目和内蒙古沙谷丰林环境科技有限责任公司的“干旱半干旱区菌草在生态修复与产业化开发中的应用”项目、内蒙古阿拉善苁蓉集团有限责任公司的“肉苁蓉产地初加工与炮制一体化”项目、阿拉善右旗胡杨驼绒厂的“巴丹骄绒驼绒制品生产”项目分别获得三等奖。此外，还评出潜力之星奖8名、优秀奖20名。

沙产业是新兴产业、朝阳产业，是推动荒漠化地区经济转型发展的重要抓手，也是实现“沙漠增绿、农牧民增收、企业增效、产业增值”的有效途径。此次大赛参赛项目涵盖沙区特种经济作物种植技术、养殖业技术、资源开发利用技术、生物技术、沙生植物保健品、沙生珍贵药材、沙生食品、沙产业医学疗养、沙产业文化旅游、新能源及节能环保等领域，展示了全国沙产业创新创业和多元化发展的新模式、新成果、新技术、新设备，为我国沙漠和土地沙化地区实现经济和生态双赢积累了宝贵经验，为全球沙漠和土地沙化治理贡献了“中国智慧”、提供了“中国方案”。

“传统的东西越做越好，新的东西不断涌现。”大赛评委之一的内蒙古农业大学沙漠治理学院教授李钢铁评价说，此次参赛的作品数量比较多、地区覆盖广、产业类型也多样。

作为获得本次大赛初创组一等奖的企业，内蒙古鄂尔多斯华林沙柳科技有限公司把西部地区或者是干旱地区、沙漠地区广泛种植植物沙柳变成沙柳重组木，替代硬质木材，应用于木制品加工的领域。2017年以技术输出的形式组建了成果转化公司，2018年科技部评价项目结果为国际先进水平，核心团队均来自清华大学天津高端装备研究院，现产品已走向鄂尔多斯、青岛和西安等市场。

而作为获得本次大赛成长组一等奖的企业，内蒙古阿拉善尚容源生物科技有限公司是一家从事肉苁蓉开发与利用的生物科技公司，致力于打造国际肉苁蓉健康品牌，开发系列产品包括苁蓉红酒、面膜、苁蓉养生酒等产品。该公司通过产学研结合的方式和北京大学、北京中医药大学、世界卫生组织在上海共同组建了60人的研发团队，承担了两个国家级的项目课题研究，为公司的研发提供了强有力的保障。2018年，该公司业务收入同比增长 20.4%，2019 年业务收入同比超过 30%。

特色服务活动精彩纷呈 提升众创众扶成色

为聚集科技、人才、资本等创新要素，激发全国沙产业领域的创新创业活力，此次沙产业大赛在各项活动内容上均有拓展和创新，举办了一系列特色服务活动，搭建众创众扶平台，营造了良好的创业环境和氛围。

为提高办赛办会人员水平和专业素质，大赛期间举办了沙产业与创新创业大赛培训班，围绕“沙产业现状与未来发展”“中国西部沙产业发展模式及对策研究”等课题开展理论培训和业务指导。大赛组委会组织专家对进入复赛的参赛选手进行赛前培训，包括商业模式、团队建设、市场拓展、营销技巧、股权设计、路演心理、财务管理等内容，参加辅导的参赛选手结合辅导内容进一步完善商业计划书及路演内容等。

为进一步营造“双创”氛围，大赛期间举办了第二届沙产业创新博览会暨沙产业创新高峰论坛，旨在为探索以生态优先、绿色发展为导向的高质量发展新路子，着力打造国家沙产业示范基地，扎实抓好生态建设和环境保护工作，大力发展沙产业，实现生态与经济效益的双赢。创新高峰论坛邀请到清华大学教授拉贾·穆罕默德·阿夫扎尔、兰州大学教授马力、中科院教授邸多隆、北京仁创董事长秦升益、内蒙古财经大学副院长张启智、内蒙古农业大学沙漠治理学院教授李钢铁、沙产业商会会长潘晓明等 7 位国内外知名沙产业专家、学者、企业家做了精彩的主旨演讲，共同为生态文明建设，为沙产业绿色高质量发展进言献策，为推动产业发展提供了新思路、新理念。

博览会设置了国际综合展区、内蒙古展区、阿拉善综合展区三大展区，会展面积 3200 平方米，邀请来自内蒙古、陕西、甘肃、宁夏等全国沙产业产品较集中的 8 个省（区、市）的 189 家企业参展，共展出九大类 1300 余款产品。在由林草和贸促系统组织的沙产业招商洽谈会上，签订了 8 个发展前景广阔的产业项目，协议总投资金额达 162 亿元。

与此同时，大赛为更多“双创”主体和资本市场、科技资源搭建起交流合作的桥梁。为更好地促进项目落地发展，大赛承办方不仅为比赛提供奖金奖励，还邀请了知名投资机构的基金合伙人、知名投资人参与大赛项目路演、洽谈等工作。同时，组织参赛项目面向部分产业园区、科技企业孵化器、创业投资机构及企业家进行推介，对于具有重大科技成果转化前景和投资孵化意向的创新创业优秀项目，将有机会获得创业投资。此外，内蒙古股权交易中心联合银行、基金、证券、担保等各金融机构为大赛提供股权、债券、贷款及组合融资产品，安排投融资对接区，使参赛企业和金融机构实现实时对接，促进项目融资落地；深交所路演平台将对决赛进行路演直播，使参赛企业与深交所线上线下12 000多投资人实现对接；赛后还组织参赛企业开展走进交易所、牵手上市公司等活动，为参赛企业提供精准对接机会。

做好沙文章　推动沙产业创新创业

作为此次大赛承办地，内蒙古自治区阿拉善盟通过举办此次大赛，对阿拉善盟充分发挥沙产业资源优势，充分融合科技、人才、资本等创新要素，促进沙产业科技成果转化起到非常积极的作用，并为阿拉善盟沙产业企业展示科技创新成果、巩固和深化科技合作交流、扩大对外宣传提供了高层次舞台。同时，阿拉善盟制定了多项优惠扶持政策，主要包括土地、人才、科技等方面，促进优秀参赛项目在阿拉善盟转移转化，各位有识之士来到这片热土创新、创业，共谋发展，互利共赢。

近年来，阿拉善盟在推动沙产业创新发展方面持续发力，具有明显基础和优势。阿拉善盟是最早发展沙产业的地区之一，全面落实科技创新政策、加强政策宣传和指导，规划建设了阿拉善盟沙产业健康科技创业园、乌兰布和生态沙产业示范区、骆驼产业科技园、沙地葡萄产业科技园、绒山羊产业科技园等企业建设平台。同时，积极组织盟内沙产业企业、研究所与国内多家科研院校、知名企业联合申报成功4项国家重点研发计划项

目、9 项内蒙古自治区科技重大专项项目，启动盟本级科研项目 50 余项，已开发出中高端新产品60余种，申报发明专利 37 项，制定技术标准 47 项；成立了沙产业研究院、沙产业技术创新战略联盟、内蒙古骆驼研究院、内蒙古蒙绒绒山羊产业研究院、阿拉善沙漠研究院、沙生资源植物院士专家工作站等 18 类、65 家科技创新平台，为落户阿拉善创新创业、共谋发展的沙产业企业营造了良好的创业环境和氛围。

具体而言，自然资源丰富。阿拉善盟极端的自然环境中孕育着梭梭—肉苁蓉、白刺—锁阳、苦豆子、甘草、黑果枸杞、双峰驼、白绒山羊等沙生动植物，光热资源丰富，这些都是沙产业发展的重要基础资源。

扶持政策完善。阿拉善盟盟委、行署高度重视沙产业发展，将沙产业作为培育新动能的支柱产业来打造，按照“政策扶持、规划引导、科技支撑、龙头企业带动”的发展思路，编制了沙生植物产业发展规划，出台了实施创新驱动战略推进大众创业、万众创新，沙产业投资支持等一系列优惠政策，营造了良好的沙产业发展政策环境。

科技优势明显。阿拉善盟与俄罗斯、英国、以色列等 5 个国家及北京、上海、云南等16个省（市）45家科研究所和高校开展科研合作，成立了阿拉善沙产业研究院、沙生资源植物院士专家工作站等科技创新平台载体；与内蒙古自治区科技厅共同建成了国内首个生态沙产业高新技术产业开发区。

产业发展较快。通过产、学、研合作，宏魁苁蓉集团、东汇生物科技有限公司、华洪科技有限公司、曼德拉沙产业开发有限公司等一批龙头企业成为沙产业发展的领军企业，相继开发出酒类、药品、保健品、食品、饮料、果品等一大批沙产业产品。

沙区文化旅游资源独特。阿拉善盟拥有全球唯一以沙漠为主题的世界地质公园，世界三大胡杨林之一的额济纳胡杨林、世界三大载人航天中心之一的东风航天城，有20世纪中国四大考古发现的居延汉简，是全球最大的汽车越野盛会——越野e族阿拉善英雄会的永久举办地，正依托丰富独特的文化旅游资源优势，聚力创建国际旅游目的地和国家全域旅游示范区。

据了解，此次沙产业大赛由中国创新创业大赛组委会办公室指导，内蒙古自治区科技厅与阿拉善盟行署联合主办，阿拉善盟科技局与阿左旗政府共同承办。

（叶伟/文）

第四章

创业融通篇

京东搭台　南京聚首

大中小企业融通专业赛（京东专场）纪实

科技创新，成就大业。2019 年 9 月 22 日，第八届中国创新创业大赛大中小企业融通专业赛（京东专场）总决赛暨颁奖典礼在江苏省南京市落下帷幕。此次大赛共有 320 余家企业报名，通过激烈的复赛比拼，共有 8 家初创组企业和 6 家成长组企业杀入总决赛。最终，深圳梨享计算有限公司和宁波越凡医疗科技有限公司分别夺得初创组和成长组的第一名。

据了解，大中小企业融通专业赛是中国创新创业大赛积极纳入领军创新主体，构建各类大小主体之间融通、协同、共享的生态系统，助力新时代创新创业上水平，打造“双创”升级版的重要组成部分。此次京东专场主要由中国创新创业大赛组委会办公室指导，南京市麒麟科技创新园支持，京东集团主办，京东云承办，京东云协同全球创新中心·南京、京东人工智能、京东物联、京东 AI 加速器、京东众筹共同协办。京东专场主要布局“人工智能 + 物联网”领域的融通创新，旨在为新兴产业提质升级提供新血液，为中小企业的科技创新带来助推力，为打造高质量价值链搭建新平台。

100 余家企业上演“头脑风暴”

第八届中国创新创业大赛大中小企业融通专业赛（京东专场）依托京东生态资源，得到了全国各地创新创业者的踊跃参与。自 2019 年 7 月启动报名以来，赛事获得了科技型中小企业的广泛关注，共有320余家企业报名参赛。

从参赛地域来看，全国有 29 个省级地区均有企业报名，广东、上海、江苏、北京的企业数量居于前列。竞技领域涵盖智慧物流、智慧供应链、智能客服、智能硬件四大方向。报名项目涵盖虚拟现实、物流无人机、智

能机器人、工业四库、智慧农业大数据平台、物流配送系统等细分项目。

入围此次复赛的项目，成长组企业有49家、初创组企业有84家。项目应用场景涉及农业、交通、家居、教育、游戏、工业、安全等领域，属于智能硬件的企业数量占总数近50%。这133家企业进行了激烈的比拼，共有8家初创组企业和6家成长组企业杀入总决赛，现场争夺初创组和成长组的全国桂冠。最终，深圳梨享计算有限公司和宁波越凡医疗科技有限公司分别夺得初创组和成长组的第一名。

在决赛现场，优秀企业围绕智慧物流、智慧供应链、智能客服、智能硬件等竞技方向进行了精彩的项目介绍，项目应用场景涉及农业、交通、家居、教育、游戏、工业、安全等诸多领域。

其中，来自南京的成长企业凯瑞得公司，是国内首家做移动卫星通信产品的高新技术企业，也是国内领先的卫星通信技术解决方案供应商之一，致力打造中国第一张全自主卫星通信网。该企业专注于卫星通信及相关领域的研发和拓展，坚持自主研发、持续创新和开放合作的道路，具有丰富的军工级软硬件产品研发经验，拥有20多项专利技术，打破了卫星通信国外产品的垄断地位。

凯瑞得公司参赛代表蔡凌志表示，京东专场赛给创业企业搭建了一个展示自己的平台，也给创业者创造了交流的媒介，此次比赛认识了很多志同道合的创客，也开阔了眼界，更对麒麟科创园有了了解，为后续落户奠定了基础。

还有来自北京的企业奥本未来，其参赛领域是智能硬件，汇聚了全球最新科研成果，以计算机图形学和视觉核心算法为主导，致力于实现商业场景与用户体验的无缝融合，凭借领先的技术研发实力与开创性的行业应用，已成为 AR/VR 数字内容技术服务领军者。

在过去几年里，国内外出现大量 VR/AR 领域的中小企业。市场在这轮 VR/AR 智能硬件的推动下，大量的三维内容和真实感强的内容需求出现，但市场在三维内容的制作上还是真空，而奥本未来的光场技术将解决快速崛起的 AR/VR 市场中对低成本优质三维内容的巨大需求。其创始人雷宇表示，将用光场记录世界的每个角落。

京东云携手南京麒麟科创园　共促智慧产业高速发展

作为第八届中国创新创业大赛大中小企业融通专业赛（京东专场）的承办方，京东是此次大赛资源对接的核心入口。京东集团京东云事业部创新中心总经理刘向锋表示，京东云希望把京东在云计算领域的最佳实践数据开发出来，给更多的中小企业提供服务，希望京东云能够成为企业、政府乃至家庭数字化转型的全生命周期合伙人。

在刘向锋看来，未来京东云真正的挑战并不是技术壁垒，而是实践。经过多年的行业实践，加上京东云本身围绕电商这一商业场景做实践，已经形成了非常好的后发优势。“希望通过中国创新创业大赛这一平台选出好项目，能够与京东整个内部资源充分对接，希望能够在技术或产品层面进行深入合作，希望参赛企业可以利用京东平台做智能消费产品的销售，让消费者能够喜欢，并获得市场成功。”刘向锋说。

京东集团京东云协同创新中心副总监赵勇向在场的参赛企业抛出了多项创新合作需求。赵勇表示，京东云事业部供应链将打造供应商开放平台，为中小企业提供产品订单、财务、售后、数据分析等完整流程对接，对外提供集业务、服务体系、流程管理一体的SAAS供应商管理体系。在供应链趋势预测与舆情、全渠道智能库存管理、库存SAAS管理等方面，京东均有合作需求。

京东云相关负责人表示，未来，京东云将持续发挥京东集团的资源优势，以政府为主导，整合南京当地的优势资源，切实助力企业进行系统性的成长培训，双方携手打造全国科技创新创业品牌，合作共建各类大小主体之间融通、协同、共享的生态系统，助力新时代创新创业再上新水平。

“经过多年发展，南京麒麟科创园已经成为国内人工智能产业的‘超级孵化器’。此次赛事在京东优势生态资源的积极引导下，背靠区内健全的产业布局和政策体系，将在未来的企业孵化、生态建设、产业升级中大有可为。”南京市麒麟科创园管委会招商投资处副处长陈璐表示，麒麟科创园是南京市创新名城的核心区、综合性科学中心的主要承载区，集聚“中科院系”科技创新资源，已初步形成了中科院“1+1+10”科技创新发展体系。园区努力引进江苏省内外知名高校科研机构，打造一院多校科技创新服务格局，结合园区科技创新优势，鼓励打造人工智能、信息技术两大科技创新高峰。

“南京麒麟科创园是一座年轻的园区，园区满怀希望、斗志昂扬。这里有最优惠的政策、最优质的服务、最优美的环境，是创新创业的一方沃土。衷心希望中小企业以参加本次大赛为契机，进一步加深对麒麟科创园的了解和认识，热诚欢迎大中小企业融入麒麟，在这里创新创业、大展身手，与园区共谋发展，共享机遇。”陈璐表示。

打造“双创”大平台　真金白银助力企业创新

不仅是一个比赛平台，大中小企业融通专业赛（京东专场）更希望成为京东集团产业战略布局的重要一环，并依托南京麒麟科创园的生态优势，强力聚合国内高新智慧资源，为中小企业搭建与政府、行业龙头、创投机

构、院所进行资源深度对接的高质量“双创”平台。

对于获奖企业，大中小企业融通专业赛（京东专场）为优秀企业提供最高2000万元的创业投资资金，与京东达成合作的企业可获得京东产业基金战略投资。赛事设置了第一、第二、第三名及优秀奖等奖项，奖金分别为5万元、3万元、1万元、5000元。南京市麒麟科技创新园作为支持单位，将对参赛企业给予符合相应条件的资金支持和落户政策。

为此，组委会组织了所有参赛企业代表深入走进南京麒麟科创园的人工智能产业聚集区，对中国科学院南京分院、南京云计算中心、京东云协同全球创新中心·南京、麒麟人工智能产业园、侨梦苑等地逐一走访，从科技研发、产业生态、孵化载体、创业环境等方面进行全方位考察，切实感知麒麟科创园人工智能的磅礴力量和优越的创新创业环境。

在京东云协同全球创新中心·南京的智慧展厅内，参赛企业代表驻足观看并了解京东云在智慧领域的未来布局和科技成果。京东云以“云+产业”

的合作模式招揽全球英才和创新技术，将围绕数字经济服务主体、云计算大数据基地、数字经济产业园、数字经济体系等培育框架，与南京麒麟共同赋能新产业，实现新经济的稳健增长。

此外，此次大赛还针对参赛企业启动了“东令营培训计划”。据了解，该计划是以京东游学、产品创新升级训练营、资源对接沙龙等活动为主，通过参观、理论、实战、沙龙讨论等全流程培训环节，切实助力企业成长的系统性培训计划。

（戈清平 / 文）

大小企业手拉手
为绿色智能城市注入新动能

大中小企业融通专业赛（华润专场）纪实

2019 年 11 月 13—16 日，由科技部火炬中心、中国雄安集团与华润集团共同主办的“第八届中国创新创业大赛大中小企业融通专业赛（华润专场）暨雄安绿色智能城市创新创业大赛”复赛、决赛及颁奖典礼在华润大学雄安校区举行。最终，北京太极联睿科技发展有限公司获得一等奖，CDG 西迪国际 – 北京交通大学可持续城市联合团队和杭州一隅千象科技有限公司获得二等奖。

通过华润专场专业赛平台，北京太极联睿科技发展有限公司与 CDG 西迪国际 – 北京交通大学可持续城市联合团队及河北雄安汇兴华昶能源科技有限公司（三等奖获奖单位）在大赛期间就雄安未来智能信息化生态城市设计和绿色建筑领域及新能源产品应用等方面共同签署了全面战略合作协议，共建生态城市战略联盟。

助力雄安绿色智能发展

设立河北雄安新区，是党中央做出的一项重大历史性战略选择，是千年大计、国家大事。当前，雄安新区已由规划编制转入实质性建设阶段，需要牢牢把握北京非首都功能疏解集中承载地这一发展定位，积极有效服务京津冀协同发展国家战略，主动引导优质资源在新区落地。同时，为切实落实好“建设绿色智慧新城，建成国际一流、绿色、现代、智慧城市”“发展高端高新产业，积极吸纳和集聚创新要素资源，培育新动能”的重点任务，雄安新区需要按照绿色、智能、创新的要求，推广绿色低碳的生产生

活方式和城市建设运营模式，使用先进环保节能材料和技术工艺标准进行城市建设，筑牢绿色智慧城市基础。

党的十九大报告提出“创新是引领发展的第一动力”。为聚集雄安新区实质性建设阶段所需创新优质资源，促进绿色智能产业集聚与发展，华润集团与中国雄安集团共同举办第八届中国创新创业大赛大中小企业融通专业赛（华润专场）暨雄安绿色智能城市创新创业大赛。

本次专业赛以疏解北京非首都功能为初心，优先发挥北京科技创新优势，紧密联系国内外科研机构、高等院校、创投行业等优质资源，充分挖掘成长型高科技企业，为雄安新区商业办公空间吸引科技企业和科研机构、集聚创新资源、引入创新业态提供契机。同时，本次专业赛将搭建中小企业与大型央企、国企开展融通合作、共同参与雄安新区建设的桥梁，为雄安新区高质量发展、建设全球创新高地提供有力支撑。

此次大赛围绕“绿色智能城市”核心概念，以聚焦智能生态社区、健康城市环境与绿色健康建筑为主题，采用部委引领、新区搭台、企业落地的模式，共同打造了集资源聚集、技术转化、项目落地于一体的绿色智能创新平台。大赛吸引了 318 个团队及企业报名，经过前期初赛、复赛遴选，共有4个团队、16家企业进入决赛。参赛团队主要围绕城市治理、能源管控与节能设备、绿色建造、智能应用、互动展示五大方向进行专业路演。

大赛评委会由中关村协同基金创始合伙人孙次锁博士、清华大学副教授和博士生导师张广艳博士、中国雄安集团城市发展投资有限公司副总经理于学光、华润水泥助理总裁兼首席战略官李保军、华润创新基金董事总经理陈勇、华润集团雄安新区专项工作小组办公室主任李江等多名业内知名的专家和学者共同组成，恪守大赛公平、公开、公正的原则，对每个参赛项目进行专业的综合判定评审，最终评出一等奖1名、二等奖2名、三等奖3名及优秀项目奖14名。

绿色智能新方案

获得一等奖的北京太极联睿科技发展有限公司（简称“太极联睿”）是中电太极（集团）有限公司旗下重要成员，隶属于中国电子科技集团有限公司。太极联睿专注于智慧工地和智慧住建领域，现已具备成熟的产品体系和软硬件供应能力，旨在为建筑行业施工管理提供一站式解决方案。

CDG西迪国际－北京交通大学可持续城市联合团队提交的参赛项目“绿色生活3.0：近零能耗街区营造技术”，经过初赛和决赛路演，以总排名第二的成绩，从318个参赛项目中脱颖而出，荣获第八届中国创新创业大赛大中小企业融通专业赛（华润专场）暨雄安绿色智能城市创新创业大赛二等奖。

据了解，“绿色生活3.0：近零能耗街区营造技术”立足雄安新区城市建设的关键需求，围绕生活与能耗这对命题，讨论了构建绿色智能新型城市形态的具体路径。CDG西迪国际－北京交通大学可持续城市联合团队运用城市设计方法整合可再生能源生产技术、主被动节能技术和行为模式调节技术三大体系，提出打造近零能耗街区的10条具体策略，进而将其应用在中央商务区和宜居生活区的设计中，系统性回应了街区如何在满足绿色生活需求的同时走向净零能耗的问题。该项目的创新点在于：由建筑单体节能扩展到街区整体节能，由单一技术应用扩展到跨越系统整合，由设计原则引导扩展到具体产品落位。团队不仅提出了具体的应用策略，同时对该策略进行了设计验证，证明其能够有效帮助城市建立人、自然与科技相平衡的生活范式，使能源高效调配并循环利用，形成独具特色的近零能耗街区雄安模式。该作品获得了评委的一致好评。

CDG 西迪国际－北京交通大学可持续城市联合团队的另一参赛项目“智能公交站台：一座数据生活的驿站”，荣获第八届中国创新创业大赛雄安绿色智能城市创新创业大赛优秀奖。此外，由北京交通大学建筑与艺术学院周艺南、李珺杰老师分别带领的 SD（可持续设计）工作室提交的项目“Xspace 无限可能：未来邻里中心解决方案”和“i-yard 绿色智慧新型社区创新与推广”，也荣获第八届中国创新创业大赛雄安绿色智能城市创新创业大赛优秀奖。

另一个二等奖获奖单位一隅千象则是一家裸眼虚拟现实科技公司。裸眼 AI+MR 智能互动产品解决方案中的 n' Space 是全球首台集成式“AI+软硬件”、内容的一体化裸眼混合现实智能互动产品解决方案，它抛弃了所有的传统可穿戴设备，在建筑空间内的普通墙体上呈现裸眼的 1 ∶ 1 大小

虚拟现实世界，并且能够实现全空间的人机交互。

大赛搭台助力大小企业融合发展

华润专场除了评选出一、二、三等奖外，本届大赛还设置产业对接环节，华润集团产业基金及其他金融机构代表与参赛企业充分交流，就项目应用、市场对接、科技联通、研发支持、创业辅导、办公场地等方面与参赛团队和企业充分对接，开展融通合作，为企业在雄安新区创新发展提供有效保障。

同时，大赛期间，华润大学为参赛企业请来资深讲师，提供了创新创业指导课程，课上主题鲜明，企业间互动频繁，反响热烈，获得企业一致好评。

通过本次专业赛平台，获奖企业在大赛期间就雄安未来智能信息化生态城市设计和绿色建筑领域及新能源产品应用等方面共同签署了全面战略合作协议，共建生态城市战略联盟。今后将为雄安及全国市场提供智能信息化智慧城市设计和生态绿色建筑领域及新能源产品应用的一体化未来城市解决方案，同时为雄安新区实质性建设聚集创新资源，共同促进绿色智能产业发展。

为使企业对于雄安新区建设及政策规划了解得更为翔实，大赛组委会还精心为参会企业组织了参观雄安新区活动，为企业进一步走进雄安、了解雄安，更好地建设雄安提供了良好的渠道。

此次中国创新创业大赛大中小企业融通专业赛（华润专场）暨雄安绿色智能城市创新创业大赛的举行，将带动雄安新区绿色智慧产业发展，促进经济转型升级，使其成为绿色低碳、信息智能、宜居宜业、具有较强竞争力和影响力、人与自然和谐共生的高水平现代化城市。此次活动也秉承了“华润之道”的宗旨，“创新发展，以人为本”，凝聚实力企业为雄安新区的建设贡献力量。

（李争粉 / 文）

聚焦机器人核心技术　共建产业良好生态

大中小企业融通专业赛（新松专场）纪实

科技创新，成就大业。2019 年 12 月 19 日，第八届中国创新创业大赛大中小企业融通专业赛（新松专场）复赛、决赛在沈阳举行。从近百个参赛选手中脱颖而出的 24 位“双创”精英汇聚于此，成就了这场火爆的创业盛宴。经过复赛、决赛层层角逐，“优艾智合机器人”项目和“柔性协作机器人的研发”项目脱颖而出，分别获得初创组和成长组一等奖。

“中国创新创业大赛的举办是推动大众创业、万众创新的具体举措。希望通过龙头企业、高校院所的积极参与，真正提高创新创业水平，成为中央和地方推动大众创新创业、促进经济转型升级和高质量发展的重要抓

手，逐渐发展成为国内最大的众创空间和最强的众扶平台。”科技部火炬中心副主任盛延林在致辞时表示，此次大中小企业融通专业赛（新松专场）将聚焦机器人产业发展，打造大中小企业融通发展产业格局，不断提升机器人主导产业优势资源配置效率，扩大“双创”源头供给，关注智能制造在实际应用中的落地融合，加速壮大产业规模。

“本次大赛聚焦智能机器人方向，重点针对协作机器人，商用、家用、医疗机器人的核心部件、核心技术、新产品及新场景的应用，新松开放平台与资源，推进实现机器人产业大中小企业融通发展的模式和机制，合作共赢、协同创新、共建生态。”沈阳新松机器人自动化股份有限公司总裁曲道奎表示。

聚焦机器人核心技术

此次大赛中，获得初创组一等奖的是西安优艾智合机器人科技有限公司带来的“优艾智合机器人”项目。该项目可以使公交停车场内自主定位导航，识别车辆，确保每周全覆盖所有轮胎，扎钉检测，通过自主研发的轮胎金属钉探测传感器，图像监测，摄像头阵列完整记录轮胎胎冠图像。

获得成长组一等奖的是珞石（山东）智能科技有限公司的“柔性协作机器人的研发”项目。据了解，柔性机器人技术(Soft Robotics)通过机器人增加丰富的传感器，使原来示教—执行的开环执行过程，变为能够与环境动态交互的智能执行过程，并达到与环境和人安全、准确交互的目的，该技术被欧美垄断且售价非常高昂，只能在科研和国外高端制造业中应用。“柔性协作机器人的研发”项目通过对柔性机器人开展技术调研、原理进行研究分析，引入七轴关节力矩测量反馈，并通过轻量化设计及柔顺控制技术，研发了xMate柔性协作机器人，提供了高动态、高灵敏的动力学交互解决方案。该项目可以应用到机器人柔顺装配、人机协作等具体方向，主要应用领域为精密装配、柔顺打磨、医疗手术、服务健康等。该项目已获得发明专利2项，申请发明专利7项。

西安臻泰智能科技有限公司带来的“脑控智能康复机器人”项目则获得初创组二等奖。该项目针对传统中风康复训练设备治疗效果不佳等问题，设计了脑控主被动意念协同康复训练系统，将脑机接口、虚拟现实、机器人控制等技术相结合的康复机器人，结合虚拟现实系统刺激患者的运动控制神经，实现主被动的协同康复训练，大幅提升康复效果。据了解，该项目开发的样机已在西京医院、西安中医院、浙江省人民医院开展 1 年多临床测试，跟踪病例 100 余位，患者认知功能恢复明显，整体效果提升 20% 以上。

北京枭龙科技有限公司的“枭龙科技——AI+AR 智能眼镜”项目将成长组二等奖收入囊中。据了解，AR 运动智能眼镜是枭龙科技于 2016 年发布的一款专门针对运动领域打造的 AR 智能眼镜，具有解放双手、抬头显示等特性，主要功能为运动数据近眼显示、第一人称视角摄影摄像、三维导航、蓝牙（骨传导）通信等，主要解决用户在运动过程中解放双手与数据近眼显示的需求，提高运动安全性和提供全新的运动体验。目前该产品已在天猫、京东、国美、苏宁等线上线下渠道销售，并与多家骑行俱乐部合作销售。

此外，获得初创组三等奖的重庆清文科技有限公司带来的改善耳健康的智慧定向音响——听博士，把弱听人士失去频率的声音调整到可听频率范围内，让弱听人士不完全依靠音量听到声音；获得成长组三等奖的沈阳森之高科科技有限公司的“动作捕捉技术”项目，将动捕技术与人工智能技术相结合，为智慧体育、康复医疗、机器人、工业生产安全监控等领域提供轻量化、高性价比的设备及智能化解决方案。

共建机器人产业生态

沈阳新松机器人是中国最大的机器人科技企业，19 年间取得了上千件专利，实现 800 余项重大技术突破，填补了中国机器人产业上百个空白。作为植根于沈阳的领军企业，面对智能时代，沈阳新松机器人有责任、有使命发挥人工智能“头雁”效应，聚焦核心技术，扣紧时代脉搏，为“中国制造”迈向更高端持续做出应有的贡献。

此次，沈阳新松机器人自动化股份有限公司作为本次大赛的组织者，以不断扩大创新人才源头、加强项目孵化能力、挖掘优秀项目为目的，让更多创业项目得到强有力的支持；同时，也为利用自身优势融合资本、金融和项目，搭建项目对接、企业交流的优质发展平台。

当前我国大中小企业融通发展步入加速期，中央与地方正在酝酿新一轮举措，加强大中小企业融通发展支持力度。伴随着东北振兴的东风，央地新一轮规划举措和政策红利密集落地，大中小企业融通发展将迎来新的空间。第八届中国创新创业大赛大中小企业融通专业赛（新松专场）旨在响应国家整体布局，鼓励创新型企业跨越行业边界、共享创新资源、释放技术需求，形成合作共赢、协同创新、共建生态的新态势，探索大中小企业精准对接的良性模式和长效机制。

据了解，此次大中小企业融通专业赛（新松专场）受到了业内的广泛关注，大赛组委会接到了200余家企业报名，覆盖东三省、北京、上海、西安、深圳等12个地区，经过初赛的层层筛选，24支队伍齐聚沈阳高新区参加决赛，总估值超过20亿。此次大赛竞技领域聚焦机器人核心技术与产品、人工智能、智能应用三大方向。报名项目还涵盖5G、物联网、大数据、云计算、VR/AR等技术行业及生活场景中应用产品和解决方案等细分项目。

大赛共决出了初创组、成长组的一、二、三等奖各1名，优秀奖各3名。“对于这次总决赛的获奖项目，我们将无门槛、无障碍地全部承接，并在最好的孵化器内为大家创造各种有利条件，营造最佳成长和发展环境。”沈阳高新区管委会常务副主任王志刚表示。本次大赛真正集产业、技术、人才、资本等为一体，获奖项目将入驻沈阳高新区内机器人未来城等“双创”平台，推进沈阳高新区机器人产业升级发展。目前在建的沈阳机器人未来城重点规划人工智能孵化器平台、机器人孵化器平台等8大产业平台，建设高端创新中心、展示应用中心等4大产业发展中心，通过集聚全球高水平的创业者、投资人，构建一个高度发达的“雨林式”产业生态圈。

此外，在大赛现场，新松公司还发布了创新技术需求，与本次大赛的优秀项目达成合作意向，进行融通合作签约仪式。新松公司全面开放创新平台，结合沈阳高新区大中小企业融通政策，全力促进国家机器人及人工智能领域的蓬勃发展。

（李争粉／文）

教育生态圈合作赋能 “双创”盛会绽放成都

第八届中国创新创业大赛大中小企业融通专业赛（新东方专场）纪实

科技赋能教育、教育引领创新。2019年12月22—23日，第八届中国创新创业大赛大中小企业融通专业赛（新东方专场）总决赛在成都高新区举行。最终，睿魔智能科技（深圳）有限公司和青岛罗博数码科技有限公司从101家参赛企业中脱颖而出，分获初创组和成长组冠军。

开幕式上，科技部火炬中心基金受理处副处长闫天羽在致辞中表示，大中小企业融通专业赛是为了调动各产业龙头企业的头部资源，向创业者和全社会开放，进而引领整个产业的创新发展。希望新东方在组织好赛事的同时，能依托自身产业优势向社会开放创新资源，并充分集聚资本、人才、市场等创新创业要素，打造优良的教育行业生态圈。

百余家企业同台竞技 亮剑教育“黑科技”

第八届中国创新创业大赛大中小企业融通专业赛（新东方专场）于2019年10月初启动，新东方发布自适应学习、大数据分析、人工智能助教、STEAM、多载体教学、智慧校园六大赛道的创新项目“招募令”后，共有168家企业报名，其中半数以上为高新技术企业和备案入库的科技型中小企业。经过线上初评，入围此次全国总决赛的企业共101家。

12月22日，总决赛正式拉开帷幕，101家公司分为初创组和成长组两个组别，以向专业投资人路演的形式展开角逐。经过6个小时的激烈比拼，共决出12家企业晋级总决赛。总决赛由新东方教育科技集团助理副总裁兼企业发展与战略规划部总经理柴明一、新东方教育科技集团人工智能研究院院长瞿炜、芳华基金合伙人董征、盈创资本合伙人易宇、坚果资本创始合伙人王志伟担纲评委。

12月23日，这12名佼佼者按组别以“10分钟路演+5分钟专家答辩”的形式同台“论剑”。电竞游戏世界冠军、名校博士、创业老兵……背景各异的优秀创业者轮番上阵，在路演里大秀硬实力。能追踪运动踪迹的摄像头、可采集主观题的智能笔等“黑科技”逐个登场。选手们用各具特色的方式详述产品优势、商业模式及人工智能（AI）等科技在教育场景中的创新应用，并接受了专家评委的犀利“拷问”。

最终，睿魔智能科技（深圳）有限公司、南京数问科技有限公司、零零幺（深圳）科技有限公司分别斩获初创组一、二、三等奖，青岛罗博数码科技有限公司、职优你（上海）教育科技有限公司、火星人视野（北京）教育科技有限公司分别获得成长组前三甲。这些企业将直通新东方投资尽调范围，尽调合格者将获500万～2000万元创业投资。而晋级复赛并与新东方达成合作的企业，也有机会获得高达5000万元至2亿元的战略投资。

聚焦AI+教育领域　展现创新探索成果

此次参赛企业，是在前期项目征集和网络初审后，筛选出来的高度契合新东方产业布局的科技型中小企业。赛事期间举办的参观考察、新东方创新需求发布、“一对一”私密对接、圆桌论坛等活动，为对接各方架设了良好的沟通桥梁。

通过观察此次大赛征集的创新项目不难发现，大赛聚焦于人工智能技术在教育领域的应用。最终获奖的企业，基本都在相关方面取得了一定的探索成果。这印证了当下“科技＋教育”发展的大方向，也体现了主办方新东方的创新需求。

此次获得初创组冠军的睿魔智能，是一家致力于打造全球第一款AI摄像机的创新影像技术与硬件公司，希望通过AI技术解决所有无人化拍摄问题。

“未来教室首席 AI 摄像师。”睿魔智能副总裁吴长晖这样介绍参赛项目。该公司的创新技术，将减少课程录制和直播过程中人力资源成本投入，并大大降低设备操作难度，使教育直播得到更广泛扩展。吴长晖在比赛中介绍，通过 AI 技术，该创新产品可做到非常精准的跟踪拍摄，还可通过手势控制摄像机。该产品可覆盖很多录制场景，如精品课堂、慕课、金课、微课、一师一课、专递课堂、教师教研、常态化录播、智慧教室等应用场景，在教育行业中应用极为广泛。

作为国内领先的智慧纸笔互动厂家，青岛罗博在成长组的比赛中斩获桂冠。该公司基于 EMR 技术研发的智能笔系列产品具备完整知识产权，从芯片、固件、软件、SDK、云服务都是自主搭建，固件和软件代码每一行都是自主编写，具备深度定制能力，是“科技 + 教育”行业典范。

青岛罗博 CEO 殷述军介绍，目前通过自身产品已经获得成功实践的有——可实现听说读写全场景、全流程数据采集的纸笔互动课堂系统；可自动批改客观题和部分主观题，并且进行多维度数据分析；能够自动评价教与学的质量，进而形成课堂质量评估。未来，他们还会实现个性化答疑、AI 助教、开放式导入等教学功能。

作为此次决赛评委，董征对青岛罗博拥有的行业数据和用户体验给予充分肯定。她更关心对不同孩子独立布置作业能否真正实现。殷述军的回答十分肯定，他表示目前有一所上海学校，已经实现个性化作业。他们将利用科技工具，让孩子从繁重的作业中解脱出来。

永葆创业初心　拥抱科技创新

此次赛事是以科技在教育领域的创新应用为主要竞技标的，新东方教育生态圈为众扶入口，成都高新区为区域产业支撑的大中小企业融通赛事。参赛企业在成都高新区共话智慧教育新技术、新风向、新未来。此次赛事也是新东方构建教育新生态战略布局的重要一环。新东方举起教育产业大旗，整合产业资源，为中小企业搭建与政府、行业龙头、创投机构进行深度对接的高质量“双创”平台。

决赛当天，新东方教育科技集团董事长俞敏洪现场为创新创业者们深度分享科技和教育之间的关系。俞敏洪认为，对于新东方来说，科技赋能一定要得到重视。此次大赛的主题是大中小企业融通，新东方和中小企业互相赋能，与拥有科技背景和热爱教育事业的人进行融通合作，并引导新东方在科技与教育上紧密结合。

俞敏洪在现场谈到教育领域的创新创业时表示，创业要解决社会问题，同时要承担社会责任。科技本身的内涵就是不断变革，创业者在永葆创业初心的同时，要在科技创新浪潮中做到谋定后动、学会迭代纠错。他认为，新东方要做的是切实解决老百姓某一领域的具体问题。在承担社会责任方面，希望能在 5 年内为 200 万～ 500 万个中国农村孩子提供新东方教育服务。他呼吁更多教育公司也能一起参与进来。

赛后，新东方还将在产品采购、技术支持、投资并购、产业孵化等方面，与参赛企业开展更加深入的对接合作，相互赋能，共同成长。此次新东方专场，由中国创新创业大赛组委会办公室指导，成都市科技局、成都高新区管委会共同支持，新东方教育科技集团主办，北京新东方迅程网络科技股份有限公司、北京新东方前途出国咨询有限公司、北京比邻东方教育科技有限公司、斯林姆（北京）国际教育咨询有限公司共同承办。

（邓淑华／文）

以赛为媒　链接创新力量

大中小企业融通专业赛（华为专场）纪实

2019 年 10 月 23 日至 12 月 28 日，以“创新松湖　未来已来”为主题的第八届中国创新创业大赛大中小企业融通专业赛（华为专场）暨 2019 年创新松湖创业大赛在东莞松山湖高新区举行。

本届大赛以聚焦产业和促成优质项目落户为主要目标，依托大企业办赛，形成了“政府给扶持资金、大企业给订单、金融机构给投资、孵化器给场地”的产业生态。大赛采用“1+1+*N*”模式，与中国创新创业大赛大中小企业融通专业赛充分结合，融合了华为、百度两个国赛专场，联合腾讯、万科、生益等龙头企业共同办赛，由松山湖材料实验室、松山湖国际机器人产业基地等研发机构支撑，再配合孵化器、创投机构等资源要素，共同打造创新平台。

影响力与日俱增　链接众多创新力量

据了解，此次大赛设立了智能穿戴与运动健康（华为专场）、AI+IoT（百度专场）、机器人、新材料、智慧医疗五大行业赛，中国香港、欧洲两个境外分赛，进行了行业赛和境外赛共 7 场。

自 10 月 23 日启动以来，大赛得到社会各界的广泛关注，吸引了海内外共 646 个项目及团队报名参赛，其中百度专场 186 个，机器人行业赛 151 个，华为专场 103 个，新材料行业赛 65 个，欧洲分赛 70 个，智慧医疗行业赛 41 个，中国香港分赛 30 个。

大赛首次与松山湖创业领军人才政策实现对接，总决赛筛选出 5 个特等奖项目，落户并符合条件的，可享受园区创业领军人才政策，最高可获得

300 万元创业资助。

经过初赛、复赛、决赛层层筛选，每场比赛各自评选出一等奖 1 名（落户后，可获得奖金 50 万元）、二等奖 2 名（奖金 40 万元）、三等奖 3 名（奖金 30 万元），共有 42 个获奖项目，其中各分赛场的一等奖、二等奖（即前 3 名）共 21 个项目晋级总决赛，而总决赛评选出特等奖 5 名。特等奖项目满足“在园区创办企业，并满足拥有自主知识产权、为企业第一大股东并占园区创办企业股份不少于 30%”等创业领军人才条件的，可获得 300 万元资助，不符合条件的，也可获得 100 万元奖金。综合所有行业赛、境外赛、总决赛，大赛总奖金达到 2650 万元。

通过系列比赛，已有部分参赛企业与华为、机器人基地、材料实验室等大企业和研发机构开始洽谈合作，如深圳永动科技有限公司的 RQ 跑力项目获得华为的青睐；九华新材料等公司已和光大 We 谷谈好合作意向，落户场地已基本确定；达晨创投也向云鲸科技、品图科技抛出橄榄枝，大赛成效初显。

六大鲜明特点　赛出新高度

作为中国创新创业大赛的重要组成部分，大中小企业融通专业赛（华为专场）落地东莞松山湖，也让大赛贴上了明显的“东莞特色”，赛出新高度，并形成风格独特的六大特点。

一是大中小企业融通专业赛（华为专场）首次实现了与中国创新创业大赛的融合，形成了高水平办赛的风格，这相对于以往“地方性赛事”都有一个质的跃升。因有了国赛品牌，东莞松山湖高新区管委会首次牵手华为、百度和腾讯等国内科技巨头，共同举办赛事，赛事吸引力大幅提升。

二是与产业发展结合，分行业办专业赛。

为了与东莞松山湖高新区内的人工智能、生物医药、机器人、新材料等产业发展紧密结合，此次大赛设立智能穿戴与运动健康、人工智能与物联网、机器人、新材料、智慧医疗五大行业赛，在全球范围内征集优质项目，为园区未来的产业发展寻求潜力股。

例如，在总决赛上最高分 BLUE OCEAN 团队的“基于新材料的散热方式”项目，技术之前服务于美国航天局 NASA 制作散热材料，能将服务器、计算机、投影仪、手机等硬件做成液体散热，目前以智能计算机主机为载体，建立了新型稳定高效智能散热系统，已有应用产品液体计算机实现商业化落地，目前订单已达 1 亿元。这批项目落地园区创新沃土，携手园区龙头企业，将大大推动园区的创新能级提升。

三是特色活动百花齐放，精准服务参赛企业。

为更好地吸引项目参加，对接参赛企业，5 场行业赛主办方都分别举行别出心裁的活动吸引参赛项目落户或与之合作，呈现百花齐放、百舸争流的赛事运营体系。

譬如腾讯场主办方——深圳腾讯公司、富卡公司和宝豪孵化器共同组织参赛选手一起在银丰逸居举办“创客之夜”，利用腾讯大企业资源优势，上下游资源与参赛选手进行互动，更贴近项目的需求，增进彼此之间的了解与互信，提升项目落地精准对接服务。

除此之外，新材料场举办“供需见面会”、华为场举行“溪流背坡村技术探索之旅”、机器人场举行“创业营”，使参赛企业进一步增加落户意愿。

四是各类资源有机整合，促成科技、产业、人才联动发展。

为更好推动科技、产业、人才联动发展，本届大赛在赛事设计上全新探索，将5个主办大企业与园区内众多优秀孵化器结合起来，推动龙头企业、新型研发机构与孵化器、产业园区的资源融通与整合，突破创新孤岛，推动创新要素的高效运转流通。

以新材料行业赛为例，东莞松山湖高新区优秀新型研发机构代表——松山湖材料实验室、国家级孵化器——中集智谷、园区大企业——生益科技公司共同举办了此次大赛的新材料专场，一方面新材料实验室就技术与生益科技进行深入讨论，另一方面两方的上下游项目及核心供应商也急需类似中集智谷等孵化器进行配套服务，就近落户。此次合作后，三方形成共识，建立常态化合作机制，强强联合，以赛事为媒介，探索更多合作可能。

五是调动各方力量做好落地服务，精准对接。

本届大赛充分调动承办单位及园区孵化器等各方力量，从项目报名开始便精准对接，调动孵化器积极性，强化落地服务成效。

与此同时，通过大赛以赛代评，为园区精准挖掘出在园优质企业群体。大赛报名项目中，园区项目约占20%，园区以外项目占近80%，通过与国内外顶尖项目同台竞争，有效检验了在园企业实力成色，云鲸智能等一批优质高成长型企业在大赛中脱颖而出，有利于激发在园企业对标全球顶尖水平提升自身实力，也有利于园区接下来制定出台相应政策，更好地精准扶持优质企业发展。

六是提升宣传能级，品牌效应凸显。

本届大赛在赛事品牌打造上也获得了海内外媒体的广泛关注和支持，自赛事启动以来便构建起全方位多元化的宣传矩阵，通过“主流媒体领唱，专

业媒体、自媒体合唱”方式，输出原创图文、微电影、创意 H5、精品视频、网络直播、深度专题等原创宣传成果近 100 个，超过 300 个媒体平台对赛事进行不同形式的宣传推广，各类报道链接超过 500 篇，实现线上线下全方位多场景的赛事品牌覆盖，提升赛事宣传能级，进一步扩大了松山湖及创新松湖品牌在国内外的影响力。

继往开来　再谋新高点

虽然此次大赛取得了较好的成绩，但主办方仍不满足于当前的成绩，为了办好 2020 年大赛，主办方将从 3 个方面提前谋划。

一是做好获奖项目的落地对接与跟踪服务。

对于 2019 年获奖的企业和项目，东莞松山湖高新区积极做好对接。首先是联合招商、人社等部门积极对接大赛获奖项目及团队，加速优质项

目落户园区，特等奖项目获得者，协助其补充完成创业领军人才等相关手续。其次是加快推进项目落地，协助获奖项目寻找合适的场地，完成工商注册等落户手续，完成大赛奖金发放，履行对参赛者的承诺。再次是形成工作机制，制定企业台账，认真梳理获奖项目清单及发展需求，积极协助企业解决问题，定期回访，做到引得进，留得下。最后是强化资本对接，推动园区内外优质金融机构与有融资或资金需求的获奖项目进行“一对一”精准对接。

二是强化培训，推动落地项目更好发展。

针对获奖项目展开摸底调查，东莞松山湖高新区量身定制后续企业培训及发展计划，推动更多项目在园区得到贯穿创业成长全周期的发展服务。

三是提前谋划贯穿全年的赛事品牌提升计划。

做好提前谋划，总结 2019 年的经验和不足，尽早启动 2020 年大赛的方案设计；深入学习杭州、苏州和深圳利用创赛打造自有“双创”品牌和体系；根据 2019 年情况，评估并优化“以赛代评”机制，让更多优质项目享受到松山湖发展的红利；启动时间上提早谋划，进一步提升赛事的设计，向国际化顶尖创赛看齐，实现高质量发展。

（戈清平 / 文）

附　录

附录一

第八届中国创新创业大赛行业总决赛
承办协办单位

生物医药行业总决赛（广东·广州）

地方承办单位：广东省科学技术厅、广州市科学技术局、广州高新区管委会

地方协办单位：广州开发区金融控股集团

电子信息行业总决赛（广东·深圳）

地方承办单位：深圳市科技创新委员会、深圳市宝安区人民政府

地方协办单位：深圳市技术转移促进中心、深圳市宝安区科技创新局

先进制造行业总决赛（河南·洛阳）

地方承办单位：河南省科学技术厅、洛阳市人民政府

地方协办单位：洛阳国家高新区管委会、洛阳市科学技术局

新材料行业总决赛（辽宁·大连）

地方承办单位：大连市人民政府

地方协办单位：大连市科学技术局、大连市沙河口区人民政府

互联网行业总决赛（浙江·杭州）

地方承办单位：浙江省科学技术厅、杭州城西科创产业集聚区管委会

地方协办单位：浙江火炬生产力中心、杭州未来科技城（海创园）管委会

新能源及节能环保行业总决赛（江西·宜春）

地方承办单位：江西省科学技术厅、宜春市人民政府